25. Juni

Swantow ist ein Ort, der überall, wohin man auch kommt, unbekannt ist, auf den Landkarten kaum auffindbar, auch nicht
nachlesbar in Reisebeschreibungen und Berichten. Ein Freund,
der diesen Namen zum erstenmal von mir gehört hat, sagte, er
erinnere sich an eine Insel, ein anderer besann sich auf eine
Seekarte, da hätte er den Namen vor Jahren schon einmal ge-
lesen. Oder ist Swantow *eine Gemeinde die* ~~ein Ort, der~~ noch gar nicht existiert?
Keine Vermessungen liegen vor, auch keine Eintragungen im
Register der Kreisstadt, vielleicht eine Einbildung, ein Ort,
der erst gegründet werden muß.

Gestern kamen wir an. Das Dorf liegt flach in der Land-
schaft, einen Flintenschuß vom Wasser *entfernt,* ~~die~~ Zufahrt ist voller
Schlaglöcher und Steine. Nichts lockt den Blick von der Hauptstraße hinüber ins Dorf. Immer nur Ackerland, schwerer Boden.
Hier liegt die Erde noch in ihrer ganzen Blöße da, ungeschmückt, eine Landschaft, in der man nicht so schnell ins
Psalmodieren kommt.

Was wir vorfinden: ein paar Häuser *Wände* aus roten Backsteinen,
alte Katen, weiß getüncht, keine steinernen Substruktionen,
Gemauertes, das auf eine große Vergangenheit *hin*weist. Das Portal
der Kirche, eine bescheiden gemeißelte Pforte *gefügt* aus Sandstein, die Mauern um den Friedhof sind halb schon zerfallen,
die alten Gräber mit Nesseln überwuchert. Hinter den Häusern
beginnt eine Weite, so flach, daß jeder Baum kilometerweit
zu sehen ist. Manche Gehöfte sind dem Blick entzogen, durch
Bauminseln, *abgeschirmt* keine anmutigen Durchblicke, nichts Spielerisches.
Über dieser flachen, nach allen Windrichtungen ungeschützten
Erde steht ein Himmel von einer immerwährenden Helligkeit, mit
einem Licht, das uns blendet. Ich bin in unseren Breiten noch
nie einem solchen Himmel begegnet, einem solchen magischen
Lichteinfall.

Swantow, ein Ort, der nichts und zugleich alles verspricht,

RECLAM-BIBLIOTHEK

Hanns Cibulka hat als Lyriker und Tagebuchautor ein umfangreiches und gewichtiges Werk vorgelegt. Dieser Band versammelt zwischen 1970 und 1985 entstandene Tagebuchprosa, die ursprünglich in drei einzelnen Büchern veröffentlicht wurde. Er bildet aber insofern eine Einheit, als die Ostsee-Landschaft der Inseln Rügen und Hiddensee jeweils den Rahmen abgibt für ein intensives Nachdenken über Möglichkeiten des Menschen, in einer durch ihn selbst gefährdeten Welt ein sinnvolles Leben zu führen.

Hanns Cibulka, geb. 1920 im schlesisch-mährischen Jägerndorf, lernte den Beruf des Handelskaufmanns und erlebte den Zweiten Weltkrieg von Anfang bis Ende als Wehrmachtssoldat. Nach einem Studium an der Bibliothekarschule wirkte er zwischen 1953 und 1985 als Leiter der Stadt- und Kreisbibliothek in Gotha. Für seine literarischen Arbeiten erhielt er zahlreiche Preise: Louis-Fürnberg-Preis (1973), Francesco-de-Sanctis-Preis (1978), Johannes-R.-Becher-Preis (1978), Kulturpreis der Stadt Gotha (1979), Diploma di merito Accademia Italia (1982), Prof. h. c. Universität Florida (1988), Sudetendeutscher Kulturpreis (1991).

Hanns Cibulka
Ostseetagebücher

RECLAM VERLAG LEIPZIG

ISBN 3-379-00693-9

Texte nach:
Hanns Cibulka: Sanddornzeit. Tagebuchblätter von Hiddensee,
Halle – Leipzig 1971
Hanns Cibulka: Swantow. Die Aufzeichnungen des Andreas
Flemming, Halle – Leipzig 1982
Hanns Cibulka: Seedorn. Tagebucherzählung, Halle – Leipzig
1985

© Reclam Verlag Leipzig 1990

Reclam-Bibliothek Band 1398
2. Auflage, 1993
Reihengestaltung: Hans Peter Willberg
Umschlaggestaltung: Matthias Gubig
Printed in Germany
Satz: Dresdner Druck- und Verlagshaus GmbH
Druck und Binden: Ebner Ulm
Gesetzt aus Garamond-Antiqua

Sanddornzeit

Tagebuchblätter von Hiddensee

Die weite Welt, so ausgedehnt sie auch sei, ist immer nur ein erweitertes Vaterland und wird, genau besehen, uns nicht mehr geben, als was der einheimische Boden auch verlieh.

Goethe

Seit einigen Tagen lebe ich auf dem Dornbusch, in einem Holzhaus, unweit der Steilküste. Die Balken sind von Sonne, Wind und Regen ausgelaugt, das Dach ruht schwarz auf den vier Wänden. Die beiden Fenster, offen, vorhanglos, gehen nach dem Süden. Ein schmaler gelber Sandweg fällt von der Haustür hinab bis an das Meer. Wie ein aufgeschlagenes Buch liegt die Insel mit ihren Küsten und Buchten vor mir.

Heute abend fand ich in einer alten Schrift von Hrabanus Maurus, dem fränkischen Theologen aus dem 9. Jahrhundert, einen Gedanken, der wie ein Meteor vor mir aufleuchtete: „Das Wort ist, nach seiner Natur, die freieste unter den geistigen Kreaturen, aber auch die gefährdetste und gefährlichste. Darum bedarf es der Wächter des Wortes. Welches sind aber diese? Ich habe sie mein Leben lang gesucht."

Der Dornbusch ist eine uralte Stauchmoräne. Diluviale Schichten, horizontale Lagerungen mit hellen leichten Farbtönen, Geschiebemergel, Kreide und Ton. Kies und Sandbänke sind eingesprengt, bald braun, bald weiß. Alles hat die Natur in diesen Lehmklotz nebeneinander gepackt, den flachen scheibenförmigen Alaunschiefer, Tigersandstein, Uppsala Granit. Aber auch die zierlich eingekreidete Muschel, versteinerte Seeigel und Belemniten lassen sich hier finden, sind in die Mergelbänke eingebettet. Die Historie der Landschaft wird sichtbar. Ein unerschöpfliches Archiv für jeden Geologen. Geschätzte Aufbauzeit: Eiszeit, Schmelzzeit, Zwischeneiszeit. Vor zehntausend Jahren ragte dieser Block, von Kyklopenfaust ins Meer gesetzt, zum erstenmal aus der Brandung.

Sturzfluten haben den Berg von allen Seiten angegriffen, fraßen sich in die Wandungen ein, sägten und kerbten. Die Sturmflut hat ihn angeschlagen, ganze Wände mit in die Tiefe gerissen. Keine Pflanze klettert an den Hängen mehr hoch. Die Wurzeln werden vom Regenwasser ausgewaschen, weggespült. Frost, Sturm und Meer sind die Gewaltigen auf dieser Insel. Die Böen kommen vom Skagerrak her, brechen in die Waldungen ein, legen die Bäume um. Ein mächtiger Damm aus Dioritsteinen schützt die Hucke vor dem weiteren Abbau, riesige Quader, Wellenbrecher. Unterhalb der Steilküste, wo die Brandungsstreifen weiß vom Wellenschaum, hat sich die Salzflut leichte Mulden in den Ufersand gehöhlt, natürliche Aquarien mit buntgescheckten Muscheln, durchsichtigen Quallen.

An den Sommertagen liegt der Dornbusch mit seinen kräftigen Konturen wie eine blaue schwebende Hügelkette am Horizont, eine fließende Linie, lichtgetränkt. Nur ein paar Föhren, vertrocknete Windflüchter, ragen über das Landschaftsbild hinaus.

22. Juli

Heute nachmittag saß ich mit Doktor H. in der „Heiderose". Wir lernten uns im vergangenen Jahr in Neuendorf kennen. Geboren in Oberschlesien, keine fünfzig Kilometer von meiner Vaterstadt entfernt, war auch er sechs Jahre lang Soldat und kannte die Kriegsgefangenenlager auf Sizilien genauso gut wie ich. Der Altersunterschied – er ist fünfundfünfzig Jahre, über die Mitte des Lebens also hinaus – ist nicht so bedeutend, daß man ihn als Grenze hätte betrachten können.

Der Doktor zeigte mir am Kaffeetisch eine Mappe mit Fotografien. Es waren Nahaufnahmen aus der Pflanzenwelt, Lichtbildstudien für ein neues botanisches Lehrbuch. Auf diesen Bildern wurden die kleinsten Teile einer Pflanze zum optischen Erlebnis, der Griffel einer Lilie, der borstige Kelch einer Lichtnelke, die Schraubenlinie der Kürbisranke. Ornamentale Gebilde. Auf einer anderen Aufnahme konnte ich die Seitenrippen eines Blattes erkennen. Ich hatte sie noch nie so deutlich gesehen. Dazwischen lag das zierliche Geflecht der Leitstränge.

Er zeigte mir aber auch Blüten von seltener geometrischer Schönheit, strahlig gebaut, zylindrische Stämme, wo die Zweige nach den Gesetzen einer allseitigen Symmetrie angeordnet sind.

Durch die fotografische Linse, die unser Auge an Schärfe weit übertrifft, durch die Vergrößerung der einzelnen Blätter, Blüten und Früchte wurde die Struktur der Pflanze deutlich faßbar. Mit den Mitteln der modernen Fotografie sah man den vielfältigen Formen des Lebens unmittelbar ins Gesicht. Überall erkannte ich die „waltende Tendenz zur Schönheit im Gestaltungstrieb der Pflanze".

So ausgezeichnet die fotografischen Studien auch waren, dem Auge gaben sie immer nur das Schattenbild der Wirklichkeit.

Auf dem Heimweg fanden wir im heißen körnigen Sand, wo der Strandhafer zischelt, eine Stranddistel. Fiederspaltig und stachelig zugleich standen die äußeren Blätter am Hüllkelch. Ihre Farben erinnerten mich an den spröden Glanz der Metalle, grau, silbern, rostbraun. Diese Blume steht dem Holzschnitt näher als dem Aquarell. Spartanische Pflanze. Die trockenhäutigen Blätter am Hüllkelch leuchteten auf, als wären sie aus dünner Silberfolie geschnitten.

24. Juli

Als ich heute früh den Homer in die Hand nahm, war es ein Tag voller Erinnerung und Ausfahrt.

Auch damals, vor zweiundzwanzig Jahren, lebte ich auf einer Insel. Es war in der Nähe von Messina, in einem gelben Tropenzelt, siebenhundert Fuß über dem Meer. Ich war als Fernsprecher eingesetzt, saß den ganzen Tag an der Vermittlung und las zum erstenmal in meinem Leben die Odyssee in der Nachdichtung von Thassilo von Scheffer. Ein klassischer Abglanz lag über der Insel. Die Alliierten waren noch nicht gelandet. Als Stabsgefreiter hatte ich Zeit, mehr Zeit als jeder Unteroffizier.

Was mich damals an der Odyssee beeindruckte, das waren die Abenteuer, die Ereignisse, die wunderbaren Geschichten. Willig folgte ich den Taten und Leiden des

Helden, erlebte Kampf, Gebet und Anrufung. Was zurückblieb, war die griechische Erde mit ihrer wechselnden Landschaft, den grünen Wäldern, den Buchten und Matten, das war das Leben der Menschen, robust, voller liebender und verwerflicher Leidenschaft. Nun kommt mir das Buch zum zweitenmal in meinem Leben entgegen, und ich frage mich: Was hatte ich in meinen Augen, als ich damals dieses Werk nur nach der Handlung las? Ich war weit davon entfernt, einen tieferen Sinn in den einzelnen Gesängen zu suchen. Der großen geistigen Lineatur in dieser Dichtung stand ich hilflos gegenüber.

Und wieder las ich die Ankunft bei den Phaiaken, die Erlebnisse mit den Kyklopen und der Kirke, noch einmal ging ich mit Odysseus den Weg durch das Reich der Toten, aus dem ihm Hilfe zuwächst. Ich stand den Sirenen gegenüber, sah die Rinder des Helios weiden und fuhr mit dem Helden an den beiden prallenden Klippen vorbei. Noch einmal las ich die wunderbare Stelle, wo die Schiffe, von Gedanken gelenkt, über die Meere steuern, um die Verirrten zu suchen. Eines der tiefsten und schönsten Bilder in der ganzen Dichtung.

Hinter all diesen farbigen Bildern, der realen Klarheit, der sinnlichen Verschmelzung, liegt eine unsichtbare Perspektive verborgen. Wer in der Odyssee nur die Abenteuer sieht, vulgarisiert die Antike. Man muß den Kern dieser Dichtung von seiner schön bemalten Schale befreien. Viele Gedanken liegen hier verborgen. Unterirdische Wege gehen ineinander über. Schicht auf Schicht muß abgetragen werden. Götterhandlung? Diese Zeiten sind vorbei. Jede Insel ist aufgerufene Wirklichkeit. In diesen Gesängen hat ein großer Dichter alles, was er vom Leben wußte, an sich gerafft. Was Odysseus erlebt, ist das Wesen der Welt, in Bildern ausgesprochen. Sein Weg ist den Gesetzen der Katharsis unterworfen. Er kommt mit seinen Freunden und Genossen, fährt die Meere hinab, doch was die Route betrifft, so führt sie über viele Inseln bis zu seinem eigenen Ich. Jedes Erlebnis wird hier zum Symbol. Symbole aber liegen tiefer. Immer wieder muß er die Schlinge abstreifen, über die Klippen kommen, jedes Eiland von neuem bestehen. Mit dem Schwert zuschlagen, den Knoten zerhauen kann jeder. Gewiß, er hätte seine Reise früher beenden können, bei Kirke bleiben, bei Nausikaa oder – mit zwei offenen Augen und dennoch blind im Kreise gehen wie das Maultier, das der Mühle dient.

Zweitausendsiebenhundert Jahre sind inzwischen vergangen, doch die Bilder dieser Dichtung gehen uns noch heute unter die Haut. Wie das Wasser, das nicht zur Ruhe kommt, so segeln auch wir von Ort zu Ort, unbehaust, die Salzflut unter den Planken. Was aber suchen wir auf all unseren Fahrten, wenn nicht die Erkenntnis? Und ich erinnerte mich an eines der schönsten Gedichte, das Louis Fürnberg schrieb:

> „Und wäre dies mein Schicksal auch
> bis ans ruhmlose Ende, – ach, ich bin nicht
>   müde
> den Sirenen zu lauschen und den
> einäugigen Zyklopen Rede zu stehn."

Müssen wir nicht alle den Kyklopen Rede stehn, der physischen Gewalt, die einäugig auf uns zukommt? Jagten wir nicht alle in unserem Leben den Zauberklängen der Sirenen nach, dem Wahngebilde unserer Phantasie, das uns zerfleischt, wenn wir den Boden unter den Füßen verlieren? Immer wieder werden wir uns gegen Kirke erheben müssen, wenn sie den Menschen in tierische Bereiche zurückstößt. Immer wieder werden wir durch Skylla und Charybdis fahren, um die Polarität dieser Welt zu bestehen. Und auch in Zukunft wird der Mensch auf der Insel Ogygia landen, die Göttin Kalypso aufsuchen, um sich selbst zu erkennen, auch auf die Gefahr hin, sieben Jahre lang zu schweigen.

Zum erstenmal in der Literatur leuchtet bei Homer das prometheische Schicksal des Menschen auf. Diesem Weg können sich die Götter nicht mehr entgegenstellen. Der Mensch hat sein Schicksal selbst in die Hand genommen, den elementaren Gewalten dieser Erde muß er Rede stehen. Wir wissen, daß es für uns kein Ausweichen mehr gibt. Wer ohne Geist, nur mit dem Schwert in dieses Leben eingreift, hat keine Chance zu bestehen.

26. Juli

Hinter meinem Holzhaus führt ein schmaler sandiger Pfad den Dornbusch entlang, hart am Abhang des Lehmblocks.

An jeder Kehre ändert sich das Bild. Breite Buchten, steilwandige Klingen. Hier stößt die Küste ins Meer, dort weicht das Land vor den Wellen zurück. Sanddornbüsche schieben sich von unten her bis an den Weg heran, der Schlehdorn hat sich an den Hängen angesiedelt, der wilde Rosenstock blüht auf, eine stachlige Strauchvegetation, eine nördliche Macchia, undurchdringlich.

In vielen Stockwerken ist hier die Pflanze zu Haus. Keine verschnittenen Sträucher, alles, wie es wächst und gedeiht, die Bergjohannisbeere mit ihrem schlanken kastanienbraunen Stamm, den aschgrauen Ästen, die bogig überhängen, der Hagedorn mit seiner Doldenrispe, die beerenförmigen Kernäpfel der Eberesche, scharlachrot. Schlingpflanzen klettern an den Büschen hoch, in großen flachen Blüten leuchtet die Winde auf, der Faulbaum mit seiner schwarzvioletten Rinde hat sich eingefunden, Huflattich breitet sich aus, kleine gelbe Sonnen, Tussilago farfara. Die Gräser aber hängen wie ein zottiges Tuch den Lehmblock herab. Zungen von Grasnarben, fransig.

Nach Norden hin läuft der Block in eine weite, wenig bewegte Waldlandschaft aus. Hinter der Hucke schieben sich die Föhren herauf, blau und klangvoll, dazwischen wächst die Lärche mit ihren hellgrünen Nadeln, die braune, vom Wind und Wetter ausgelaugte Eiche. Im weiteren Sichtfeld wird die Steilküste durch halbmondförmige Buchten aufgelockert. Das Meer, bald liegt es blau, bald droht es mit seinem stumpfen metallischen Grau. Im Süden dagegen liegt die Insel wie ein aufgeschlagenes Buch vor unseren Augen, keine Bodenwelle, bebautes Flächenland, Vorgärten, Fischerboote und

13

Wiesen. Der Blick geht weit über Vitte hinaus. Weiß-
maurig leuchten in der Ferne die Häuser von Neuendorf.

Wenn es dunkelt, werden meine Wände durchlässig für
die Stimmen der Tiere. Der Schrei einer Wildgans, das
Bellen des Hundes, der Ruf einer Eule, all diese Töne,
die während des Tages belanglos an meinem Ohr vor-
überwehn, erinnern mich jetzt an die sinnvolle Sprache
der Kreatur.

28. Juli

Bei der Durchsicht der Manuskripte fand ich heute früh
ein paar Notizen über meinen ersten Hiddensee-Aufent-
halt im Sommer 1961. Ich war damals auf der Suche nach
der deutschen Landschaft. Mit Italien lebte ich jahrelang
unter einem Dach, es war eine Gemeinschaft, ein Zusammenleben, ein Zusammendarben, Haut an Haut.
Hiddensee war meinem Wesen fremd. Ich wehrte mich
gegen die spröde norddeutsche Landschaft. Vergebens
wartete ich auf eine Handreichung, doch das Du blieb in
der Kehle stecken. Ich kam über die ersten Schreibma-
schinenseiten nicht hinaus. Die Sätze blieben wie Unkraut auf dem Felde stehen, Hederich. Ich war in meinem Leben an einer Wendemarke angelangt. In der
einen Waagschale lagen die Erlebnisse von Syrakus, Ca-
tania und Orvieto, in der anderen ein Sanddornblatt, un-
beschrieben.
Italien, das war Geschichte, Architektur, Musik und Malerei, Historie auf Schritt und Tritt. Hiddensee war weder der Schauplatz großer Kulturen, noch sind die Ra-
dien der Weltgeschichte durch dieses Land gegangen. Es
ist ein Stück Erde ohne historischen Hintergrund, es
kennt nicht die Trauer der Ruinen, den geschichtlichen
Verfall. Andere Kräfte sind auf der Insel lebendig.
Südlich der Alpen wird die Landschaft hinausgehoben
ins Licht. Alles, was uns dort begegnet, auf der Erde, im
Wasser, in der Luft, wird von einer festen Linienführung
bestimmt. Klarheit, Sicherheit, Gültigkeit. Die südliche

Landschaft zwingt uns ihre Formen auf, die grellen bunten Farben geben dem Auge einen festen Halt, das Sehen wird zum Zwang.

Hiddensee kennt nicht die harte unversöhnliche Despotie der sizilianischen Sonne. Gedankenschnell huscht hier das Licht über den Strand, hauchblau, legt sich milchig getönt auf die Wiesen, gedämpft durch den zarten silbernen Schleier, der Tag für Tag vom Meer her aufsteigt. Unter dieser Sonne treten die Konturen der Dinge zurück, die Bilder ziehen still an dir vorüber, hundertfältig abgeschattet. Es ist ein ruhiges Ineinanderübergehen. In dieser Landschaft ist alles um einige Stufen zarter, durchsichtiger, das Grenzenlose ist dem Menschen näher. In allen Dingen leuchtet hier der Himmel auf, windüberweht.

29. Juli

Als ich zum erstenmal in Vitte die Fischer reden hörte, traute ich kaum meinem Ohr. Es ist ein äußerst lebhafter Dialekt, den die Menschen hier sprechen, farbenfroh, voller Durchsichtigkeit. In diesem Dialekt schwingt immer etwas Schelmisches mit, der scharfe Kommandoton ist ihm fremd.

Die Redewendungen sind einfach, schmucklos und doch von einer hohen inneren Bildkraft.

Das mecklenburgische Platt hat sich die Bildkraft des Wortes stärker bewahrt, als es im Hochdeutschen der Fall ist. Heute noch findet man Wörter, die den aufmerksamen Hörer immer wieder überraschen. Zum Beispiel heißt das Brett, auf dem die Kannen stehen, Kannbuurd, der vierbeinige Sitz, auf dem der Sattler näht, Neihroß, der Junge, der den Erntearbeitern auf dem Felde die Vespermahlzeit bringt, das kleine Abendbrot, Lüttabendbrotdräger, und schließlich sagt man heute noch für Lauferei ganz schlicht und einfach Beenarbeit. Dat's ak allerhand Beenarbeit!

In einer Zeit, wo das Begriffliche, das Abstrakte dominiert, wo wir unsere Muttersprache mehr und mehr der Rationalisierung anpassen, gehören solche Wörter zu den wertvollen Begegnungen des Tages. Hier werden die Dinge zum Greifen wieder nah, haben Farbe und Substanz. In diesen Wörtern fühlt man heute noch die ganze Besitzergreifung der Welt, erkennt aber auch gleichzeitig den geistigen Prozeß, der sich in unserer Sprache vollzogen hat.

31. Juli

Der Morgen kam kühl. Der Himmel war leer gefegt, nur im Osten webten ein paar Zirruswolken, unfaßbar hoch, ihren weißen durchsichtigen Schleier. Am Strand, wo die Fischerboote liegen, waren die Männer bereits an der Arbeit. Sie spannten ihre grauen ausgelaugten Netze von Stock zu Stock. Dicke Rauchknäuel standen in der Luft. Es roch nach Teer. Der Seewind trug die Worte der Fischer bis an mein Ohr.

Gegen Mittag fuhren der Doktor und ich in den Bodden hinaus. Wir saßen in einem kleinen stabilen Boot. Es war aus harten Planken gezimmert. Der Außenbordmotor lärmte und spuckte. Hinter dem Heck schäumte das Wasser milchig auf.

Der Wind kam in großen Sprüngen auf uns zu, doppelter Duft, süß und salzig zugleich. Ein paar Möwen zogen mit uns fort. Sie stießen ins Meer, die Welle überspülte sie rauschend. Nach einigen Sekunden tauchten sie wieder auf, einen kleinen silbernen Fisch im Schnabel. Andere schrien nach Brot, schossen herab, fingen unseren Wurf im Sturzflug auf, spielten sich hoch, ein weißer kreischender Quirl, der jedes Boot hier begleitet. Nur die alten, sturmerprobten Möwen wandten sich lässig von ihrem bettelnden Schwestervolk ab und zogen allein in den Bodden hinaus.

Wir fuhren an den Fischzäunen vorbei. Der Doktor erzählte mir, daß diese Zäune, aus Reisig oder Rohr geflochten, den ganzen Sommer über aufrecht im Wasser stehen. Sie begrenzen ein labyrinthisches System von Kanälen. Die Fische, die sich darin verlieren, werden in eine Fangkammer geleitet, in die Camera di morte, aus der es kein Entrinnen mehr gibt. Selbst der listenreiche

Odysseus hätte keine bessere Fangvorrichtung erfinden können.

In einer stillen, heiteren Bucht gingen wir vor Anker. Hier sah man den Bodden bis auf den Grund. Die Häuser von Kloster waren längst am Horizont versunken, nur noch der schmale Streifen einer Kiefernwaldung hob sich scharf gegen den Sommerhimmel ab. Wir stellten den Motor ab, warfen unsere Angelschnur ins Meer und ließen uns vom Landwind treiben. Ein Segelboot glitt lautlos vor dem Wind an uns vorbei.

Es war eine stille Stunde. Das Wetter lastete schwül. Die Fische spielten nicht am Köder herum, sie bissen zu, gingen gut an die Angel. Fast zur gleichen Zeit zogen wir hoch. Der Doktor hatte einen stattlichen Fisch am Haken. Sein Körper war karpfenartig, der Rücken schwarzblau marmoriert, mit lebhaftem Messingglanz. Seine untere Flosse war in ein kräftiges Orange getaucht, die Bauchseite glänzte wie ein weißer Kiesel, an der Seite aber leuchteten die kalten Silbertöne des Mondes auf. Ich nahm den Fisch in die Hand. Er hatte ein endständiges Maul, das kleine zusammengezogene Schädelgewölbe stand in keinem Verhältnis zu den großen glotzenden Augen. Die leere kugelige Linse war durchsichtig. Es war ein Aland, ein Oberflächenfisch. Der Doktor hatte dieses schöne Exemplar mit einer Spinnangel gefangen. Die gelbrote Varietät wird von den Fischern Goldorfe genannt.

Ich hatte weniger Glück. Ich holte eine Rußnase hoch, eine gewöhnliche Brachsenart. Die stumpfe, vorragende Schnauze war rußig geschwärzt, die Schwanzflosse steingrau, über den Rücken lief ein langgezogener Pinselstrich, olivgrün. Der Bauch war hellgrau marmoriert, die untere Flosse stand gelb mit schwarzen Rändern. Um seine Augen aber trug der Fisch einen goldenen Hochzeitsring.

Ich lebe in den Tag hinein, niemand kontrolliert meine Zeit, niemand verlangt, daß ich pünktlich zum Essen erscheine. Ich kann gehen und kommen, wie es mir beliebt, ich bin aufgehoben in des Wortes doppelter Bedeutung.

Den halben Vormittag vertrödelte ich im Hafen. Die Dampfer der „Weißen Flotte" kamen angefahren, röhrten. Langsam zogen sie ins Hafenbecken ein, die Motoren gedrosselt. An der Reling standen die Feriengäste, bunte kleine Pulks. Zehn Minuten später drängten sie über die Schiffstreppe, den Koffer in der Hand, das Paket unterm Arm. Gegen Mittag kamen die Kutter, schwarze eiserne Kästen mit knatterndem Motor. Die Fischer schleppten ihren Fang ans Land, Kisten, vollgepackt mit Flundern, Dorsch und Stint. In den offenen Fässern aber schlängelten sich die Aale. Sie glitten lautlos durcheinander, ein schleimiges Knäuel, dunkelgrün, ins Bräunliche spielend.

An der Mole fiel es mir dann auf. Ich beugte mich über das Wasser und betrachtete die seltsamen Muscheln. Sie klumpten unterhalb der Wasserlinie in unförmigen Ballen am Rumpf des Schiffes fest, zogen sich mit ihren Byssusfäden an den Eisenplatten hoch, umschlossen die tote Materie mit Leben. Ihre Schalen waren mit Algen, Schlamm und den weißen Kalkkegeln der Seepocken dicht besetzt. Ringelwürmer und Patellarien hatten sich zwischen den Muscheln eingenistet. Einige Schalen waren abgesprengt, mit Gewalt eingedrückt. Ich sah das Muschelfleisch rötlich-gelb durch das Wasser leuchten. Immer wieder erzitterte dieses dumpfe animalische Leben, wenn die fünfhundert Pferde im Rumpf des Schiffes zu stampfen begannen.

Mittagsdunst. Das Meer liegt blechern, ein paar Wolkenfelder im Süden.

Von Rügen kam, wie an jedem anderen Tag, der Seeadler geflogen, königlich. Er lehnte sich an die Flanken des

Windes, zog ein paar Kreise und strich ruhig und gelassen, als wüßte er um seine Unantastbarkeit, nach Osten davon.

3. August

Durch Zufall habe ich heute früh vom Pastor erfahren, daß das Geschlecht der Platen, einige Kilometer von hier entfernt, auf der Insel Rügen beheimatet war. 1255 wurde es zum erstenmal in den Urkunden genannt. Später wanderte dieses alte pommersche Adelsgeschlecht nach Braunschweig-Lüneburg aus. Das Grab des Dichters aber liegt auf einer Insel, wo man die Welt in glühenderen Farben sieht, wo die Landschaft, selbst wenn es schattet, noch leuchtet.

Ich erinnere mich noch ganz genau an die Tage von Syrakus, als ich im Garten der Villa Landolina bei Platen in die Schule ging. Wie konzentriert stehen doch in seinen Gedichten die Bilder nebeneinander, keine dunklen Stellen, Klarheit, Durchsichtigkeit bis auf den Grund. Dieser Dichter hat seine Sätze mit dem Meißel geschrieben. Platen hat mit diesem Stil ein Stück der Antike für das 19. Jahrhundert gerettet. Meisterhaft scheint mir noch heute das poetische Bild, die zusammenfassende Aussage, die dem Leser immer wieder in den einzelnen Strophen seiner Gedichte begegnet. Hier erhalten seine Zeilen einen Spruchcharakter, der erst in der Lyrik des 20. Jahrhunderts wieder auftaucht.

„Wer die Schönheit angeschaut mit Augen,
ist dem Tode schon anheimgegeben."

Bei ihm wird das Gedicht aber auch im wahrsten Sinne des Wortes geschlossen, hermetisch abgeriegelt. Die einzelnen Blöcke werden hart gegeneinander abgesetzt. Und doch ist in seiner Poesie viel zuviel Wille, sie ist gewollt, kommt nicht frei von oben herab. Die große Kommunikation mit der Antike, die einem Hölderlin geglückt, ist Platen nie gelungen. Das unaufhörliche Leben, das sich in der griechischen Dichtung von Homer bis Euripides immer wieder neu bestätigt, blieb seinem Wesen fremd. So lebte er im Bildungsschatten der Antike und nicht im griechischen Licht.

> „Stets am Stoff klebt unsere Seele, Handlung
> ist der Welt allmächtiger Puls, und deshalb
> flötet oftmals tauberem Ohr der hohe lyrische
>   Dichter.
>
> Gerne zeigt jedwedem bequem Homer sich,
> breitet aus buntfarbigen Fabelteppich;
> Leicht das Volk hinreißend erhöht des Dramas
>   Schöpfer den Schauplatz:
>
> Aber Pindars Flug und die Kunst des Flaccus,
> aber dein schwerwiegendes Wort, Petrarca,
> prägt sich uns langsamer ins Herz, der Menge
>   bleibt's ein Geheimnis.
>
> Jenen ward bloß geistiger Reiz, des Liedchens
> leichter Takt nicht, der den umschwärmten
>   Putztisch
> ziert. Es dringt kein flüchtiger Blick in ihre
>   mächtige Seele.
>
> Ewig bleibt ihr Name genannt und tönt im Ohr
>   der Menschheit; doch es gesellt sich ihnen
> selten freundschaftsvoll ein Gemüt und huldigt
>   körnigem Tiefsinn."

Bei Platen zeichnen sich bereits die ersten Züge der Moderne ab. Er hämmert sich durch die Form, er sucht das Kristall, den funkelnden Stein. Pflanze, Mensch und Tier sind ihm keine Gefährten. Ganze Kapitel im Buch des Lebens werden überschlagen, bleiben ungelesen, unbearbeitet zurück. Mit architektonischer Strenge baut er sich, fern von Deutschland, eine neue geistige Heimat auf. Doch auch hier ist die Verführung am Werk, der Wille zum Extremen. Zwar werden seine Gedichte von Jahr zu Jahr intensiver, verlieren aber mehr und mehr an

Universalität. Die Ästhetik als geistige Heimat tritt in den Vordergrund, was zurückbleibt, ist der Monolog, Pfeiler neben Pfeiler.

Platens scharfer Intellekt erkannte die Gefahr. Jahrelang suchte er nach einem Ausweg. Voller Begeisterung stimmte er in die Freiheitskämpfe der Polen und Griechen ein. Er haßte die Tyrannis der deutschen Fürstenhöfe. Doch seine Schwermut blieb. Sein kämpferischer Zorn sank immer wieder in die eigene Verbitterung zurück.

„Es sei gesegnet, wer die Welt verachtet,
denn falscher ist sie, als es Worte malen ...“

Aus seiner Ablehnung wurde Verachtung, aus seiner Liebe Haß, Hohn, ätzende Ironie. Überall setzte er den Hobel an, zergrübelte, analysierte, zerlegte, bis nur noch der Schatten in seinen Händen zurückblieb.

„Drum selig alle, die den Tod erbaten,
ihr Sehnen ward gestillt, ihr Flehn erhöret,
denn jedes Herz zerhackt zuletzt ein
Spaten.“

Sein Leben glich einem dauernden Pendelschlag zwischen Ideal und Wirklichkeit. Bis zur letzten Konsequenz hat dieser Dichter, wie kaum ein anderer seiner Zeit, diesen tragischen Prozeß durchlebt, aber auch in seinen besten Gedichten überwunden.

5. August

Vor meinem Fenster jagen sich die Vögel, wilde unbekannte Gesellen, mit Sonne, Wind und Nacht beladen. Sie werfen sich mit ganzer Wucht gegen die geschlossenen Scheiben, schreien auf. Die Fenster erzittern. Dann stoßen sie von oben herab, zerbrechen das Glas und stürzen auf mich ein.

Ich habe mich geirrt – es sind gar keine Vögel, es sind die Augenblicke meines Lebens. Sie jagen in meinem

Zimmer hin und her, fliegen an den Dingen vorbei, sind da und dort, kennen kein Verharren, ehe ihre Schwingen ausruhn, treibt sie der Wind schon wieder in die Höhe. Meine Hände wollen sie fassen, vergeblich. Blitzschnell tauchen sie unter den Fingern hinweg, stoßen zum Fenster hinaus.

Zeitlose Vögel, Augenblicksvögel, wehe, wenn wir den wilden Flug der Augenblicke nicht mehr ordnen. Als geschlossener Keil sollen sie die Insel überfliegen. Alles andere wird kommen, wenn wir es rufen.

6. August

Heute vormittag besuchte ich „Haus Seedorn". Die Villa liegt in einem kleinen Park, unweit von Kloster. Gerhart Hauptmann hatte das Anwesen 1930 von der Gemeinde gekauft und noch im selben Jahr durch den Architekten Arnulf Schelcher wesentlich erweitern lassen.

Die ersten drei Räume nehmen die volle Grundfläche des alten Hauses ein. Hier liegen in den Glasvitrinen die dokumentarischen Belege seines Lebens, Fotokopien, Bücher mit Randbemerkungen, Erstausgaben aus dem 19. Jahrhundert. Zwei Bildtafeln zeigen dem Besucher die schönsten Illustrationen zu seinem dichterischen Werk, Radierungen von Slevogt, Graphiken von Kubin und Käthe Kollwitz. Auch die großen Namen der Theater- und Schauspielkunst werden in diesen Räumen wieder lebendig, Max Reinhardt, Werner Krauss, Eduard von Winterstein. Vor einer Tagebuchnotiz blieb ich stehen: „Das Leben ist darauf gestellt, daß es in ihm zugehe wie Schauen, auch im Geistigen."

Ein kleiner Kreuzgang, weiß getüncht, tat sich vor mir auf. In diesem Raum diktierte Gerhart Hauptmann seiner Sekretärin die Arbeiten des Tages. Unter diesen gotischen Bögen sind die letzten Gestalten seiner Dichtung lebendig geworden. Iphigenie hat hier geschrien: „Ich starb drei Tode …" Klytemnästra stand vor dem vergoldeten Spiegel und sah sich an. Blitzhafte Wortgebilde, Selbstgespräche mit dem anderen Ich, Sätze, die wie glühende Kohlen auf der Zunge liegen. An den gekalkten

Wänden aber hängen noch heute die alten Stahlstiche, eine Ansicht der „Abbtey Rheinau", das „Palais du Doge des Venise". Es sind Bilder, die ein ruhiges Leben atmen, ohne Effekt.

Das Abendzimmer öffnet sich. Auch dieser Raum ist längst Geschichte geworden. Ein kleiner runder Tisch, eine Kugelvase mit Gladiolen, ein hoher Ohrensessel, fünf antike Stühle. Neben der Eingangstür eine Mädchenplastik von Georg Kolbe, an der Wand eine formschöne Treibarbeit des Gelbgießers Klingenberg, ein Panorama von Stralsund.

Der letzte Raum des Hauses ist das Arbeitszimmer. Vor den beiden Fenstern steht in geräumiger Helle ein wuchtiger Tisch, im Hintergrund das Lesepult und ein paar Sessel. Stirn- und Seitenwand sind mit Bücherregalen verkleidet. Gesamtausgaben in hellem Leinen, Pergamentbände, Lederrücken mit goldenem Titeldruck. Auf dem Kamin steht eine alte italienische Plastik, ein lesender Mönch mit dem Buch in der Hand. Ein gebieterischer Kopf, hart, unbeugsam, der mich an Dante erinnert. Italienisch ist auch das Kruzifix an der Wand, ein wertvoller Torso aus dem 13. Jahrhundert. Trotz dieser Kunstgegenstände ist das Arbeitszimmer voller kühler Würde, wohlhabender Repräsentation.

Wie bescheiden waren doch die Arbeitsräume seiner großen Zeitgenossen. Ich erinnere mich an das einfache Zimmer von Rainer Maria Rilke im Schlößchen Muzot, an den Arbeitsraum von Hugo von Hofmannsthal in Rodaun bei Wien.

Als ich das Haus verließ, wehte über den Dornbusch der frische Atem des Meeres. Der Efeu kletterte an der Terrassenmauer hoch, an den Stämmen hämmerte der Specht.

7. August

Sechs Uhr früh Abfahrt von Kloster. Mit dem Postboot ging es an Vitte vorbei, immer die Küste entlang. Nach einer halben Stunde tauchten in der Ferne die ersten kleinen Häuser von Neuendorf aus der Flut. Sie schwammen auf dem Meer so weiß und hauchig wie die Blüten einer Seerose.

Bei der Einfahrt in den Hafen überraschte mich ein völlig anderes Landschaftsbild. Breitflankig lag die Insel vor meinen Augen da, zart, sommergrün. Der Dornbusch mit seinem geschlossenen Landschaftsbild trat in den Hintergrund, der gebieterische Schwung der Hügelkette hatte sich beruhigt und geklärt, die senkrechte Linie war getilgt, die waagerechte herrschte.

Neuendorf ist von Wiesen durchsetzt. Hinter dem Haus beginnt die Flur, wildes Gras, ein paar Sandstreifen, keine Blumenfreude. Es fehlt die Geborgenheit des Gartens, der an die Seßhaftigkeit des Menschen erinnert, die Beete in Gelb, Blau oder Purpur. Das Meer ist hier dem Menschen näher als die Pflege des Bodens.

Die meisten Häuser sind zu ebener Erde gebaut, lose aneinandergereiht, als hätte ein spielendes Kind die weißen Würfel auf die Wiese gesetzt. Sie bilden keine Straßenwände, stehen immer nur als Einzel- oder Doppelhaus, charakteristisch für den Süden der Insel. Die Fenster sind klein, die Haustüren nur selten an der Seeseite angeordnet. Die Mauerwände sind mit Kalk beworfen. Blendend prallt das Sonnenlicht zurück.

Diese Fischerhäuser scheinen fest mit der Erde verwachsen. Geduckt stehen sie da. Das breite, wuchtige Dach ist eine Herausforderung an den Sturm. Es ist mit Schilf gedeckt. In den Wintermonaten wird das Rohr in den stillen Lagunen des Boddens geschnitten, eine Handbreit über dem Eis. Obwohl dem Betrachter die einheitliche Bauweise immer wieder ins Auge fällt, wird das Uniforme der Häuser durch die ungebundene Freiheit des Meeres auf eine wundervolle Weise aufgehoben. Kein anderer Baustil würde sich so kongruent in das Landschaftsbild am Gellen einordnen. Mächtige Bäume mit Schirmkronen, Baumoasen, ragen weit über die Dächer hinaus, schattig und kühl.

Den halben Vormittag schlenderte ich durch Neuendorf. Rechts das Meer und der Bodden links, dazwischen ein paar Häuser, etwas Sand und eine Wiese mit Wäschestangen. Ein kleines Mädchen ging von Pflock zu Pflock, die Haspel in der Hand, und machte die Leine fest. Die Pflöcke trugen weiße Hauben, von Möwen bekalkt. Am Ende des Dorfes, wo die letzten Fischerhütten stehen, knieten drei junge Männer im Sand. Sie schlugen mit einem dicken Knüppel auf ein großes ausgebreitetes Netz. In harten Stücken flog der angetrocknete Meeresschlamm herüber bis auf meinen Weg.

Hinter Plogshagen, wo das Naturschutzgebiet beginnt, sah ich auf der Koppel ein junges ungesatteltes Pferd. Es weidete dem Wind entgegen. Plötzlich, von einem panischen Schrecken ergriffen, jagte es über die Wiese, legte sich schräg in die Kurve, schoß in die offene Landschaft hinein. Es hatte seinen Kopf zurückgeworfen, sein Hals glich einem gespannten Bogen. Grasnarben flogen hoch, die Landschaft war plötzlich mit Leben erfüllt.

Dieses Pferd kannte noch nicht den Befehl, es folgte der Sonne, dem Geruch des Grases, es führte aus, was ihm der Wind in die Ohren flüsterte. Die Wagendeichsel, das Geschirr im Nacken waren ihm fremd, keine Peitschenschnur hatte bisher seinen Rücken berührt, noch war es frei, ohne Zaum und Zügel.

Ich kletterte über den Zaun, der an dieser Stelle den Gellen in seiner ganzen Breite abriegelt. Das Pferd fiel in den Schritt zurück. Ich rief es an. Es spitzte die Ohren. Das freie Leben hatte es neugierig gemacht. Hinter einer Buschinsel blieb es stehen, schaute zu mir herüber, spielte mit seinen Ohren hin und her und wartete, bis ich auf einige Meter herangekommen war. Es war ein junges Pferd, hatte zierliche aber kräftige Fußgelenke, breite feste Sehnen, einen schlanken, in die Höhe gerichteten Hals, das Fell war glatt und ohne Narbe, der Schweif hoch angesetzt. Ein Sommerrappe. In seiner Mähne leuchtete der Dunst der Morgensonne auf. Ich hob meine Hand, um das Tier zu liebkosen. Schon konnte ich seine Wärme fühlen. Da bäumte sich der Rappe vor mir auf, seine Vorderhufe stiegen in die Luft, er schnaubte mich an, machte kehrt, setzte die beiden Hufe wieder auf die Erde und galoppierte den Bodden an. Das Wasser stiebte auf.

In der Hosentasche ein Stück Brot für die Möwen, so wanderte ich den Strand entlang. Sand, Muscheln und Kalk, ein paar Dünen, spärliche Äcker mit ihren Hecken und immer wieder der Spiegel des Meeres.

Die Muschelfauna an dieser Küste ist arm, eintönig. Im Vergleich zu den Nordseeinseln ist der flache Strand von Hiddensee ein lebensarmes Gebiet. Aber auch hier sind die Ufer mit Mollusken übersät. Kilometerweit liegen die Sandklaffmuscheln mit ihrer dünnen weißen Schale am Strand, die Herzmuscheln, makellos gerifft. Ein Fingerhut voll Schleim setzt Kalksteinmoleküle in Bewegung, Perlmutterschichten entstehen, Farben leuchten auf, gelb, rot, grau, violett. Doch das weiche, quellende Leben war ausgetrocknet, zugrunde gegangen. Lauter leblose Schalen. Das Muschelfleisch hatte längst den Sonnentod empfangen.

Ich wanderte weiter. In dichten Horsten wuchs auf den Dünen der Strandhafer hoch, schlanke Binsen hatten Fuß gefaßt, Heide und wilde Gerste durchsetzten mit ihrem Wurzelwerk den Boden. Aber auch die harten, widerstandsfähigen Sträucher hatten sich hier eingefunden, die Kriechweide mit ihren silbergrauen Blättern, der Sanddorn, die anspruchslose Strandkiefer, die Pinus silvestris. Eine spärliche Vegetation, von Wetterdisteln durchsilbert.

Hinter dem Leuchtturm entdeckte ich eine wunderbare Stelle. Der Strand war eine glatte geröllose Fläche, blendend weiß. Hier stand das Wasser flaschengrün und still. Wie eine zarte, durchsichtige Glocke zog eine Schirmqualle, handtellergroß, dem Ufer entgegen. Es war ein Gleiten, ein Schweben, ein lautloses Steigen und Sinken im Meer. Aus dem Glasleib hoben sich scharf die rötlichen Geschlechtsdrüsen hervor. Deutlich konnte ich am Rande des Schirmes die mit Nesselbatterien gespickten Fangarme erkennen. Plötzlich, von den hellen Reflexen der Sonne getroffen, glühte, blitzte es im durchsichtigen Körper der Qualle auf. Der ganze Glasleib war von opalisierenden Farben angehaucht, ein zartes duftiges Blau, ein Rosenrot. Die Meduse glich einer schwimmenden Glockenblume im Meer.

Während ich die Quallen, die der Wellengang ans Ufer warf, dem Meer zurückgab, kam ein Fischer die Dünen entlang. Er sah mir eine Weile zu, dann kamen wir ins Gespräch. Er erzählte mir von seiner Kriegsgefangenschaft in England. Drei Jahre lang hatte er bei einem Bauern in Wales gearbeitet, im Westen des Landes, unweit der Küste. Eines Abends ging er zum Baden hinunter an den Strand. Nichtsahnend schwamm er hinaus in das Meer. Plötzlich war er von einem Quallenschwarm umgeben. Es waren Riesenquallen, die mit kräftigen Stößen auf das Ufer zutrieben, rötlichblaue Halbkugeln, ein Fuß im Durchmesser und mehr. Er wurde von ihren Nesselfäden gepackt, schrie auf. Seine Haut war wie mit Feuer überstrichen, Brust und Schenkel schwollen an. Noch am selben Abend wurde er mit schweren Verbrennungen in das Krankenhaus von Cardigan eingeliefert.

Ich wanderte weiter. Sandig hob sich der Gellen von beiden Strandseiten aus dem Meer. Es war eine herbe ungewohnte Landschaft, schwermütig, voller fremder Stimmen, eine magisch helle Ebene, kahl und baumlos, der Vorzeit nahe. Struppige Gräser, verkrüppeltes Gesträuch, in der weiten unübersehbaren Ferne muldenförmig vertiefte Flächen, grelle weiße Sandstreifen, der Weg eine kaum betretene Spur. Die Landschaft lag da, als hätte sie noch nie ein Menschenfuß berührt. Strohblumen blühten auf, wie ein Gerippe ragten die dürren nackten Stämme der Krähenbeere aus dem Sand. Wolkenfahnen schleiften ihren Schatten über die Ebene dahin, die großen Winde fielen ein, eine uralte Sprache, einsilbig, monoton. Es war ein Stück Erde außerhalb der menschlichen Zeit, ohne Jugend, ohne Alter. Nur die Möwen flogen mit räuberischem Schrei die Küste an, ließen sich vom Winde tragen.

Langsam schob sich der Geller-Haken mit seinen flachen, lappigen Ufern ins Meer. Niemandsland, zäher grauer Schlick, verlandete Lagunen, totes Gewässer, algengrün. Fußhoch sammelte sich der Schlamm, kleine braune Tümpel ohne Abfluß. Vogelkadaver faulten im Sand. Dunstwolken stiegen hoch. Die Erde hatte sich ein Bettlerkleid übergeworfen, war öde wie am ersten

Tag. Nur der Wind kam vom Meer auf mich zu, unaufhörlich trieb er seinen Sand vor sich her, strich an meinem Ohr vorbei, hell, singend. Die ganze Landschaft wurde vom Himmel aufgesogen. Draußen aber setzten die Wellen Sand an das Ufer, langsam füllte sich der Grund von unten auf, weiße flache Sandbänke stiegen aus der Flut. Im Norden der Insel lag der Dornbusch, blau, verschwommen, kaum noch erkennbar.

9. August

Vor einigen Tagen hatte mir der Doktor ein kleines Bändchen von Franz Marc geliehen. Tierschicksale.
Die Maler in unserem Jahrhundert haben vieles vergewaltigt aber auch vieles erlöst. Sie löschten die großen Räume der Erinnerung aus, der Tradition. Sie haben die Farbe auf das Folterrad gespannt, die Formen geteilt, das Licht gebrochen, den Griff in die Mülltonne gewagt. Sie haben Zigarettenstummel und Leitartikel auf die Leinwand geklebt. Ein Experiment hat das andere abgelöst. Kunstwerke sind dabei entstanden. Ich denke an Picasso, Braque, Guttuso und Chagall.
Aber auch die Bilder von Franz Marc sind Kraftfelder von unerhörter Ausdrucksstärke. Jede Zufälligkeit wurde ausgeschaltet. Kein einziger Fleck, der sich nicht gesetzmäßig in Farbe und Linie einordnet. Dieser Maler verlor sich nicht an den Reiz der Oberfläche, wie es die Impressionisten jahrzehntelang getan. Bei ihm ist das Schauen wieder Denken geworden. Im Gegensatz zu der chinesischen Tiermalerei, die immer nur das virtuose Können in den Vordergrund stellt, gestaltet er die Kreatur aus einer inneren Vision. Er malt dabei nicht so sehr das einzelne Tier, sondern immer auch das allgemein gültige, den Typus des Tieres, die Gruppenseele.
Der „Turm der blauen Pferde". Eine aufsteigende Gruppe. Keine animalischen Farben und Formen, alles ist streng, kühl, durchgeistigt. Die Materie ist durchsichtig geworden. Ein anderes Schauen kündigt sich hier an. Kobaltblau, die männlichste der Farben. Auf einem anderen Blatt die „Roten Rehe". Auch hier dient die Farbe

nicht mehr zur Beleuchtung, zur Illustration der einzelnen Körperteile. Farben und Linien bestimmen den seelischen Ausdruckswert der Kreatur. Sie sind Symbolkraft geworden. Wölfe jagen plötzlich auf mich zu, Bestien, von einer blutdurstigen Witterung nach vorn getrieben. Der innerste Charakter dieser Tiere wird herausgerissen und auf die Leinwand gesetzt. Visionäre Malerei. Der erste Weltkrieg kündigt sich an. Später der letzte große Schrei: Tierschicksale! Auf diesem Bild nehmen seine Linien und Farben kosmische Dimensionen an. Es ist ein Werk voller Hellsichtigkeit, das uns noch heute erschüttert.

Franz Marc hatte den Mut, seinen Blick von der stofflichen Begrenzung zu lösen. Die Erscheinungswelt wurde dem Wesenhaften untergeordnet. Seine Bilder sind das große Bekenntnis eines Künstlers zum geistigen Hintergrund der Welt, oder wie er es selbst einmal nannte, das „Auftauchen an einem anderen Ort".

Nicht das, was die anderen wünschen, was not tut, muß der Künstler gestalten!

10. August

Eine Insel, auf der das Urgestein dominiert, Gneis, Glimmerschiefer und Granit, wird in ihrem Charakter immer härter und verschlossener sein als ein Eiland, wo der tragende geologische Boden aus Sand, Mergel oder Kalkstein besteht.

Helgoland ist eine steinerne Festung, von Kyklopenfäusten hochgepreßt. Nur der Schrei der Seevögel erinnert dich an das Leben. Hiddensee ist eine freundlichere Schöpfung. Herb, undramatisch wächst die Inselmasse aus dem Meer. Die ganze Ost- und Westseite ist breitflankig, die Ufer sind gelinde angehoben, der Boden ist noch nicht verhärtet, er wird von den Wellen überspült, aufgelockert, verändert, ist Abbau und Aufbau.

Auf Helgoland dominiert das große Gegenspiel der Kräfte. Säulengleich stoßen die Felsen aus dem Meer, Fluten unterspülen den Stein. Beide Gegner sind gewaltig. Die Welle schießt an den Wänden hoch, das Meer umtobt den Widerstand, brüllt auf, nimmt die Insel in die Zange, eine Feindschaft, die Jahrmillionen zurückreicht. Auf Hiddensee werden die Ufer umspült, umschmeichelt, umworben. Kein Urgestein mit seiner pflanzenlosen Nacktheit. Sanft schiebt sich die Insel hinaus in die See.

Der Grundton von Hiddensee ist monochrom, ein tiefes meergrünes Blau. Im Norden stößt der Dornbusch aus dem Inselkörper hervor, ein bewaldeter Lehmblock mit ausgewaschenen Buchten, in der Mitte liegt die Heidelandschaft, im Süden die exemplarische Ebene, Schilfplätze, Weideland und Röhricht. An die Vegetation schließt sich der Küstenstreifen an, weiße Dünen, leuchtendes Schwemmland. Es ist eine stille zurückhaltende Landschaft, Farbe und Form treten in den Hintergrund. Doch im Herbst, wenn die Sturmflut über die Insel hereinbricht, wird auch hier das Dämonische sichtbar.

12. August

Heute morgen fiel die Windsbraut über die Insel her. Sie stürzte sich mit einem hellen schrillen Pfiff ins Dorf, schaufelte den Dünensand landeinwärts, riß die Nester aus den Bäumen, griff nach den Bohnenstangen und drehte sie aus. Sie warf sich lachend an die Häuserwände, daß die Fenster zitterten. In großer Höhe, wo das Tageslicht kalt und fahl am Himmel stand, jagte sie die Wolken in entgegengesetzter Richtung aneinander vorbei. Ihre Schatten flogen über den Dornbusch, grau, schwarz, violett.

Ich zog den Regenmantel an und ging hinunter an den Strand. Die Ostsee kochte, ein zerklüftetes Gebirge. Grüne Berge rollten heran, stiegen an der Ufermauer hoch, zischend. Faustdicke Flocken riß der Sturm von den Schaumkronen ab und warf sie durch das Wellental landeinwärts. Manchmal schoß aus den Wogen, raketengleich, eine Wasserfahne hoch. Weißer flüchtiger Gischt, Meeresstaub. Vor der Küste aber hellten sich die Wogen auf, ihre Ränder wurden grün, ehe sie klatschend auf die Steine niedergingen. Stoßweise trieb der Sturm die schwarzen Wolkenbänke vor sich her. Der ganze Horizont hing schräg. Das Meer glich einem brodelnden Chaos.

13. August

Nach zwanzig strahlenden Sonnentagen zogen die Nebeltöchter ihren Bannkreis um die Insel. Sie schoben sich vom Meer an das Ufer heran, krochen die Dünen herauf, hängten ihre grauen Fetzen als Erkennungszeichen in die Sträucher, brauten durch den Föhrenwald und wogten, vom Windstoß getrieben, in breiter Front auf Kloster zu. Sie krochen an den Häuserwänden hoch, wischten das Licht aus den Fenstern und warfen ihre feuchten undurchsichtigen Laken über das Dach. Die Insel hatte ihr Gesicht verloren, war abgesunken, ertrunken. Niflheim schob sich heran, beängstigend, uralt. Land unter. Das Nebelhorn tutete Tag und Nacht.

14. August

Strömender Regen. Am späten Nachmittag sah ich mir noch einmal im Haus „Seedorn" die alten Stahlstiche an.
Diese Stiche sind ohne Sentiment. Mit topographischer Genauigkeit wurden die Dinge hier ins Licht gestellt. Alles ist bis ins Feinste ausgeführt. Das Auge schweift nicht mehr umher, es wird gefesselt, gebannt. Man hat den Eindruck, daß die Erde unter den Füßen dieser Künstler noch nicht gebebt hat. Und doch geht von diesen Bildern eine seltsame Erregung aus.
War es die Liebe zum Historischen oder war es die Kühle, die Sachlichkeit der Beobachtung, das Akkurate in der Gestaltung, das Gerhart Hauptmann bewogen hat, jahrelang mit diesen Bildern zu leben?

Weiter in der Lektüre „Michael Kramer" und „Fuhrmann Henschel".
Gerhart Hauptmann gestaltete seine Helden aus der Fülle der gesellschaftlichen Gegensätze, aus der Sicher-

31

heit seiner eigenen Erfahrungen heraus. Bereits in seinen frühen Dramen wurden die Gestalten auf eine neue höhere Art konkret. Sie zeigten uns die Gefahren der menschlichen Existenz. Kein Ausweichen vor dem Spannungsfeld der Zeit. Das vielfältige Leid erkannte sich im Spiegel dieser Dichtung wieder. Hier ein spontanes Aufflammen für die soziale Gerechtigkeit, die Weber mit dem Brotschrei auf den Lippen, dort ein Ruf nach Erlösung. Jede einzelne Zeile war für diesen Dichter eine Kommunikation mit der Realität, von Wirklichkeit gesättigt, aus objektiven Bestimmungen und Überlegungen heraus geschrieben. Gerhart Hauptmann wußte, daß jeder Dramatiker, der seine Gestalten an der Peripherie des Lebens ansiedelt, wirkungslos bleibt. Ein Schauspiel, das nur die Oberfläche des Lebens gestaltet, bleibt zivilisatorische Maske.

16. August

Spaziergang mit Doktor H. Der Weg führte uns den Dornbusch hinauf, dann durch den Kiefernwald nach Norden.

Nach dem tagelangen Regen war alles wieder jung und frisch. Der zähe, sparrige Schwarzdorn schoß in die Höhe, das Habichtskraut mit seinen silbernen Flugfrüchten breitete sich aus, das Pfennigkraut mit seinen plattgedrückten Schötchen. Die Staubfäden lockten, pastellhafte Farben, im geöffneten Kelch stand der Stempel, pudrig. Selbst die unscheinbarsten Blüten nahmen den Glanz des Meeres an.

Hinter der Hucke, wo der Kiefernwald beginnt, standen wir plötzlich einer mannshohen Königskerze gegenüber. Die Grundblätter der Blume waren tellergroß, ganzrandig und mit einem feinen silbernen Wollfilz überzogen. Ein fester kantiger Stengel stieß kraftvoll aus dem Blattgewirr hervor. In einer langen walzigen Traube standen die Blüten, Kelch neben Kelch. Hier, wo sich das Gelb der Blüte bis zum Rot der Staubgefäße erhöhte, hatte sich die Pflanze zu einer herrlichen Blütenfackel durchgearbeitet. Aus reinem Sonnengold waren die kleinen radförmigen Blumenkronen ziseliert. Erschrocken fuhr meine Hand zurück, als ich die Grundblätter berührte. Sie waren heiß, sonnendurchglüht.

Der Doktor machte mich auf die einzelnen Stufen des Wachstums aufmerksam. Die unteren Teile der Pflanze, dem Erdreich am nächsten, waren hart und groß, knollenhaft. Je weiter aber die Blume über die Erde hinauswuchs, sich abhob, zum Licht hin entwickelte, desto zarter wurden ihre Blätter. Stufe um Stufe gab sich die Königskerze den immer edler werdenden Formen hin, bis sich im Blütenkelch das ganze pflanzliche Leben auf einer neuen und höheren Stufe wiederfand und zu leuchten begann. Fackelkraut, Himmelsbrand! Keine andere Blume auf dieser Insel kann neben dieser Königskerze bestehen.

Auf dem Heimweg – der Sonnenball war bereits untergegangen, das Meer begann zu leuchten, karmesinrot, orange, violett, im Osten stand der Himmel grün, der Wald über dem Dornbusch blau – sprachen wir über Goethes Farbenlehre, über die „Taten und Leiden des Lichtes", aber auch über den beständigen Streit, den Licht und Finsternis miteinander führen.

Als ich zu Hause ankam, saß die kleine schwarze Katze mit den Bernsteinaugen vor meinem Fenster und wartete. Heute hielt ich einen Leckerbissen für sie bereit, ein viertel Pfund Gehacktes. Den ganzen Abend lag sie, im Halbschlummer blinzelnd, auf meinem Bett. Bei keinem anderen Tier findet man das Verschlossene, das Ahnungsreiche, das nach Hegel allen Tieren zu eigen ist, so ausgeprägt wie bei der Katze. Wer sie aufmerksam beobachtet, findet noch heute etwas Ägyptisches in ihr.

17. August

Der Vormittag kam heiß. Auf den Schirmkronen der Bäume lastete ein bleiernes Schweigen. Die Kleider wurden lästig. Ich ging hinunter an den Strand und warf mich in das kühle grüne Wasser. Die Wellen schlugen auf den Körper ein, trieben das Blut durch die Adern.

Mit harten Schlägen antwortete das Herz. Ich durchschwamm die erste Tiefe und stand nach wenigen Sekunden auf einer festen Sandbank. Nicht weit von mir entfernt ging eine Möwe auf das Wasser nieder. Nach einer kurzen Atempause stieß ich mich vom Meeresboden wieder ab und kraulte hinaus in die See. Als flacher grüner Streifen lag jetzt die Insel im Wasser. Ich sah den Himmel mit seinem überirdischen Blau, unter mir den eigenen Schatten, der dunkel über den Meeresgrund huschte.

Nach dem Wasser ein Sonnenbad im Windschatten der Dünen. Ein Stück weiter Strandkorb neben Strandkorb. Das Fleisch wird gegrillt, die silbernen Antennen der Kofferradios glitzern in der Sonne. Hier ein Chanson, dort ein Fetzen Jazz. Rufe, die an meinem Ohr vorüberfliegen. Geräuschkulisse von früh bis spät. Der Mensch wird auf Gnade oder Ungnade seinem Nachbarn ausgeliefert.

Der hohe Mittag kam. Das fröhliche Treiben unten am Strand war zusammengesunken. Die Sonne blitzte aus dem Meer herauf. Die Küste nach Vitte, ausgebreitet wie ein goldenes Vlies, löste sich auf. Alles Sichtbare zerfloß. Das Licht trieb sein Spiel mit dem Raum.

Das Leben hielt für einen Augenblick den Atem an. Kein Gegendruck, die Insel schwebte im Gleichgewicht. Ich schloß meine Augen und wartete, bis das Meer hinter den Lidern zu leuchten begann.

19. August

Bei diesiger Sonne wanderte ich den Strand entlang. Links das Meer und rechts die steilen Hänge aus Lehm. Unterhalb der Hucke wurde das Ufer dann steinig. Große graue Wacken lagen hier im Sand, Felsblöcke mit rauchzarter Bänderung, ockerfarbenen Adern. Eiszeitliches Steingeröll. Plötzlich sah ich, daß die Lehmwände mit faustgroßen Löchern durchsetzt sind. Je länger ich hinauf blickte, desto mehr Löcher konnte ich erkennen. Die ganzen Wände waren hier mit Höhlen übersät. Die

Öffnungen waren rechteckig angelegt, lang und schmal, wie die Schießscharten bei einem Bunker.

Ein kleiner unscheinbarer Vogel hat sich in die Uferwände eingehöhlt. Ich sah die weißen flinken Segler aus den Lehmlöchern abstreichen, andere wieder schossen mit ihren spitzen Flügeln pfeilgrad auf den Rand der Höhle zu. Es sind Uferschwalben. Sie graben mit ihrem breiten, kräftigen Schnabel einen schmalen, langen Gang in die Wand, zwei bis drei Meter tief, dann bauen sie am Ende der Röhre, in einer backofenförmigen Nische, das Nest. Ganze Kolonien hatten sich hier eingenistet. Sie durchlöcherten den Lehm, wie der Holzwurm einen Wurzelstock.

Während ich den Flug der Schwalben beobachtete, sie schossen hinauf in den Himmel, stieß am Strand von Kloster ein Rettungsboot in See. Ein paar Minuten später legten zwei Männer ein kleines Mädchen in den Sand. Im gleichen Augenblick war der Strand voll Menschen. Sie standen dicht gedrängt im Kreis. Ihre Gesichter waren ernst, ein lautloses Lamento. Dunstig grau lag das Meer und sog das Licht in sich ein.

Der plötzliche Tod des Kindes hatte ein ganzes Signalsystem in meinem Innern ausgelöst. Mir war, als hätte ein unsichtbarer Bote eine chiffrierte Nachricht in meinen Händen zurückgelassen. Wir alle unterliegen ja in unserem Leben diesem Bann, selbst jene Menschen, die mit scheinbarer Gelassenheit, mechanischer Verachtung dem Tod begegnen.

Wie weit auch der Mensch seinen eigenen Tod an die Peripherie des Lebens drängt, sein Kontinent bleibt in Sichtweite vor unseren Augen liegen. Eines Tages aber werden auch wir diese Küste, die immer wieder zu uns herüberleuchtet, betreten müssen. Vielleicht werden wir dann erkennen, daß unsere Inschrift bleibt und nur das Licht von einer anderen Seite her durchs Fenster fällt.

Heute früh hörte ich vor meinem Fenster den Sprosser. Die ersten Töne wurden hastig angeschlagen, dann nahm der Gesang an Stärke zu, steigerte sich bis zum Forte. Nach einigen Takten kam die Pause, das Lied brach ab, Melancholie kam auf, die Klage begann, reinste Flötentöne, langgezogen.

Als mir der Doktor vor einigen Tagen auf dem Weg zur Vogelinsel einen Sprosser zeigte, traute ich kaum meinen Augen. Keine einzige Feder an diesem Vogel war bunt. Und doch findet man in seinem Lied die gesamte Farbenskala wieder, vom dunklen Violett bis hinauf zum hellsten Blau. Vielleicht lehrt uns gerade hier die Natur, daß man nicht der äußeren Repräsentanz der Farbe bedarf, wenn solche Töne in einer Kehle vorhanden sind.

21. August

In den frühen Morgenstunden, als die Sonne heraufkam, führte mich der Weg zum nördlichsten Punkt der Insel.

Der Enddorn ist ein mächtiger Klotz aus Lehm, oben flach, steilwandig nach Norden und Westen. Seine Hänge, sepiabraun, sind von den Prankenschlägen des Meeres zerfetzt. Mannshohe Schollen sprengte der Frost aus der Mutterwand. Im Herbst, wenn die Stürme mit Windstärke zehn auf die Insel anhalten, rollen die Wellenberge heran, um den Lehmblock von Norden her anzugreifen. Steindämme, Brandungsterrassen wurden errichtet, aber das Meer hat sich immer wieder einen anderen Weg gesucht. Die Erdschichten der Stauchmoräne sind weich, die letzte Sturmflut kolkte eine riesige Brandungskehle aus dem Lehmblock. Der poseidonische Schrecken wird sichtbar. Lehmklötze lösen sich von der Wand, die Wände bröckeln ab, bebuschte Hänge rutschen in die Tiefe, ziehen den Sanddorn nach. Tag und Nacht vollzieht sich der Abbau der Masse.

Im Vorfeld liegen abgesprengte Blöcke. Hier ist das

Schlachtfeld eines wildgewordenen Kyklopen, manns-
hohe Klippen, Geröll. Kein Sanddorn, nur da und dort
die Fetzen einer Pflanzendecke.
Selbst den Kiefern geht es hier ans Leben. Die starken
Regenfälle lösen den Lehm von den Wurzeln, schläm-
men ihn fort, wurmartig krümmt sich der Wurzelstock
ins Leere. Jahr für Jahr gerät hier die Wand in Bewegung. Haushohe Brocken kippen ab, poltern den Abhang hinunter, setzen auf, springen auseinander,
Schlammfahnen ziehen ins Meer. Überall kann das Auge
die kahlen, offenen Stellen erkennen, heller leuchtet
hier das Erdreich auf, aschig, grau, fahlweiß. Über den
Hängen aber flirrt phantastisch das Sonnenlicht.
In dieser Landschaft ist Spannung, Aktivität, dramati-
sches Geschehen, ein Gegenspiel der Kräfte, Sturm,
Frost und Meer. Unter dem Enddorn aber ist das Wasser
tief, smaragdgrün. Die unsichtbaren Dinge treiben langsam auf die Insel zu.

Nicht weit von meinem Holzhaus entfernt stehen zwei
alte vertrocknete Windflüchter. Ihre Wurzeln, vom Regen unterspült, heben sich handbreit vom Erdboden ab,
die Stämme sind bis zur Krone hinauf astlos. Der Seewind hat ihre Wipfel vom Meer ins Land gedreht, waag-
recht stoßen sie landeinwärts. Altes sparriges Holz,
Baumskelette. Nur ein paar Zapfen mit glanzlosem
Schuppenschild hängen gestielt an den Ästen. Papier-
dünne Platten, rötlichgelb, lösen sich von der Rinden-
haut ab. Der Wind trägt sie hinunter bis an den
Strand.
Plötzlich waren sie da, zwei Trauermäntel. Sie hingen in
der Luft, flatterten den Sanddorn entlang, gaukelten die
Wiese herauf, vorbei an den grauköpfigen Steinbrocken.
Mit breiten ausgespannten Flügeln setzten sie sich auf
die Kiefernrinde, auf ihren Schwingen den Schatten-
sturz der Nacht. Unter den hellen Strahlen der Abend-
sonne leuchtete die Borke feurig auf.

Seit einigen Tagen höre ich das Tuckern von Zugmaschinen. Heute früh ging ich hinunter zum Hafen. Aufgetürmte Felsblöcke lagen auf der Wiese. Zwei Männer im Drillichzeug legten mit kundigem Griff stählerne Schlingen um die Quader. Immer wieder mußten sie die zentnerschweren Brocken mit einer Brechstange anheben. Knochenarbeit. Es dauerte eine ganze Weile, bis die Trossen fest und sicher einen Block umspannten, dann erst schwenkte der Kranführer ein. Lautlos spannte sich das Seil, der Stein begann zu schweben, pendelte aus und wurde langsam auf den LKW gehievt.

Am Strand von Kloster treibt der Fallhammer schenkelstarke Pfosten in den Grund des Meeres. Ein paar Arbeiter, die Hosenbeine hochgekrempelt, legten walzenförmig gebundene Reisigbündel zwischen die eingerammten Pfähle ins knietiefe Wasser. Das Holz quillt auf, ein federnder Untergrund entsteht. Dann erst kommen die Quader, Block neben Block. Langsam wächst der Damm nach Vitte zu, ein mächtiger Wall, halbrund, unverdaulich selbst noch für das Meer.

24. August

Den ganzen Vormittag bauten die Wolken schwefelgelbe Türme in den Himmel. Immer neue Wolkenballen schoben sich heran. Sie rückten in einer fest geschlossenen Front vom Süden her auf die Insel zu. Manchmal schoß aus dem Wolkenfeld eine rauchgelbe Fahne, löste sich ab und zog wie ein Spähtrupp, unheilverkündend, durch den blauen Himmel.

Gegen Mittag wurde es dunkel. In den Gaststätten flammten die Glühbirnen auf. Ein unheimliches Zwielicht lastete auf der Insel, fahl, ausdruckslos. Der Strand war leer gefegt, stumpf und träge lag das Meer. Selbst die Schwalben zogen schreiend ab, schossen im Tiefflug davon, ihre Brust blitzte weiß vor den zornschwarzen Wolken auf. Der erste Windstoß kam mit einem hellen, schrillen Pfiff. Zu einer Spirale zusammengedreht, hob er den Sand schwerelos in den Himmel. Durch das letzte blasse Sonnenlicht zuckte ein Flächenblitz. Grollend zog der Donner seinen Halbkreis um die Insel. Ich lief den Weg zur Lietzenburg hinauf. Die Blätter der Pappeln standen in hellem Aufruhr. In meinem Holzhaus angekommen, blieb ich am Fenster stehen. Die Insel lag geduckt, wie ein vorsintflutliches Tier. Die Luft stand gelb vor meinen Augen. Es knisterte im Haar. Unerträglich war die Drohung des Himmels geworden. Die Erde wartete auf den erlösenden Schlag.

Raketenhaft schoß der erste Blitz durch die Wolkendecke herab, tastete sich an der Küste entlang, prachtvoll leuchtete sein Spiegelbild im Bodden auf und erlosch. Das zweite Strahlenbündel blendete mich. Ich wich erschrocken vom Fenster zurück. Es war eine weiße elektrische Flammensäule, magnesiumgrün, sekundenlang brannte das Meer. Lautlos wartete die Erde. Der Donner kam plötzlich, von oben herab. Es war ein harter, heller Schlag, ganz kurz, ohne Echo. Das Meer kam in Bewegung. Die ersten Regentropfen sprangen ans Fenster. Und wieder zuckte es rot in der Wolkendecke auf. Ein Linienblitz. Er schnellte schraubenförmig auf den Bodden zu, Millionen Volt verzischten sinnlos im Meer. Rollend fiel der Donner in die Kiefernwaldungen ein. Der Sturm brach los, wühlte sich durch den Sanddorn herauf. Die Sträucher gebärdeten sich wie toll, peitschten mit ihren Zweigen den Boden. Die Elemente tobten, Feuer, Wasser und Luft. Magische Kräfte. Ganze Feueräste stürzten jetzt auf die Insel nieder, es flammte, zuckte und schoß von allen Seiten auf den Dornbusch ein. Die Blitze wechselten ihre Farbe, über dem Meer ein helles weißes Band, über dem Bodden eine rote flammende Fackel. Die Insel war zur Front geworden, der Dornbusch glich einer eingeschlossenen Festung. Krachend schlug der Donner in die Ohren ein. Jetzt riß der Himmel seine Regenschleusen auf. Die Landschaft war durch eine Wasserwand von mir getrennt. Mensch und Natur blickten sich an.

Am Nachmittag besuchte ich den Doktor. Er wohnt in einem kleinen weißgetünchten Wochenendhaus am Rande von Kloster. Die Haustür ist seitlich angeordnet, ein paar Stufen führen hinauf. Vor der Haustür aber stehen zwei seltene Sträucher, die Berberis julianae. Die Ahnen dieser Pflanze sind in den schneelosen Wintertagen hoch in den westchinesischen Bergen hart geworden. Es ist ein Strauch, der nicht nur die sengende Hitze, sondern auch den schwarzen Frost der Winternacht besteht.

Sein Arbeitszimmer ist ohne Komfort. Am Fenster steht ein breiter eckiger Tisch mit einem Mikroskop, an der Wand ein Glasschrank mit Reagenzgläsern, an der gegenüberliegenden Seite ein Bücherregal mit botanischen Zeitschriften, auf dem oberen Regalbrett ein Kasten mit faustgroßen Bernsteinstücken. Kein Teppich, das ganze Zimmer ist mit Linoleum ausgelegt.

Wir setzten uns an den Tisch. Das Gewitter war nach Osten abgezogen, der Wolkenbruch hatte sich in einen warmen leichten Sommerregen aufgelöst. Der Doktor überbrühte in einer Kanne grünen chinesischen Tee, dann las er mir einige Seiten aus seinem jüngsten Manuskript vor. Es waren zwei Studien über die schönsten heimischen Pflanzen, die Kugelorchis und das Gefleckte Knabenkraut.

Was mich an seinen Studien überraschte, war der einzigartige Brückenschlag zwischen naturwissenschaftlicher Erkenntnis und poetischer Einsicht. Es war eine Prosa, die nicht nur von der rein begrifflichen Mitteilung her die Dinge beim Namen nannte. Das Metaphorische brach in seinen Sätzen immer wieder durch. Die große Tradition eines Johannes Müller, Alexander von Humboldt, Carl Ritter, Fallmerayer und Gregorovius, eine literarische Tradition, die in ihrer dichterischen Bedeutung auch heute noch von der Literaturwissenschaft unterschätzt wird, wurde in seinen Studien wieder lebendig. Wissenschaft und Dichtung begannen sich von neuem zu berühren.

Später erzählte mir der Doktor, daß er an diesen Aufzeichnungen jahrelang gearbeitet hat. Sein großer Lehrmeister war der provenzalische Insektenforscher Jean-Henri Fabre. Immer wieder hätte er seine gesammelten Aufsätze, die „Souvenirs entomologiques", gelesen und studiert. Bei diesem Wissenschaftler hätte er die genaue und liebevolle Betrachtungsweise kennengelernt, die den naturwissenschaftlichen Studien unserer Tage allzuoft verlorengeht.

Ehe wir zum Abendessen hinunter ins Dorf gingen, zeigte mir der Doktor seine kleine Bernsteinsammlung. Viele Steine waren dunkel wie roter Wein, andere wieder algengrün, knochig, tiefschwarz. Die wasserhellen, lichtdurchlässigen Exponate aber ließen sämtliche Feinheiten der eingeschlossenen Gräser und Insekten erkennen. Eine kleine Zikade, vierzig Millionen Jahre alt, die Blüte einer Stechpalme, ein paar Gräser, aufgefächert. Ein zarter unscheinbarer Flügelschlag in der großen unfaßbaren Ode, die wir Leben nennen.

26. August

Die Bernsteinstücke haben Erinnerungen an meine Kindheit wachgerufen.

Tagelang trieb ich mich als Knabe in den Steinbrüchen meiner Heimat umher. Es war eine wilde maßlose Landschaft, schroffe Berghänge, die schräg in den Himmel stiegen, graue Felswände, von Sprengsätzen zerfetzt. An den steilen ausgetrockneten Flanken kroch die Eberesche hoch, blühte wild die Tollkirsche auf. In den Sommermonaten, wenn die Hitze zwischen den Geschieben brütete, paarten sich auf dem Schotter die Schlangen.

In den Sommerferien war ich Tag für Tag mit Hammer und Meißel unterwegs. Nach jeder Sprengung durchwühlte ich das Gestein. Herrliche Stücke fielen mir dabei in die Hand. In diesen Tagen lernte ich die Steine lieben, den Glimmerschiefer mit seinem blättrigen Bruch, der unter dem Nagel krümelte, den Feldspat, gelb, mit Blattdurchgang, die Hornblende, den Rosenquarz. Porzellanweiß, wolkig, karmesinrot geflammt lagen sie in meiner Hand. Ich kletterte an den Hängen hoch. Da und dort blitzte es im gewachsenen Fels. Kristalle von zartester Bildung, gläserne Blitze. In den Kanten und Flächen schoß die Sonne herauf. In die Stollen der verlassenen Bergwerke stieg ich ein. Eine wunderbare Tönung hatte hier der Fels, schwarze, gelbe und weiße Schichtungen, tiefe rostrote Flecken, getupft wie das Fell eines Leoparden. Hier schossen die blauen Kristalle aus dem Felsen hervor. Die Materie wollte durchsichtig werden, das Anorganische begann zu träumen. Es dauerte Stunden, ehe ich die gewachsenen Kristalle mit dem Muttergestein aus dem Felsen herausschlug.

Meine große Liebe aber galt dem Abdruck, den Versteinerungen. Sie haben mich schon immer stärker angezogen als die Wunderwelt der Kristalle. Panzerfische mit ammonshornartigem Gehäuse, bärenlappige Schuppen- und Siegelbäume, Trilobiten. Eines Tages fand ich auf einer ausgesprengten Schieferplatte die zarten Formen einer Seelilie wieder. Es war eine seltsame Botschaft, grau in grau. Das pflanzliche Leben hatte sich den Steinen anvertraut. Mit meinen Fingerspitzen tastete ich die unscheinbare Schieferplatte ab, jede einzelne Linie rührte mich an. Millionen Jahre nahmen ihren Schleier vom Gesicht. Zum erstenmal in meinem Leben blickte ich hinter die Zeit.

Zu Hause angekommen, schüttete ich der Mutter die Brocken auf den Tisch. Sie schlug die Hände über dem Kopf zusammen. Das Regal in meiner Kammer füllte sich.

Nicht durch das Auge allein, durch die Fingerspitzen gingen mir die Steine ins Blut. Harte, zauberhafte Substanz. Millionen Jahre sind über sie hinweggegangen. Des Nachts aber deckte ich die kalten bunten Steine mit meinen Knabenträumen zu.

Im Stein fand ich die erste große Liebe meines Lebens. Sieben Jahre später bin ich als Soldat auf den Straßen Europas anderen Steinen begegnet. Sie waren schwarz vom Brand. Ich habe sie nicht mehr gesammelt.

Nachtrag

Wie kommt es, daß bestimmte Erinnerungen, selbst noch nach dreißig Jahren, mit einer bildhaften Schärfe immer wieder in uns auftauchen, daß diese Bilder oft gegenwärtiger sind als die Stunden des Tages, die man im Augenblick durchlebt?

Man kann diese Erinnerungen nicht abstreifen, sie sind da, eine unsichtbare Substanz.

28. August

Zehn Uhr früh. Die Feriengäste aus Baabe, Binz und Usedom überfluten die Insel. Sie kommen in großen Pulks von den Schiffen herab, dicht aneinandergedrängt.

Die Gäste werden durch Kloster geschleust, besuchen Haus „Seedorn", den Leuchtturm, Bessin. Einige Gruppen scheren aus, treiben den Dornbusch hinauf. Später werden sie vom Ruf der Schiffssirene wieder eingefangen.

Auch dies gehört zum Bild unserer Zeit: Man ist immer unterwegs, von einer Insel zur anderen. Moderner Tourismus.

In den Nachmittagsstunden sind die Straßen von Kloster leer, die Fenster stehen offen, die Zimmer sind sauber aufgeräumt. Es ist immer noch Sommer, Urlaubszeit. Die Feriengäste liegen unten am Strand, in den Gärten aber blühen schon wieder die Malven.

30. August

Es gibt Inseln, die im Gedächtnis ganzer Völker weiterleben, die sich durch viele Generationen immer wieder neu behaupten. Sizilien zum Beispiel. Auch Patmos, wo Johannes seine apokalyptischen Gesänge schrieb. Zeitlos liegen diese Inseln im Meer, Festlandstücke, vom Mutterland abgesprengt, Reste abgesunkener Kulturen, Vorpostenkette gegenüber den Kontinenten, letzte irdische Heimat den Verbannten.

Hiddensee kennt keine glanzvollen Namen, keine Kaiserkrönung. Diese Insel war zu arm für solchen Ruhm. Der Marschtritt der Kohorten ging hinunter nach dem Süden. Im Gefolge die herrlichen Früchte, Trauben, Orangen und Oliven, ging hinüber nach dem Osten, hier taten sich die unübersehbaren Ebenen auf. Otto III., Friedrich II., Konradin, der letzte der Hohenstaufen.

Heute habe ich mich für jenen Raum entschieden, den ich mit meinen Augen überblicken, mit meinen Worten abgrenzen kann.

Ich habe mir Hiddensee freiwillig gewählt, diese Insel gibt mir das Maß, ich beschränke mich auf sie.

Am späten Abend hörte ich die 7. Sinfonie von Anton Bruckner.

In den fünfziger Jahren, als ich vorübergehend in Berlin zu Hause war, besuchte ich voller Enthusiasmus die Sinfoniekonzerte der Stadt. Celibidache dirigierte Beethoven, Keilbert die „Vierte" von Brahms, Abendroth die „Pathétique" von Peter Tschaikowski.

Eine seltsame Transfiguration hatte mich erfaßt. Die Musik gab meinem Leben Flügel.

Einige Jahre später, als ich im Dom zu Orvieto zum erstenmal Gregorianische Gesänge hörte, den gewaltigen Fresken von Lucca Signorelli gegenüberstand, in den Abruzzen die klare durchgeistigte Fassade der San Maria di Collemaggio kennenlernte, distanzierte ich mich mehr und mehr von der sinfonischen Musik des 19. Jahrhunderts. Ich erkannte die Gefahr, die mein Wesen von dieser Seite her bedroht, dieses Uferlose, das aus dem Mittelpunkt des Lebens hinausdrängt.

Ich suchte in der Kunst den Kreis, der von einem unverrückbaren Zentrum aus, gleich rund, dem Dasein nach allen Seiten hin begegnet.

Seit einigen Jahren höre ich mit Vorliebe moderne Kammermusik, Hindemith, Honegger, Strawinsky. Diese Musik ist ohne Heroik, ohne Sentiment. Sie warnt, sie hält wach, das Ohr ertrinkt nicht mehr in einer Welt von tausend Tönen. Das Uferlose, das Ungebändigte gehört der

Vergangenheit an. Was mich an dieser Musik immer wieder fasziniert, sind nicht die neuen stilistischen Elemente, die Klangfarbenkontraste, die abrupten Bewegungsgegensätze, ich lernte in diesen Kompositionen zum erstenmal die Ästhetik der Unregelmäßigkeit kennen, eine Ästhetik, die in den freien Rhythmen der Poesie, der modernen Architektur, den großen Romanen der Gegenwartsliteratur unwiderruflich auf uns zukommt.

Für unsere Generation ist das Regelmäßige fragwürdig geworden. Die Symmetrie, der Goldene Schnitt wird museal.

Heute spielt die Musik in meinem Leben eine untergeordnete Rolle, obwohl ich mir immer wieder bewußt bin, daß sie, wie Schopenhauer einmal sagte, „den innersten aller Gestaltung vorhergängigen Kern" bildet.

1. September

Weiter in der Lektüre „Griechischer Frühling", einem Reisetagebuch von Gerhart Hauptmann. Über ein halbes Jahrhundert hat dieser Dichter die südliche Landschaft geliebt. Portofino, Lugano, Capri, Rapallo waren die immer wiederkehrenden Stationen in seinem Leben. „Mein Frühjahr muß früh, mein Herbst spät sein, wenn Früchte reifen sollen."

Das Tagebuch zählt zu den literarischen Formen, die mich am stärksten faszinieren, Goethes „Italienische Reise", die „Tagebücher" von Friedrich Hebbel, „Die Aufzeichnungen des Malte Laurids Brigge" von Rainer Maria Rilke. Diese Tagebuchblätter kennen keine Fabel. In vielen Schichten wird hier das Leben empfunden und gedacht. Jeder Tag ist eine neue Tür, man hält Ausschau nach dem Bruder, ist auf der Suche nach dem eigenen Ich.

Wie jedes andere literarische Genre, so sind auch die Tagebücher an die Polarität des Lebens gebunden. Charaktere werden einbezogen, Poesie und Wissenschaft können sich begegnen, Wahrnehmungen, Überlegungen, Verknotungen werden sichtbar. Kurze hingesetzte

Aphorismen stehen gleichwertig neben einer ausführlichen literarischen Schilderung. Unerwartet ändert sich das Bild. Wie der Schatten eines großen Vogels fällt die Erinnerung auf das Blatt Papier. Auf jeder Seite eine neue geologische Schicht, getragen von demselben Urgestein.

Trotz der Freiheit, die das Tagebuch einem Schriftsteller in vieler Hinsicht einräumt, sind die Aufzeichnungen von Rilke, Hebbel und Goethe von höchster Disziplin, äußerster Präzision. Hier wird das Leben auf das Wesentlichste reduziert. Nur scheinbar werden die einzelnen Aufzeichnungen durch das Kalenderblatt getrennt. Die Mitternacht ist keine zeitliche Zäsur. Beobachtungen wandeln sich des Nachts, versinken, tauchen nach Wochen wieder auf. Tagebuchblätter folgen einem tieferen Gesetz, sie deuten auf die doppelte Ordnung in unserem Leben hin.

Das Tagebuch ist Zustrom, Zentrum, Bekenntnis. Nur dort, wo es bekennt, strahlt es aus, wird „fremdes Dasein im Eignen" aufgelöst.

Als mich der Kranführer heute abend in der Gastwirtschaft sah, wir hatten uns in der vergangenen Woche beim Verladen der Granitblöcke angefreundet, holte er mich gleich an seinen Tisch. Er feierte mit zwei anderen Kollegen seinen vierzigsten Geburtstag. Bald waren wir in bester Stimmung. Es wurde gegessen und getrunken. Zuerst gab es Fischsuppe, später gebackene Flunder, hinterdrein ein paar Flaschen Rotwein.

An der Theke gaben sich drei junge Burschen dem Saufen hin. Sie waren höchstens zwanzig Jahre alt. Langsam aber sicher wurden ihre Worte, ihre Bewegungen vom Alkohol zugedeckt. Nach einer Stunde begannen ihre Zungen zu lallen. Jedes neue Glas zog sie tiefer hinab. Eine blinde Völlerei. Als sie kaum noch stehen konnten, taumelten sie durch die Tür, rissen sich gegenseitig die Mütze vom Kopf und schleuderten sie in hohem Bogen in den Staub der Straße.

Das Radio am Büfett spie seine Wellen immer lauter durch den Raum.

Im Norden der Insel liegt eine herrliche Moränenland-
schaft, kahle brandheiße Höhenkuppen, langgezogen,
von tellurischer Schönheit. Schlehengerippe stoßen von
unten her die Sonnenseite herauf, die Gräser sind ausge-
dorrt, und nur der Schachtelhalm setzt sparsame Ak-
zente in die Landschaft. Hier oben hat die Insel einen
düsteren Charakter angenommen.

Gesprengte Bunkerwände liegen im Gras. Vor mehr als
zwanzig Jahren hat sich auf diesen Kuppen abseits der
großen Heerstraße eine junge Generation in die Erde
eingewühlt. Funkmeßgeräte wurden einzementiert,
Schützenlöcher ausgehoben, Splittergräben gezogen, die
Stellungen mit riesigen Netzen gegen den Blick von
oben her getarnt. Hier fühlte man sich sicher. Die
Bunker lagen tief in der Erde, man hatte seine eigene
Lichtmaschine, Tag und Nacht wurde die Luft gefiltert.
Eine Fünfhundert-Kilo-Bombe aufs Dach, und nicht
einmal der Kalk rieselte unten von der Decke. Doch
die Liebe war längst aus dem Vokabular der Sprache
gestrichen, das historische Bewußtsein zugeschüttet.
Schwere Geschütze richteten ihre Rohre hinaus auf
das Meer.

In jenen Jahren hatte Gerhart Hauptmann in seinem
Haus auf dem Dornbusch, keine drei Kilometer von den
Stellungen entfernt, Iphigenie und Elektra beschworen.
Aber nicht die Antike, Deutschland hat geantwortet. Dä-
monie, Blutschuld, archaisch grausam. Die Grenzlinien
wurden durchbrochen, das Apollinische trat in den Hintergrund, die Multiplikation mit dem Tod begann.
Nachtjäger brausten über die Insel hinweg. Noch einmal
trat der Mensch nach zweitausendfünfhundert Jahren
europäischer Geschichte in den martialischen Bannkreis
von Blut und Boden ein. Wer aber nur dem Blute lebt,
diesem fensterlosen Haus in uns, bleibt blind.

> „Frage niemand, wer ich bin,
> und auch nicht, wer du.
> Fragen ist hier ohne Sinn!

Die lebendige Ruh'
scheint leer um uns her.
Trau nicht der Gestalt:
denn wir beide sind nur mehr
Schatten der Gewalt!"

Nachtrag

Seit Herodot haben die Diktatoren immer wieder denselben entscheidenden Fehler gemacht, sie haben die
Selbständigkeit des menschlichen Denkens unterschätzt.
Gewalt berührt immer nur die Oberfläche des Lebens
und nicht seine innere geistige Substanz.

4. September

Die Luft steht still, es ist schwül, der Schlaf will nicht
kommen. Ich liege wie unter einer riesigen Glocke. Erinnerungen tauchen auf, bis an den Bettrand dringen die
alten Landschaften vor. Immer wenn nachts die Eule
schreit, ein Vogel klagt, werden die Holzwände durchlässig für die Bilder der Vergangenheit.
Schlaflose Nächte unter dem Moskitonetz, den bitteren Geschmack von Atebrin auf der Zunge. Lautlos kamen die frechen kleinen Biester angeflogen und setzten
sich als harmlose Punkte auf das weiße durchsichtige
Netz. An der Nordflanke des Ätna aber lag bis in den
Juni hinein der Schnee, eiskalt waren die Lüfte dort
oben.
Der Feldwebel aus Brandenburg tritt bei mir ein. Mann,
haben Sie Angst vor der Sonne? sagte er zu mir, als er
bei wolkenlosem Himmel mit seinem Wagen nach Cata-
nia fuhr. Zwei Stunden später gingen die Schüsse der
Tiefflieger ins Ziel. Wir haben ihn in einem Mandelhain
begraben.
Auch der Leutnant aus Salzburg ist wieder da. Als in
Afrika drüben die Front zusammenbrach, ganze Divisio-
nen den Weg in die Kriegsgefangenschaft antraten, holte
er sich vom Strand ein kleines seetüchtiges Boot und

paddelte von Tunesien bis an die Südspitze Siziliens. Er wollte sich auf keinen Fall dem Engländer ergeben. Für ihn war es wirklich noch sein eigener Krieg.

Andere Menschen kommen auf mich zu, treten ein, setzen sich an den Tisch, sind einfach da, ungerufen.

Halina, bist du es?

Warum nicht?

Gut, daß du wieder da bist. Du warst lange unterwegs, du wirst müde sein.

Es geht, sagt sie, rückt den Stuhl an die Wand, beugt sich über den Tisch und streicht die Tischdecke glatt.

Ich habe dir geschrieben, viele Briefe waren nach Krzemieniec unterwegs.

Ich wußte es, sagt sie. Aber die Erde bewegte sich unter den Füßen fort, die Grenzen wurden neu gezogen, die Briefe kamen nicht mehr durch oder fanden in derselben Straße, unter derselben Hausnummer einen anderen Namen.

Auf dem Rückzug wollte ich bei dir vorbei!

Du hättest mich nicht mehr erreicht. Achtzehn Stunden lagen wir unter dem Trommelfeuer der russischen Artillerie. Ich bin rechtzeitig aus den fahrenden Zügen ausgestiegen.

Vielleicht hätte ich damals etwas sagen müssen, ein einziges Wort. Die Wälder hinter den Gehöften waren weit.

Komm, laß die Vergangenheit ruhn. Schuld wird nicht durch Worte aufgehoben. Ich bin gekommen, um andere Dinge mit dir zu besprechen.

Sie sitzt jetzt neben mir auf der Bettkante, die Hände auf den Knien.

Du hast die Hälfte deines Lebens hinter dir, sagt sie. Es wird Zeit, daß du ankommst!

Wie soll ich das verstehen?

Vierzig Jahre lang hast du die Welt erfahren, nun erfahre dich selbst. Sieh zu, daß du Licht unter deine Füße bekommst. Das Bild ist das einzige, was uns bleibt!

Und du?

Ich zähle nicht, aber du zählst doppelt, weil du noch da bist.

Unsinn! sage ich, und meine Stimme wird etwas laut. In Grieben steht eine Hütte, sie ist leer.

Laß die vier Wände einem Fischer. Nach einer Weile: Ich bin auch so zufrieden. Dann steht sie auf.

Willst du schon gehen? frage ich.

Ein leichter Windstoß öffnet die Tür. Der Nachtschatten mit seinen bittersüßen Ranken schaukelt draußen im Wind. Ich stehe auf und drücke die Klinke ins Schloß.

6. September

Die Kirche von Kloster steht mitten auf dem Totenakker, man muß an den Gräbern vorbei, hügelauf, ehe man das Kirchenschiff betritt. Die Urkunden dieser kleinen turmlosen Kirche reichen weit ins 14. Jahrhundert zurück. Zisterziensermönche haben sie erbaut. In den kirchlichen Matrikeln von 1585 nannte man sie eine „Bauernkirche". Vor dem Eingang setzte man der Glocke aus groben zugehauenen Stämmen einen Glokkenstuhl. Ihr Ton ist klein, das dünne Geläut steigt nicht in die Höhe, es bleibt auf den Dächern liegen.

Das Kirchenschiff ist einfach angelegt, ein heller rechteckiger Raum, nüchtern und kahl. Die Fenster sind lang und schmal, die Wände nackt. In dieser Kirche hat die Kunst keinen Siegesteppich ausgebreitet, keine Fresken schmücken hier die Decke, keine Stuckarbeiten, blendend weiß mit Gold beschwert. Was uns in diesem Raum begegnet, ist ein Stück Protestantismus, kahl und streng, immer in Abwehrstellung, ein Sich-Verschließen gegenüber der Farbe. In dieser Kirche fehlen das Brokat, das geistliche Violett, der Altar mit seinem flammenden Tabernakel.

An der Nordwand, einige Schritte vom Altar entfernt, steht eine Figurenplatte aus dem 15. Jahrhundert. Es ist der Grabstein des Abtes Johann Runnenberg. Dieser kräftige lebensvolle Abt mit Kappe, Lilie und Bischofsstab nimmt noch im Stein sein Maß aus sich selbst.

Vor der Kirche liegt ein Gräberfeld aus dem 18. Jahrhundert. Geburtsdaten, Todesdaten, alte Buchstaben, fremde Namen, nie gekannt. Viele Gräber sind namen-

los, der Regen hat die Inschrift ausgewaschen, die Grab-
steinplatten stehen schief. Keiner, der in diesen Gräbern
hier ruht, ist an seinen Mitmenschen fremd vorüberge-
gangen, sie alle waren miteinander verwandt, verschwi-
stert, verschwägert. Hier ging der Sohn zu seinem Vater
in die Grube, die Tochter liegt unweit der Mutter begraben, Großvater und Enkel rücken von neuem zusammen. Ganze Geschlechter begegnen sich hier unter der
Erde. Sie alle haben ihre Netze gemeinsam ausgeworfen,
nun liegen sie drei Fuß tief unterm Tag und hören im
November das Nebelhorn rufen.

Plötzlich stand ich an seinem Grab. Ein gewaltiger Block
aus schwedischem Granit. Auf dem Stein steht nichts als
sein Name, halb schon verblichen, von einer leisen
Trauer angeweht. Der Hügel, der sich kaum eine Handbreit über den Boden erhebt, ist mit Efeu überwuchert.
Die Sonne aber glich in dieser Stunde einer dunklen
Scheibe, selbst der Wind gedachte der Litanei, die an
den offenen Gräbern gesprochen wird: „Wir haben hier
keine bleibende Statt, sondern die zukünftige suchen
wir.“

Ich trat an den Stein heran, der sich zu Häupten des Toten erhebt. Roter körniger Granit, Urgestein, auf dem
die Kontinente ruhn. Plötzlich rief dieser gewaltige
Block einen Satz in mein Gedächtnis zurück, den Erhart
Kästner vor vielen Jahren über Gerhart Hauptmann
schrieb: „Gestalt, deren Grenzen man niemals erblickte.
Nun wird man sein Leben lang an dir entlang gehen
müssen wie am Fuß einer Felsenwand.“

7. September

Ich träumte heute nacht von einem Kuppelgrab. Die
Wände waren glatt geschliffen, fielen senkrecht ab. Die
Grabkammer war ohne Tür, nur in der Kuppel schim-
merte ein helles kleines Fenster. Vergebens sprang ich
an den Wänden hoch, glitt ab, stürzte zu Boden. Die
Erde hatte mich im Griff, ich war von der Materie einge-
schlossen. In höchster Not versuchte ich zu fliegen.
Plötzlich verlor der Körper seine Schwere, ich hob mich

vom Erdboden ab, schwebte höher und höher, dem Lichtfleck entgegen. Das Fenster war angelehnt, lautlos glitt ich hinaus. Der Traum riß ab, ich erwachte.

10. September

Drei Düsenjäger sahen sich das Land von oben an, zogen herrlich gegen die Sonne hin. Plötzlich legten sie ihre Flächen schräg, das Metall blitzte auf, sie flogen nach Rügen zurück. Das Heulen verlor sich dumpf über dem Meer.

Insel, Land und Meer sind für den Flugzeugführer Planquadrate. Er jagt durch den Himmel, eine ferne metallische Muschel, seltsam vergittert, sendet ihre unsichtbaren Zeichen hinter ihm her. Unhörbare Stimmen folgen dem Piloten durch die Luft, reden ihn an, nennen Zahlen und Buchstaben, befehlen den Kurs. Elektronische Gehirne registrieren in Gedankenschnelle den Flug. Ein Jubel hat die Menschheit erfaßt. Ikarus trägt ein Silberkleid aus leuchtendem Metall.

Die moderne Technik übt auf den Menschen eine hypnotisierende Kraft aus. Automatische Taktstraßen, elektronische Rechengehirne, Flugplätze, wo die Düsenaggregate mit schrecklichem Gebrüll die Anziehungskraft der Erde überwinden. Raumgleiter, Satelliten, Raketen, eine titanische Landschaft voller Dynamik. Der Mensch hat seine Sinne mit Hilfe der technischen Geräte verfeinert, stößt weit in die unsichtbaren Räume vor. Er hat die Scheibe verlassen, die Krümmung der Erde tritt in sein Blickfeld. Der Mensch im 20. Jahrhundert will sich selbst in die Unendlichkeit des Raumes stellen, mit seinem eigenen Gesicht der Leere begegnen, dem All die ganze schöpferische Kraft seiner Gedanken entgegensetzen. Seine Signale pochen an die Ränder anderer Planeten, fordern Einlaß. In welcher Sprache werden uns die Sterne antworten? Bleibt die Antwort aus, oder werden wir eines Tages unsere eigenen Signale wiederempfangen?

Auch die Technik ist Ausdruck der Persönlichkeit. Doch die Technik allein hat nicht die Kraft, das Antlitz eines

Kindes aus dem Ungefähr herauszuheben und zu formen. Auch das elektronische Rechengehirn wird uns den Sinn, den wir dem Leben geben müssen, um zu bestehen, nicht errechnen. Die Technik ist unser Kleid, nicht der Pulsschlag des Herzens. Wer nur die Räder sieht, die sich drehn, wird maßlos verarmen. Je mehr aber unsere tägliche Arbeit von den anorganischen Kräften geleistet wird, dem Mechanischen, dem Unpersönlichen, das uns auf Schritt und Tritt begegnet, desto stärker muß sich der Mensch auf seine geistige, seine kulturelle Mission besinnen. Die Konzentration der wissenschaftlichen und der künstlerischen Kräfte zugleich bilden den Grundstock der menschlichen Berufung.

Vom ersten Tag an war mir das Trinkwasser auf dieser Insel zuwider. Lehmbraun steht es im Krug, eine braune abgestandene Brühe. Der russische Tee verliert seinen herben Geschmack, und der Kaffee erinnert mich an die Jahre beim Kommiß.
Seit meiner Kindheit liebe ich das harte kalte Bergwasser. Es gibt keine Quelle, an der ich nicht stehenblieb, um daraus zu trinken. Eiskalt schoß das Wasser im Altvatergebirge zu Tal, in den Bergen von Sizilien hatte es die Kraft von tausend Sonnen, selbst im Thüringer Wald rinnt es heute noch silbern und klar über den bemoosten Fels.

11. September

Die heile, in sich geschlossene Landschaft, der wir so oft auf den Bildern Leonardos begegnen, ist für immer vorbei. Unsere Felder, Wälder und Gärten sind von Geräuschen zerschnitten. Viele Landschaften sind leer geworden, sie haben ihren Mittelpunkt verloren, die Stille. Wir aber rasen mit vierzigtausend Stundenkilometern auf neue Landschaftsstriche zu.
Was bedeutet uns heute noch Landschaft? Welchen Sinn, welchen Wert ordnen wir ihr zu? Welche Funktion räumen wir ihr ein?
War die Landschaft mit ihrem Himmel, den Bergen, den

Flüssen, den Tälern, dem Meer und dem Wind nicht schon immer das große Abenteuer des Menschen? Sie, die so vieles selbst besitzt, Farbe, Form und Substanz, Kontrapunkt und Melodie, Paradies und Verdammung, wuchs sie nicht immer schon in das Leben der Menschen hinein? Früher diese dunkle beschwörende Kraft, später das langsame Heraustreten aus ihrem Schatten, dieses großartige Schauen, die wunderbare Art, die ersten Türen aufzuschließen. Keine verbalen Ekstasen, Naturmagie. Diese Zeiten sind vorbei.

Wir sind in hellere Sphären eingetreten. Landschaft ist Auftrag, Hinweis auf ein Gemeinsames, auf ein Stück Dasein, das mit innerer Stimme zu uns spricht, auf uns zukommt. Sie blättert uns ihre eigene Vergangenheit auf, wartet, damit wir uns in ihr begegnen. Sie ist mehr als Kulisse, Requisit, Überhang der Romantik. Sie ist die Schwester am anderen Ufer, das wir bereits verlassen.

Jede poetische Landschaftsschilderung gleicht einem unbeirrbaren Gericht. An ihr wird ablesbar, in welcher Richtung der Künstler mit all seinem Denken und Sinnen tendiert.

13. September

Den ganzen Tag über trommelte im Hof der LPG „Dornbusch" die Dreschmaschine. Der Drusch war in vollem Gang, die Luft ein Wirbel von Staub. Die Männer arbeiteten mit nacktem Oberkörper. Die harten Grannen, die feinen Haare der Distelsamen setzten sich in den offenen Poren fest, der scharfe, kantige Erntestaub rötete die Haut.

Ich ging an den offenen Stallungen vorbei. Die Dächer waren neu gedeckt, die Wände frisch verputzt. Plötzlich setzte ein schwarzgeflecktes Kalb mit bockhaften Sprüngen über das Gitter und stellte sich mir quer in den Weg. Es sah mich mit seinen großen wasserblauen Augen an. Ich blieb stehen und strich dem Jungtier über die schwere, flache Stirn. Hier war das Fell ganz weiß, fast wollig. Eine Handbreit höher konnte ich fühlen, wo die Hörner wachsen werden. Langsam begann ich das

Tier zu kraulen. Ganz still stand es da, nur der Schweif wehrte die blutdurstigen Fliegen ab. Plötzlich riß es den Kopf in die Höhe und leckte mir mit seiner warmen rauhen Zunge den Handteller ab.

14. September

Als ich vor zwanzig Jahren meine ersten Landschaftsgedichte schrieb, glaubte ich, das poetische Bild sei nichts anderes als die poesievolle Beschreibung der Natur. Ich arbeitete mit der Metapher, setzte Farbe neben Farbe. In diesen Gedichten habe ich mit einer poesievollen Sprache mehr oder weniger das wiederholt, was in der Landschaft längst vorhanden war.

> „In den Nächten,
> wenn beim gefrorenen Mondlicht
> die wilden Hunde
> den Frost der Mitternacht
> von den Scherben leckten ..."

oder

> „Schon seit einigen Tagen
> durchstreichen die Krähen
> den Garten,
> aus dem nackten Geäst
> wächst der Gedanke,
> der Wind ..."

Später lernte ich begreifen, daß alle Dinge, die unser Auge erfaßt, noch lange kein poetisches Bild ausmachen. Das dichterische Bild ist mehr als ein Vergleich, mehr als überraschende Präzision, Objektivierung, Treue bis ins kleinste Detail. Das poetische Bild muß Dinge aussagen, die weit über die poesievolle Beschreibung unserer Umwelt hinausgehen.

Durch die naturalistische Schilderung wird die Phantasie des Menschen zerstört. Der Leser nimmt nur am Stofflichen teil, an der „Naturtreue", wie es Goethe einmal ausdrückte, nicht an der „Kunstwahrheit". Das poetische Bild dagegen kommt aus der realen Sphäre unsrer Welt, wächst aus ihr empor, darf sich aber nicht im Gegenstand, in den Ereignissen verlieren. Auffälligkeit, Provokation, überraschende Wirkung allein genügen nicht. Das Bild muß wie ein Blitz dem Leser neue Horizonte öffnen, den geistigen Hintergrund des Lebens sichtbar machen.

Das poetische Bild ist Offenbarung, es kennt die Zusammenhänge der Welt, verbindet die entgegengesetzten Ufer, die am weitesten voneinander getrennten Dinge werden auf einer Brücke zusammengeführt. Das dichterische Bild weiß um die Verwandtschaft aller Dinge, „denn auch Eisen und Korn sind Geschwister im Schoße der Erde". Geistige Zusammenhänge, gestern für den Leser noch unsichtbar, werden durch das poetische Bild zu einer neuen sichtbaren Realität.

Doch das Bild ist keine Illustrierte, es darf nicht schreien, nicht werben, Poesie ist kein Jahrmarkt. Das Bild muß leuchten, einleuchten, den Leser sehend machen, sein Blickfeld erweitern. Das Bild muß wieder Botschaft sein. Aus dem Sinnlichen kommend, muß es die Transzendenz des Lebens sichtbar machen. Hier darf der Dichter die Grenzen überschreiten, die dem logischen Denken verwehrt sind. Das poetische Bild geht über die abstrakte Vorstellung der modernen Physik hinaus. Es ist voller Wirklichkeit und gibt der Natur auf einer höheren Ebene das zurück, was die Idee, die Weltanschauung von ihr gewonnen hat.

Das bekannte Wort von Rainer Maria Rilke aus den Aufzeichnungen des Malte Laurids Brigge „Denn Verse sind nicht, wie die Leute meinen, Gefühle (die hat man früh genug), – es sind Erfahrungen", ein Wort, das mich jahrelang begleitet hat, reicht heute nicht mehr aus. Das poetische Bild im 20. Jahrhundert muß der Erkenntnis näher stehen als der Erfahrung. Es darf nicht mehr den Gegenstand umschreiben, es muß bereits das Ergebnis eines Erkenntnisprozesses sein. Alles, was ein solches Bild dann berührt, wird verwandelt, selbst die toten Dinge beginnen wieder zu leben.

Das große poetische Bild fügt der gegenwärtigen Realität immer auch die zukünftige hinzu.

Lehre dein Kind auch das Bild, nicht nur die Formel.

Wenn wir heute von der Berufung der Poesie sprechen, so heißt das für mich die Welt erkennen, den Menschen aufrichten, Poesie als Transmission. Aber auch jene Gedichte gehören dazu, die mich auf das Unbekannte vorbereiten. Sie sprechen zu dir über Zeit und Raum, sie treffen dich dort, wo du am verwundbarsten bist.

17. September

Es gibt Tage, da könnte ich schreien, da sitze ich frierend vor dem Haus meiner Seele und suche den Eingang, den uns Kain verbaut.

Jeden Morgen, wenn ich die Nachrichten höre, wird ein Mensch vor meinem Fenster erschossen. Jeden Abend sehe ich auf dem Bildschirm fremde Soldaten das Schußfeld erweitern. Napalm in Vietnam, Gas im Jemen, Bombenteppiche auf Pakistan. Monat für Monat zünden wir eine neue Sonne an, auf dem polynesischen Atoll, im Steppengebiet von Sinkiang. Radioaktiver Niederschlag auf sämtlichen Kontinenten. Mutationen der Gene, Knochenkrebs, Leukämie. Ist denn der Mensch wirklich nur auf die Erde gekommen, um mit erschreckender Geschwindigkeit sein eigenes Grab zu schaufeln? Vieles, was wir heute tun, ist gegen uns selbst gerichtet.

In jeder Sekunde verhungert auf unserer Erde ein Mensch. Die Ernten sind immer noch zu klein, noch immer wird einer Milliarde das tägliche Brot auf der Wucherwaage zugeteilt. Die Regierungen in Europa und in den USA aber geben alle zwei Stunden dreißig Millionen Dollar für Rüstungen aus. Die gesellschaftliche Kluft, die sich heute auftut zwischen einer weichen Landung auf der Venus und dem Holzpflug, mit dem der Bauer in Indien seine Scholle aufreißt, ist so bestürzend, daß es mir immer wieder die Sprache verschlägt.

Replik. In einer Welt, wo unsere Kinder durch Napalm erblinden, wo Millionen Mütter verhungern, wo die Zündung einer einzigen Versuchsbombe dreihunderttausend Menschen das Atomkreuz auf die Stirne malt, wo die Naturwissenschaftler an biologischen Kampfmitteln, künstlichen Erdbeben und Flutkatastrophen arbeiten, hat in einer solchen Welt ein Landschaftsgedicht überhaupt noch seine künstlerische Berechtigung? Seit fünfzig Jahren glimmt es unter unseren Füßen fort. Haben wir den Frieden in Europa wirklich einmal durch Generationen hindurch erlebt? Immer wieder sprang er uns in Stücke, immer wieder mußten ihn unsere Hände aus der glühenden Asche der verbrannten Dörfer, aus dem Schutt der bombardierten Städte ausgraben.

Es dürfte kein einziges Buch mehr geschrieben werden, wo nicht der Leser, zumindest auf einigen Seiten, mit diesen Fragen konfrontiert wird. Sind wir nicht viel zuviel mit uns selbst beschäftigt, mit unserem eigenen Wohlstand? Müßte man nicht täglich seine moralische Haltung neu überprüfen, in Frage stellen, wenn man auf diese Dinge zu sprechen kommt? Müßte unsere Moral nicht mehr denn je einer Welle gleichen, die immer wieder wegspült, was sich als beruhigendes Element in uns festsetzt?

Wie sind wir doch vorangekommen, $E = mc^2$. Doch der Engel aus unserer Kindheit ist abgereist. Wir müssen seine Stelle schon selbst einnehmen. Schicksal? Das liegt an uns. Die Menschen teilen sich die Lose selber zu. Im Angesicht der atomaren Energie aber sollten wir täglich Prometheus gedenken. Sagte er nicht, das Feuer sei heilig? Doch das Gewissen liegt in unserer Welt noch weit verstreut.

18. September

Was wäre Literatur, wenn sie nicht schützen, bewachen, wenn sie nicht warnen dürfte, wenn sie ihre Mahnungen nicht hinausschicken könnte in das Gewissen der Welt!

Je stärker sich ein Volk zum Fanatismus bekennt, desto schneller verkarstet in seinem Leben die Kunst.

Nicht nur die Parteilichkeit, auch das Gewissen setzt in einem Konflikt Lichter in die Dunkelheit.

Wenn doch bei jeder Lüge unsere Zunge etwas kürzer würde, wir hätten bald eine Welt der Stummen.

20. September

Spaziergang zum Bessin. Abgeerntete Felder, Kartoffel-äcker, ein paar Lindenbäume sparsam aufgereiht, weiter draußen die Einsamkeit, ein silberner Urwald, manns-hohe Sanddornbüsche, Unterholzgewirr.

Als mir der Doktor zum erstenmal von einem Sanddorn-wald auf dem Bessin erzählte, wollte ich seinen Schilde-rungen wenig Glauben schenken. Ich kannte den Sand-dorn nur als aufgeforstete Wildnis von der Westküste der Insel her. Auf dieser Landzunge gedeiht er aber wirklich noch in voller Kraft. Hier wachsen riesenhafte Sträucher mit dem Umfang einer alten Lindenkrone, drei bis vier Meter hoch. Von hoher Leuchtkraft sind be-reits die Beeren, die locker, teils gehäuft, orangefarben am Holz sitzen. Hinter dem Sanddornwald liegt das Meer, windstill.

Mit wildem Flügelschlag brechen hier die Vögel aus dem Busch hervor. Sie jagen hoch, ohne Ziel. Es dauert lange, ehe sich ihr Flug beruhigt. Flatternd ziehen sie am Him-mel ihre Schleifen, sichten, prüfen, dann erst kehren sie zu ihrem Ausgangspunkt zurück. Keiner dieser Vögel hat einen melodischen Ruf. Rauhe Schreie voller Dishar-monie.

Der Sandweg ästelt sich in Trampelpfade auf. Die Gras-polster hatten sich mit Wasser vollgesogen, bei jedem Schritt schwappte es unter den Sohlen hervor, schmatzte und kicherte. Der Schierling wucherte in die Höhe, die Wasserlinse breitete sich aus, jeder Tümpel war mit ei-nem grünen Teppich überzogen. Es roch nach Sumpf und Moder. Zwei Wasserhühner strichen ab. Sie stießen mühsam ihren schweren Leib durch die Luft. Es war ein schwirrender ängstlicher Flug. Eine lange grüne Wand aus Schilf versperrte mir die weitere Sicht. Lautlos

59

schwankten die Kolben her und hin, ein samtenes Braun nahe dem Schwarz. Die Schwertblätter klirrten. Weiter draußen leuchtete unter dem Wasserspiegel eine Seegraswiese auf.

Plötzlich entdeckte ich neben meinem Weg einen riesigen Sanddornstrauch. Er war zu einer kleinen Höhle ausgebaut. Auf dem Boden lag eine dicke Schicht von Binsen. Hatte sich ein Liebespaar den Unterschlupf zum Zeitvertreib gebaut, oder war es ein Ornithologe, der von dieser Stelle aus die Vogelwelt beobachtete? Ich setzte mich in den Busch. Von diesem unscheinbaren Mittelpunkt aus konnte ich die ganze Landschaft überblicken, das Schilf, den Bodden, das Ried. Alles war still, reglos, nur der Wind kam vom Meer her die Küste entlang, fing sich im Laub der Bäume. Das Schilf begann zu singen, wehmütig, dann fiel der Sanddorn ein mit seiner hellen Stimme.

Eine Viertelstunde mochte vergangen sein, da tauchte ein Vogel aus dem Schilf. Einen Augenblick verharrte er im Schatten des Röhrichts, dann glitt er lautlos durch das stehende Gewässer auf mich zu. Ich hielt den Atem an. Ein paar Meter von mir entfernt blieb er im Wasser stehen. Kopf und Hals waren tiefschwarz mit einem zarten grünlichen Schimmer, der Körper schneeweiß. Auf den Schulterschwingen hatte er zwei schwarze Pinselstriche, über der Brust ein breites Ordensband, zimtbraun. Die Federn, die den Spiegel bildeten, glitzerten in einem hellen metallischen Grün. Fleischfarben leuchteten die Füße durch das Wasser, auch der Schnabel brannte rot. Es war eine Brandente. Diese herrlichen Vögel wohnen nicht im Schilf, sie steigen in den Schoß der Erde hinab, unterirdisch haben sie ihre Wohnung eingerichtet. Oft teilen sie mit einem Fuchs oder einem Dachs denselben Bau.

Ein Schatten huschte über das Wasser, drohend zog der Bussard seine Kreise. Die Ente schlug mit ihren Flügeln, tauchte blitzschnell ins Wasser, am Schilfgürtel kam sie wieder hoch, bog das schützende Rohr auseinander und verschwand.

Der pfeifende Ruf der Sturmmöwen ließ mich aufhorchen. Ich trat aus dem Versteck. Schon von weitem erkennt man im Anflug diese guten Segler. Sie schossen hinaus auf das Meer, lauter weiße Punkte über einer blauen Scheibe.

Beim Abendbrot lernte ich in der Gastwirtschaft zwei junge Vermessungsingenieure kennen. Den ganzen Tag über hatten sie auf dem Dornbusch trigonometrische Höhenmessungen durchgeführt, am späten Nachmittag gingen sie zum Sonnen hinunter an den Strand, schliefen ein und versäumten so den letzten Dampfer nach Stralsund. Nun suchten sie ein Nachtlogis. Ich nahm sie mit zur Lietzenburg hinauf. Der Speisesaal ist groß genug. Zwei Liegestühle und ein paar Decken werden die beiden schon finden.

22. September

Lesestunde am offenen Fenster. Immer wieder kehre ich zu dem hellsichtigen Gehalt der „Morphologischen Schriften", den vielschichtigen Beobachtungen in Goethes „Farbenlehre", zurück. Goethes naturwissenschaftliche Schriften gehören zu den kostbarsten Prosastücken deutscher Literatur. Dieses Werk, das mit seinen Erkenntnissen, den historischen, physikalischen und philosophischen Bemerkungen das 19. Jahrhundert weit überragt, läßt sich nicht allein durch den Intellekt umsetzen. Hier findet man Sätze, die sich erst morgen, unter den Augen einer kommenden Generation, zu ihrer wahren Schönheit entfalten werden.
In diesen Schriften ist das menschliche Denken nicht nur reflektierender Spiegel, es verläßt die Fläche, tritt aus ihr heraus, beginnt mit eigenem Licht zu leuchten.
Was uns heute in den modernen Naturwissenschaften begegnet, das sind Kernreaktoren, Explosionszentren, Armaturenbretter. Sie alle ersetzen den Wahrnehmungsbereich. Die Kategorie des Unsichtbaren hat begonnen. Unser Auge muß sich mit Impulsen, Bewegungsevidenzen zufriedengeben. Zeichen, Lichtreflexe, Ideogramme auf einer anderen Ebene. Die Strukturen wandeln sich,

Materie kann als Welle oder als Korpuskel begriffen werden. Der Intellekt, der immer nur von den Gegebenheiten ausgeht, Schlüsse zieht, den Standort bestimmt, feste Gesetze aufstellt – ein Denken, das unser Leben beherrscht, organisiert, eingespielte Normen durchbricht –, hat seine Herrschaft angetreten. Das naturwissenschaftliche Denken unserer Zeit ist großartig in seiner Einseitigkeit, in seiner Konsequenz. Doch die Welt ist zum Rechenexempel geworden, Elektronenschatten huschen durch unsere Hände. Die atomistische Betrachtungsweise läßt eine innere Leere im Menschen zurück. Goethe hat die abstrakte Sphäre der modernen Naturwissenschaft bereits vor hundertfünfzig Jahren in seinem „Gang zu den Müttern" vorausschauend gestaltet.

> „Nicht Schlösser sind, nicht Riegel
>   wegzuschieben,
> von Einsamkeiten wirst umhergetrieben.
> Hast du Begriff von Öd' und Einsamkeit? ...
>
> Und hättest du den Ozean durchschwommen,
> das Grenzenlose dort geschaut,
> so sähst du dort doch Well' auf Welle kommen,
> selbst wenn es dir vorm Untergange graut.
> Du sähst doch etwas, sähst wohl in der Grüne
> gestillter Meere streichende Delphine,
> sähst Wolken ziehen, Sonne, Mond und Sterne;
> nichts wirst du sehn, in ewig leerer Ferne,
> den Schritt nicht hören, den du tust,
> nichts Festes finden, wo du ruhst."

In Goethes „Morphologischen Schriften" fand ich die entscheidende Ergänzung zu dem naturwissenschaftlichen Denken unsrer Zeit. Jeder Stein, jede Pflanze, jedes Tier wird bei ihm mit den Sinnen erfahren, mit dem Gefühl erlebt, mit den Augen des Geistes angeschaut. Er „nimmt die ganze Natur zusammen, um über das Einzelne Licht zu bekommen". Jede Seite, jeder Satz ist ein lebendiges Zwiegespräch mit der Natur, alles ist anredbar. Was mich beim Lesen seiner naturwissenschaftlichen Schriften immer wieder neu beglückt, ist die große, freie und beruhigende Aussicht, nach der ich jahrelang gesucht. Alles, was uns auf dieser Welt umgibt, wird bei ihm unter dem Aspekt einer höheren Einheit gesehen und erlebt. Überall fühlt man den Leitstrahl, der von der äußeren Erscheinung in die innere Identität der Dinge vorstößt. Wie eine Pyramide baut sich hier das Leben auf. Man sieht zurück und sieht zugleich hinaus. Doch hinter dem physischen Raum, der physischen Zeit leuchten die Urphänomene auf, jene Kräfte, die sich selbst ins Dasein rufen, die unser inneres und äußeres Leben erhellen, die selbst hinter der Schattenmauer des Todes noch aufbrennen. „Licht und Geist, jenes im Physischen, dieser im Sittlichen herrschend", waren für ihn „die höchsten denkbaren unteilbaren Energien". Solche Erkenntnisse gehen weit über das Zweckprinzip im menschlichen Denken hinaus, sie sind Deutung, Klärung, Sinngebung für ein ganzes irdisches Sein.

In der Art und Weise, wie wir heute die Natur erkennen, fällen wir den Richtspruch über uns selbst, über unsere eigene Existenz, unser Schicksal. Was wir heute durch die moderne Wissenschaft nach außen hin gewinnen, darf nach innen nicht verlorengehen. Die Beantwortung einer solchen Frage berührt schlechthin unsere gesamte Kultur.

26. September

Sechs Uhr früh. Gudruns Vögel flogen an meinem Fenster vorbei.

> „Und hell aufschreien
> im Hof die Gänse,
> die zieren Vögel,
> die Gudrun zog."

Die Vogelzüge über Hiddensee sind immer wieder ein grandioses Erlebnis. Die Insel ist zu einem Durchzugsland geworden. Erde, Meer und Himmel sind belebt.

Wildenten, vom kalten Hauch der Nacht gestählt, ziehen über den Bodden; die graue waldbewohnende Ringeltaube gurrt in den Kronen der Kiefern; wo das Wasser stockt, sammeln sich Enten und 'Taucher. In mehrfach hintereinander gestaffelten Keilen fliegen die Ringelgänse dem Süden entgegen. Bunte schwirrende Geschwader, der ganze Himmel ist ein einziger Flügelschlag. Ende Oktober aber tönt über der Insel das trompetende „Ank hö". Die Singschwäne ziehen.

Ich hielt den Atem an, als ich zum erstenmal in meinem Leben diese Vögel in den Himmel steigen sah, rein und weiß. Sie kennen nicht die Zutraulichkeit dem Menschen gegenüber, in bedeutender Höhe fliegen sie über die Länder der Erde hinweg. Immer, wenn ich im Spätherbst die Insel betrat, beobachtete ich diese seltsamen Vögel, die mit ihrem herrlichen Flug weiße Bänder um die Erde winden. Wann ist uns je ein solches Bild geglückt?

30. September

Am Abend brachte der Doktor zwei stattliche Fische nach Haus, eine Meerbarbe und einen Zander. Den halben Tag saß er im Boot, sah auf den Korken und den Stand der Sonne.

Ich ging in die Küche, um dem Doktor beim Zubereiten der Fische behilflich zu sein. Die Art, wie er dabei vorging, besonders was die kleinen Handgriffe betraf, war so behutsam, als wollte er die beiden Fische präparieren. Als wir sie ausgenommen und paniert hatten, warfen wir sie in die Pfanne. Wir aßen sie mit Kräuterbutter und geröstetem Weißbrot. Zum Nachtisch gab es Paprikaschoten, die wie Feuer in der Kehle brannten.

Nach dem Abendbrot sprachen wir über Literatur. Der Doktor erzählte mir, daß der Roman in seiner täglichen Lektüre eine untergeordnete Rolle spielt. Neben der wissenschaftlichen Prosa bevorzugt er den Brief, die Reisebeschreibung, das Tagebuch. Er liebte die Konzentration, die kurze knappe Beschreibung, aber auch jene Literatur, die man gegen den Strich lesen muß, eine Prosa, wo sich der Leser mit dem Helden nicht immer gleich identifiziert, die dem Gedankenspiel Raum läßt, wo auf jeder Seite zwar die altbekannten Worte stehen, aber das Zusammenspiel der Worte neu ist, eine Literatur, die sich der Leser erarbeiten muß. Einige Seiten lesen, das Buch aus der Hand legen, darüber nachdenken. Stoffliche Bestimmungen allein genügen nicht mehr, sagte er zu mir. Dichtung muß heute über den Aspekt der Materie und ihrer Funktion hinausgehen. Wir sprachen aber auch über den unglücklichen Riß, der heute noch Kunst und Wissenschaft voneinander trennt. Wir kamen dabei auf das schöne Goethe-Wort zu sprechen: „Wem die Natur ihr offenbares Geheimnis zu enthüllen anfängt, der empfindet eine unwiderstehliche Sehnsucht nach ihrer würdigsten Auslegerin, der Kunst!" Goethe hat in seinen naturwissenschaftlichen Schriften die Pflanze immer wieder poetisch-genial gesehen. Heute sprechen wir kaum noch von dem künstlerischen Prinzip, das in jeder Pflanze, in jeder Muschel verborgen ist. Dieser Zug ist vor allem der jüngeren Generation verlorengegangen. Das Zweckmäßige dominiert, man lebt ohne Imagination.

In unserem weiteren Gespräch ging der Doktor von der Erfahrung aus, daß jede Wissenschaft letzten Endes nicht nur unter dem Aspekt der wirtschaftlichen Nutzanwendung, sondern auch unter den Voraussetzungen einer „sinnlich-sittlichen Wirkung" in unser Leben eingreifen muß. Eine neue Harmonie, ein neues schwesterliches Verhältnis zwischen den beiden großen Erkenntnisbereichen der Menschheit, der Kunst und der Wissenschaft muß gefunden werden. Nicht nur die Wissenschaft allein, auch der poetische Geist hat in der Vergangenheit verriegelte Türen aufgestoßen. So manche dichterische Vision hat das ausgesprochen, was die exakten Naturwissenschaften später erst rational bewiesen haben. Bereits vor 2500 Jahren hat Empedokles von Agrigent in seinen Versen die ersten Umrisse einer Atomlehre, einer vergleichenden Morphologie poetisch gestaltet. Und hat nicht Johannes in seinen apokalyptischen Gesängen das Ende unserer Erde so geschildert, wie es die Wissenschaft heute sieht? „... Und der vierte Engel goß aus seine Schale in die Sonne ..., und die Menschen wurden versengt mit großer Hitze ..., und das Wasser vertrocknete ..., und alle Inseln entflohen, und keine Berge wurden mehr gefunden." Der Künstler sollte aber auch erkennen, daß die großen schöpferischen Gedanken der modernen Physik, der Biologie und der Botanik voller poetischer Kraft sind. Selbst hinter den Symbolismen einer mathematischen Formel leuchtet die Schönheit unserer Erde für einige Sekunden auf.

In Wissenschaft und Kunst wird die doppelte Prüfung des Menschen sichtbar. Wir dürfen das eine dem anderen nicht opfern. In allen beiden brennt der Funke nach Erkenntnis. Sie sind Schöpfungen des menschlichen Geistes, voller Aktivität, voller Aktion. Beide zusammen geben uns erst die große Einheit des Seins. „Wir sind auf einer Mission", sagte Novalis, „zur Bildung der Erde sind wir berufen!"

Unser Gespräch dehnte sich tief bis Mitternacht aus. Als ich sein Haus verließ, lag die Insel wie ein schmales silbernes Band im Meer. Messinghell leuchtete der Vollmond das sandige Ufer aus.

Nachtrag

Es gibt nichts Wertvolleres als einen Menschen, der die wirre Erregung seiner Sinne abgelegt hat und die Welt, kraft seiner Gedanken, erhellt.

3. Oktober

Noch einmal holt der Herbst die Sonne aus dem Himmel. Das Meer verbirgt sich hinter einem tiefen Blau, aber der Strand bleibt leer. Die Körbe sind eingefahren, die Wochenendhäuser haben die Fenster geschlossen. In den Gärten werden die ersten Äpfel gepflückt.

Ich gehe meinen Lieblingsweg entlang, den Dornbusch hinauf. Die Gräser haben ihre grüne Farbe eingebüßt, das Ahornblatt gleicht einem Aquarell, die Farben gehen ineinander über, ein glühendes Rot, ein deftiges Gelb, ein stumpfer brauner Fleck.

Die Zeit ist um. Der Tod hockt in den Ästen der Tollkirsche, aber die Drossel frißt ihm singend aus der Hand.

5. Oktober

Heute vormittag habe ich die letzten Seiten vom „Großen Traum" gelesen. Gerhart Hauptmann hat diese Dichtung im Spätherbst 1914 begonnen, zwischen den beiden Weltkriegen fortgeführt und noch im hohen Alter in Agnetendorf daran gearbeitet.

In dieser Dichtung gibt es keinen Kompaß, keine geographischen Karten, keine Wegzeichen. Wir treten in ein unbekanntes Land. Das Leben hat seine Kleider abgelegt, es ist zum Medium geworden.

> „In immer neue Fernen mich verzücken,
> war meines Fortschritts tägliches Beteuern. –
> ‚Du irrtest, denn die Quelle liegt im Rücken.
>
> Den Kiel gewendet, laß uns rückwärts steuern:
> gelassenen Wandels schreiten wir zurücke,
> Geschehnes bis zum Urgrund zu
> erneuern.'"

Das monologische Denken des Dichters entfaltet sich in diesen Gesängen zu einer Kette gewaltiger Dialoge, Autobiographisches fließt ein, Erfahrungen leuchten auf, Erkenntnisse werden sichtbar. Es ist ein dauerndes Ringen um die geistige Individuation, weitet sich ins Geschichtliche aus, ins Menschliche unserer Zeit. Wir begegnen der Hölle, dem Untergang, der Verdammung. Grandiose Visionen wie die Fresken von Lucca Signorelli im Dom zu Orvieto.

> „... Ich zerfetz' es,
> das Vaterunser, unsres Heilands Wort,
> sein Evangelium! Siehe, ich ersetz' es

durch Haß, durch Rache, Höllenqual und Mord!
Du, Damiens, wirst tausend Tode sterben.
Es hat der Abgrund keinen zweiten Ort
wie jenen, den dein Blut und Kot wird färben."

Aber auch das Keimende, das Bindende,
das leuchtende Motiv in unserem Leben
wird in diesen Terzinen sichtbar.

„Der Traum ist Chaos: willst du Form ihm
     geben,
so habe Mut zu deiner Schöpferhand:
Gestalten laß entstehen, Gestalt entschweben!

So trennte von den Wassern Gott das Land,
so schuf er tausendfältige Gebilde,
vergänglich alle wie im Traumverstand."

Ganze Passagen dieser Dichtung kann man neben Dantes „Göttliche Komödie" stellen, sind Geist von seinem
Geist. Auf einsamer Höhe stehen diese Gesänge in seinem Gesamtwerk da, ein seelisches Drama, in Terzinen
geschrieben. Aber der Mensch von heute ist seiner eigenen physischen Leiblichkeit so tief verhaftet, daß er mit
total geblendeten Augen durch diese Dichtung geht. In
diesen Versen aber ist das Wissen um die Urbilder des
Lebens noch lebendig geblieben. Dieses Wissen gleicht
der traumhaften Sicherheit, die den Vogelzügen inne-
wohnt. Es sind Worte, die uns auf das Unbekannte vorbereiten, die unser Leben wieder durchsichtig machen.
Jeder Gesang reißt wie ein Blitz urplötzlich eine neue
Landschaft ins Licht. „Was wir im Wachen sehen, ist der
Tod, was uns im Traum begegnet, ist das Leben." Es sind
Terzinen von sakramentalem Charakter, ein Wort hinter
dem Wort, ein Bild hinter dem Bild, aber auch Zeilen,
die wie Wetterwolken über Deutschlands mitternächtli-
chem Himmel stehen.

„Es wehte Flaggenschmuck auf jedem Hause
schwarz-weiß und schwarz-weiß-rot im
     Sommerwinde;

Karossen, Wagen rollten ohne Pause,
auf breiter Avenue stand Lind' an Linde.
Sieg! schwoll ein Ruf heran vom Säulentore.
Und so, als ob ein Feuer Nahrung finde,

flammt' er gewaltig auf zu wildem Chore.
Sieg! heulten ohrbetäubend alle Kehlen.
Sieg! knatterte die neue Trikolore ..."

Für Gerhart Hauptmann war Dichtung „Deutung, Sicht-
barmachung, Entzifferung, Entäußerung der inneren Vision!" Jedes Bild aber, das er in diesen Terzinen gestaltet
hat, ist erlebbar, nachweisbar, ist Symbol für eine neue
geläuterte Wirklichkeit.

Nachtrag

Mit Büchern zueinander sprechen, durch Bücher voneinander hören, über die Grenzen hinweg den anderen
verstehen, seinen künstlerischen Standpunkt dulden, re-
spektieren. Liegt nicht schon darin der erste Schritt zu
einem neuen menschlichen Miteinander?
Durch Bücher wurde vieles gewonnen, durch Bücher
wurde schon manches verspielt.

6. Oktober

Düsterer Spaziergang durch die Heide. Nebelfelder
kommen angekrochen, lautlos. Kein Mensch kommt mir
entgegen, nur die Stimmen im Wind sprechen flüsternd,
warnend, manchmal auch mit höhnischem Ruf. Die Wa-
cholderbüsche hocken wie schwarze Gnome unter der
Nebeldecke. Der Mond bricht nur für wenige Sekunden
durch die Wolkenfelder. Er leuchtet auf wie eine frisch
geschliffene Sichel.

Die Blumenfeuer auf der Insel brennen ab, die leeren Stengel bleiben stehen, starr in den Himmel gerichtet. Müde liegt das Gras, schon stumpf geworden. Die Natur hat ihre Farben ausgegeben, nur noch die Restbestände für das blasse krankhafte Lila der Herbstzeitlosen sind in den Tuben zurückgeblieben. Unbeirrbar rückt abends eine kühle graue Wand von Rügen hoch, der Himmel ist wie ausgeblasen, ohne Farbe.

In den Waldungen auf dem Dornbusch steht da und dort ein hartes Gelb auf, an den Zweigen der Eberesche aber welken die letzten roten Beeren. Eine große Stille ist in die Bäume eingekehrt. Kugelig liegt der Gallapfel auf dem Blatt der Eiche. Immer schärfer wird in den Nächten der Wind, er kratzt an den Stämmen herum, fährt mit der Sichel in die Bäume und haut die Blätter ab. Am Morgen hat der Nebel die Fenster mit rauchgrauen Gardinen zugezogen. Die Tage werden stumpf, der Wind hat sich gedreht, gelbfleckig sucht die Sonne den Weg. Der wilde Wein hat seinen Rückzug angetreten, die Häuserwände stehen nackt. An der Königskerze faulen die ersten Blätter. Regungslos steht das Jahr, ein dämmernder Wald aus vielen Tagen. Weit ab von meinem Holzhaus, dort, wo die Welle mit sich selber spricht, wo sich der Blick von der Insel löst, faucht der Sturm gegen die Fenster des Leuchtturms.

In Grieben brechen die Traktoren in die Ackerfurche ein, Pflugscharen wühlen das Erdreich um. Noch ist die Arbeit da, diese uralte Mauer gegen die Leere.

10. Oktober

Der Mensch hat sich die Erde durch seine Arbeit untertan gemacht, der entscheidende Sprung in dieser Evolution aber war das Denken. Durch das Denken sind wir der menschlichen Gemeinschaft verbunden, im Denken finden wir uns zueinander, gewaltige Kräfte wirken durch das Denken auf die Erde ein.

Unser Denken hat sich aller Formen des Erkennens bedient. Durch Verstrickung und Erschütterung ist es gegangen, Urworte, sibyllische Sprüche, großartig und fragmentarisch zugleich, zerrissen und immer wieder auf der Suche nach der Ganzheit der Welt. Wo das Denken auftritt, wird es erkennen, verändern, transzendieren. Bis in den Rhythmus unseres Leibes fühlen wir dieses Phänomen. Wir ahnen, daß in unserem Denken etwas lebt, was unendlich im Erkennen ist.

Wenn sich heute der Gedanke, die Idee aus der Welt zurückzöge, es bliebe nur noch Schutt und Asche in unseren Händen zurück.

12. Oktober

Es ist Abend geworden. Ein leichter Nebel liegt auf den Wiesen, der Himmel erkaltet, geht über in Grau, Grün, Violett. Hinter den Fensterscheiben flackert das fahle Licht der Bildschirme auf, die Schattenbilder des 20. Jahrhunderts. Im Hafen höre ich den Bagger arbeiten, der die Fahrtrinne nach Vitte vertieft. Ich gehe hinunter ans Ufer. Welle auf Welle rollt das Meer an den Strand ...

Pfeilspitzen, mesolithische Kernbeile, zur Fellbearbeitung den Schaber aus Feuerstein. Wie alt? Die Frage nach der Zeit ist relativ. Später neolithische Arbeitsplätze, Steinhaufen, Absplisse, Hobelspäne. Langsam schob sich die Bronze in die Steinzeit hinein. Das Grabmal einer germanischen Frau. Nordische Ornamente. Vogel- und Tierköpfe, kunstvolle Ausführung, Granulation. Dann kam das Schweigen. Nur die Möwen zogen von Küste zu Küste, harte rostige Schreie.

Die Wikinger kamen die Meere herab, knirschend fuhren ihre Kiele in den Sand. Später kamen die Slawen. Ein paar Heiligtümer auf der Insel Rügen, keltischen Ursprungs, Flurnamen, die uns heute noch an die Besiedlung erinnern. Opferplätze aus heidnischer Zeit, Tonscherben.

Mönche nahmen die Insel in Besitz, Zisterzienser. Im 13. Jahrhundert das Kloster Hiddensee. Kultivierung des Bodens. Fürst Wizlaw II. geht in die Annalen ein. Ordensregeln werden aufgestellt, der Grundbesitz wird neu geregelt. Andere Gerichtsbarkeit. Wer nachts einen Grenzstein verrückt, wird bis zum Hals in den Acker eingegraben, dann geht der Pflug über den Schädel hinweg.

Reformation. In den Köpfen der Menschen ist es heller geworden. Soziale und religiöse Kämpfe. Wallenstein ist dann gekommen. Ein Prankenschlag mit der linken Hand. Die Wälder auf dem Dornbusch stehen grell in Flammen.

Die Herzöge von Pommern treten auf. Hiddensee ein fürstliches Kammergut. Sieben lange Jahre ritt der Krieg an der Insel vorbei. Und das Rokoko? Eine Fayencefabrik in Stralsund. Herrliche Kacheln haben sie damals gebrannt. Doch der Mund der Geschichte blieb für Hiddensee geschlossen. Zweihundert Jahre Leibeigenschaft, ist das nichts?

Bitteres Zwischenspiel. Hunger und Armut vor den Toren des Deutschen Kaiserreiches, kaum vorstellbar. Hütten aus Lehm, ein paar schwarze Löcher als Fenster. Keine Verlockung für den Adel. Später ein paar Hausmarken auf den Giebeln. Besitzerstolz? Vieles überliefert und doch schon von neuem vergessen. Vogelmist auf den Dächern, kalkig und hart.

Die ersten Schiffe liegen im Hafen, Rauchfahnen steigen hoch. Die Hände der Menschen sind flinker geworden. Strandkörbe stehen im Sand. Keine Thermalbäder, einfaches Wasser, Ostseewasser mit einem flachen weißen Strand. Gerhart Hauptmann wohnte in seinem Haus auf dem Dornbusch. „Was ist der Mensch? Ein Bündel Leidenschaften!"

Nachtjäger. Englische Piloten pendeln am Fallschirm herab mitten ins Meer. Immer wieder über Kimme und Korn ins Ziel gehen, die Augen beim Abschuß nicht kneifen, keine Angst vor dem Rückstoß. Sieben Jahre später maßlose Trauer.

Vom Geller-Haken bis zum Enddorn Wellenbrecher. Man rückt der Insel zu Leibe. Neue Dämme werden gebaut, Föhren gesetzt. Man zollt dem Leben wieder Anerkennung, man will seiner Heimat nichts schuldig bleiben. Krüge, Teller und Netze aus längst vergangener Zeit werden in den Glaskästen zur Schau gestellt. Die Fischer hantieren wieder an ihren Booten herum, die eingebeulte Mütze auf dem Kopf, die Pfeife im Mund. Mit schweren Schritten gehen sie abends nach Haus, die hohen Stiefel hemmen den Schritt.

Die Fenster zur See sind wieder geöffnet. Sanddornzeit zwischen Festland und Meer.

15. Oktober

Der letzte Tag stößt sich vom Ufer ab. Ich gehe den schmalen sandigen Weg hinunter zum Hafen. Die Landschaft liegt in einem grauen, wäßrigen Grün, Nebelfetzen schwimmen durch die Kronen der Kiefern, wenig Wind, die Sonne eine dunkle Scheibe.

Ich habe mir Hiddensee auf der Landkarte meines Lebens mit großen Buchstaben eingezeichnet. Nun ist die Zeit, die man mir zugemessen, für immer vorbei. Einige Tage später und auch der Dornbusch ist nur noch Bild am Horizont.

Dem einen sind die Inseln mit dem unberechenbaren Meer, dem anderen die Kontinente zugetan. Alle beide aber verbindet ein fester Mutterboden, er liegt unter dem Wasser, tief, unsichtbar.

Sonnentau und Sanddornblatt, ich möchte die Augen nicht schließen, diese Insel ist schön.

Swantow

Die Aufzeichnungen des Andreas Flemming

Alles was geschieht ist Symbol,
und indem es vollkommen sich selbst darstellt,
deutet es auf das Übrige.

Goethe

Situationen sind symbolisch;
es ist die Schwäche der jetzigen Menschen,
daß sie sie analytisch behandeln
und dadurch das Zauberische auflösen.

Hugo von Hofmannsthal

Auf der Fahrt nach S. haben wir nur wenig miteinander geredet. Liv saß die ganze Nacht hinter dem Steuer, unter den Rädern die Autobahn, eintönig. Stunde um Stunde sahen wir die Rollbahn auf uns zukommen, ein Baum nach dem anderen wurde angeblendet, vor dem Fenster der Fahrtwind, schlug ein Stein von unten an die Karosserie, zuckten wir zusammen. Man hätte sich etwas erzählen können, die Fahrbahn war trocken, kein Nebel. Ab und zu sprachen wir ein paar Worte, nichts von Bedeutung, nur so dahingesprochen. Manchmal überholten wir einen Lastkraftwagen. Langsam schob sich unser Auto neben das andere Fahrzeug, für ein paar Augenblicke schien es, als hielten die beiden Wagen die gleiche Geschwindigkeit, dann zogen wir vorbei.

Es dämmerte. Vor dem Fenster die norddeutsche Tiefebene, eine Weidelandschaft, baumlos, nur da und dort ein Gehöft, alles offen, die Felder, die Wiesen. Die Scheinwerfer waren noch aufgeblendet, die Hinweisschilder am Straßenrand traten für Sekunden ins Blickfeld. Nach einer guten Stunde konnten wir am Horizont, in einem zarten wässerigen Blau, die Türme von Stralsund ausmachen.

Swantow ist ein Ort, der überall, wohin man auch kommt, unbekannt ist, auf den Landkarten kaum auffindbar, auch nicht nachlesbar in Reisebeschreibungen und Berichten. Ein Freund, der diesen Namen zum erstenmal von mir gehört hat, sagte, er erinnere sich an eine Insel, ein anderer besann sich auf eine Seekarte, da hätte er den Namen vor Jahren schon einmal gelesen. Oder ist Swantow eine Gemeinde, die noch gar nicht existiert? Keine Vermessungen liegen vor, auch keine Eintragungen im Register der Kreisstadt, vielleicht eine Einbildung, ein Ort, der erst gegründet werden muß.

Gestern kamen wir an. Das Dorf liegt flach in der Landschaft, einen Flintenschuß vom Wasser entfernt, die Zufahrt ist voller Schlaglöcher und Steine. Nichts lockt den Blick von der Hauptstraße hinüber ins Dorf. Immer nur Ackerland, schwerer Boden. Hier liegt die Erde noch in ihrer ganzen Blöße da, ungeschmückt, eine Landschaft, in der man nicht so schnell ins Psalmodieren kommt.

Was wir vorfinden: ein paar Häuser, Würfel aus roten Backsteinen, alte Katen, weiß getüncht, keine steinernen Substruktionen, Gemauertes, das auf eine große Vergangenheit hinweist. Das Portal der Kirche, eine bescheiden gemeißelte Pforte aus Sandstein, die Mauern um den Friedhof sind halb schon zerfallen, die alten Gräber mit Nesseln überwuchert. Hinter den Häusern beginnt eine Weite, so flach, daß jeder Baum kilometerweit zu sehen ist. Manche Gehöfte sind dem Blick entzogen, durch Bauminseln abgeschirmt, keine anmutigen Durchblicke, nichts Spielerisches. Über dieser flachen, nach allen Windrichtungen ungeschützten Erde steht ein Himmel von einer immerwährenden Helligkeit, mit einem Licht, das blendet. Ich bin in unseren Breiten noch nie einem solchen Himmel begegnet, einem solchen magischen Lichteinfall.

Swantow, ein Ort, der nichts und zugleich alles verspricht, der noch Zeit hat, auf den Menschen zu warten, einen ganzen Sommer, wenn es sein muß.

Liv öffnet die Haustür. Hinter dem Türbalken, am Dachsparren, klumpt ein großes birnenförmiges Gebilde, ein Wespennest. Wir betrachten es von allen Seiten.

Sie scheinen ausgeflogen, sagt Liv, nichts rührt sich, alles ist still.

Ich kann der Versuchung nicht widerstehen und berühre den nestartigen Ballen mit meinen Fingerspitzen. Er fühlt sich an wie altes japanisches Seidenpapier, nur etwas spröder, brüchiger. Die Farbtöne: keine Elementarfarben, eine unbestimmte, durch organische Kochung bezwungene Farbe, eine seltsame Mischung aus Grau und Grün.

Plötzlich sehen wir, wie durch die Risse im Gebälk ein paar Wespen in den Vorraum einfliegen. Sie jagen unruhig über unsere Köpfe her und hin.

Wer hätte je gedacht, daß sich in unserer Wohnung Wespen niederlassen werden, sagt Liv.

Wespen haben einen untrügbaren Instinkt für den günstigsten Ort. Hier konnten sie in Ruhe bauen, sind vor Wind und Wetter geschützt. Ich glaube nicht, daß sie uns stören werden.

Liv sieht mich an.

Wir sollten es zumindest versuchen.

Ich sehe schon, ich werde mit den Wespen leben müssen, sagt Liv, dann geht sie in die Küche, öffnet das Fenster und packt den Koffer aus.

27. Juni

Das Land ist klein, das wir in Swantow zu verwalten haben: ein Haus mit zwei Zimmern, einer Küche, einem Abstellraum. 1833 wurde es als Backhaus gebaut, fünfzig Jahre später haben es die Großeltern von Liv erworben, ließen es umbauen und haben bis an ihr Lebensende darin gewohnt.

Das Gemäuer ist fest, auch die Balken an der Decke, ohne Holzwurm. Die Zimmerwände sind getüncht, pastellfarben. Das Mobiliar ist einfach: ein Bauernschrank, bunt bemalt, ein Tisch, zwei alte holländische Stühle, auf dem Fußboden geflochtene Strohmatten, an der Wand ein paar Grafiken von Rostock und Stralsund.

Nichts hat sich geändert, die Dinge sind immer noch an ihrem alten Platz, nur die Jahre sind weitergegangen.

Liv hat die alte Sanduhr mitgebracht und auf das Vertiko gestellt. Man sieht, wie sich im oberen Stundenglas der Sand der Zeit trichterförmig höhlt, um sich später im unteren wieder zu sammeln. Was der Mensch in der ersten Hälfte seines Lebens scheinbar verliert, reichert sich in der zweiten in seiner Tiefe wieder an.

28. Juni

Es ist Mittag. Liv liegt auf der Terrasse, unter dem Geräusch des Windes, und schläft. Sie hat in der vergangenen Woche ihr Arbeitsrechtsverhältnis mit der Klinik in E. gelöst. Keine Krankenhausbetten, keine Patienten. Niemand fragt, wie lange Frau L. schon am Tropf hängt, ob bei Herrn K. die Angehörigen verständigt sind, denn es geht sichtbar dem Ende zu. Wenn ein Bild unter ihre Lider tritt, dann ist es ein Baum, ein Strauch, eine Grasnarbe.

Ich sitze ihr gegenüber, im Lehnstuhl, ich könnte lesen, Goethes Briefe an Zelter, doch meine Augen bleiben bei ihr. Sie hat den Kopf zurückgelegt, die oberen Knöpfe der Bluse sind geöffnet. Sie hat im Schlaf die Wolldecke von sich gestoßen, die Sonne steht hoch, es ist warm. Ich könnte sie in Ruhe beobachten, ihren Zügen nachgehen. Andreas, man beobachtet keinen schlafenden Menschen, hat meine Mutter zu mir einmal gesagt, als ich eines Abends minutenlang vor meinem Vater stand, der auf dem Sofa lag und schlief.

Ich stehe auf und gehe hinüber an den Gartenzaun. Auf den Feldern dunstige Stille, die Grillen kratzen am Email des Himmels. Irgendwo ist auch ein Bussard unterwegs, ich höre seinen Schrei. Plötzlich ein Hornsolo. Ich weiß nicht, woher es kommt, es hört sich an wie ein Ruf.

Nach dem Frühstück legt Liv eine Landkarte auf den Tisch, eine Touristenkarte 1:20 000.

Die Insel hat keine festen Konturen, ihr Umriß ist vielgliedrig, mit einer Fülle von Buchten, kleinen und großen Bodden. Das Meer schneidet tief in das Land, Landzungen stoßen weit hinaus in die See, Inseln sind der Mutterinsel vorgelagert, die Libnitz, die Vilm. Aber auch die Ufer wechseln, flach, steil, da gibt es Sand, Kreide und Lehm. Die höchsten Erhebungen liegen in der Stubnitz, der Peikberg, der Königsstuhl mit seinen 122 Metern. Aber lassen wir das, es gibt Nachschlagewerke, Reiseführer, dort sind die Angaben präziser.

Liv wandert mit dem Zeigefinger von Swantow über Garz bis hinauf in die Stubnitz, das Land ihrer Kindheit. Manchmal hält sie an, zum Beispiel in Putbus, wo die Gräber ihrer Eltern liegen. Dann zeigt sie mir die Orte, die wir in diesem Sommer aufsuchen werden: die Hünengräber, die Schaabe, den Königsstuhl. Die Entfernungen sind nicht groß, zwei Stunden Vogelflug von Kap Arkona bis hinunter nach dem südlichen Zudar.

Es ist elf Uhr. Liv steht am Fenster, die Gartenschere in der Hand. Andreas, die Wolkendecke reißt auf, die Sonne kommt durch, wollen wir nicht doch noch hinüber an den Strand?

Ich lege das Buch aus der Hand, hole aus dem Schrank Windschutz, Sonnenbrille und Badetuch.

Es ist immer noch derselbe Strand, breit, flach, erst weiter im Osten die Steilküste, das Gelbe Ufer. Der Sand ist mit kleinen, zarten Muscheln durchsetzt, heller Sand, weiß, manchmal auch blitzend, stumpf die Farbe der Gräser, der Steine. Auf dem Wasserspiegel Windstreifen, weiße Segelpunkte ziehen vorbei, andere wieder stehen still im Grenzenlosen.

Wir werfen die Kleider in den Sand. Nur noch der Gegenwart leben, froh sein und nicht daran denken, was eines Tages auf uns noch zukommen kann, leicht sein wie ein Vogel, wie der Wind, der mit den Sandkörnern spielt, sich an niemanden erinnern, einfach dasein, wie lange haben wir das nicht mehr erlebt.

Wir laufen über die Sandinseln bis hinaus an die Fahrrinne. Draußen bleiben wir stehen. Hier hat das Wasser eine tiefe kobaltgrüne Farbe, hier strömt es kalt um die Beine. Später liegen wir hinter dem Windschutz, spüren die Sandkörner, die der Wind über die Haut peitscht. Die Sonne schießt goldene Pfeile in den Körper.

Nach dem Abendbrot sitzen wir auf der Terrasse, die Luft streicht warm von den Feldern.

Es ist eine Sternennacht und dazu noch Mondzeit, der Himmel klar, die Sternbilder nah. Das Haus wirft einen Mondschatten. Nichts ist zu hören, auch auf der Straße nach Garz kein Auto, kein Motorrad. Eine tiefe Stille liegt über der Landschaft, selbst der Atem geht zu laut. Nur im Süden, jenseits des Boddens, flackern die Lichter von Lubmin.

In Lubmin gibt es keinen Stausee, keine Sperrmauer, durch die das Wasser in die Turbinen schießt. Ein Wasserkraftwerk ist voller Leben, da hat man das Rauschen des Wassers im Ohr, das Summen der Generatoren. In einem Kernkraftwerk ist alles still, totenstill, die Energie wird lautlos produziert, der Verbrennungsprozeß dominiert.

Wissen, was nicht zu sehen ist.

Lektüre: „... durch die Kernenergie werden ständig neue, in der Natur nicht vorhandene radioaktive Stoffe in unterschiedlich großer Menge produziert. Ihre Lebensdauer unterliegt ausschließlich den natürlichen Zerfallsgesetzen und umfaßt Zeitspannen von der Größenordnung einiger Tage bis Millionen Jahre. Durch die Kettenreaktion entstehen im Reaktor Spaltprodukte, die selbst radioaktiv sind. Die gefährlichsten Spaltprodukte sind:

Krypton-85	Halbwertzeit	10,7 Jahre
Tritium	Halbwertzeit	12,37 Jahre
Strontium-90	Halbwertzeit	28 Jahre
Plutonium-239	Halbwertzeit	24 000 Jahre

Kohlenstoff-14	Halbwertzeit	5400 Jahre
Jod-129	Halbwertzeit	1,7 Millionen Jahre
Jod-131	Halbwertzeit	8 Tage."

1. Juli

Die Wespen haben sich an uns gewöhnt, sie kommen angeflogen, setzen sich auf die Hand, kriechen über die nackten Schultern, keine ist bisher zum Angriff übergegangen. Man muß nur ruhig sitzen bleiben und darf nicht voller Angst auf die Tiere einschlagen. Gestern verfing sich in meinem Haar eine Wespe, ich wurde unruhig, machte mit dem Kopf eine hastige Bewegung, und schon spürte ich im Nacken einen brennenden Schmerz.

Jeden Morgen bleibe ich vor dem Wespennest stehen. Es ist bestechend in seiner Form, seinem geometrischen Aufbau. Die Hülle besteht nicht nur aus einfach aufeinandergeklebten Papierschichten, zwischen den einzelnen Lagen liegen abgeschlossene Hohlräume, sie sehen aus wie kleine aufgesetzte Taschen. Ich weiß nicht, ob man bei den Wespen von einem Kunsttrieb sprechen kann, wohl eher von einer unbewußten mechanischen Tätigkeit. Aber auch die Freiheit der Entscheidung scheint noch nicht im Spiel. Ich sehe, wie sie anfliegen, zwischen den Vorderbeinen ein winziges Klümpchen Papiermaché. Gestern beobachtete ich auf dem alten verwitterten Hackklotz eine Arbeiterin, die das vergraute Holz von der Oberfläche abschabte.

Wir wissen noch immer nicht, wie die Wespenart heißt, die sich im Vorraum eingenistet hat. Ist es die Vespa germanica, die Vespa vulgaris? Aufgrund des frei hängenden Nestes könnte es die Vespa media sein. Diese Faltenwespen sind verhältnismäßig ruhig und lassen sich selbst durch die Anwesenheit des Menschen nicht stören.

Gestern holte ich mir die Lupe und beobachtete die Tiere aus unmittelbarer Nähe. Ich sah ihre geknickten Fühler, den gelben Kopfschild mit dem schwarzen Mittelstrich, die Hinterleibsringe, breit gelb gesäumt. Die

Wespen sind nicht nur schlanker, sondern auch wendiger als die Bienen. Oft ist mein Gesicht nur einen halben Meter vom Nest entfernt. Sie scheinen in einem Licht- und Luftreich zu leben.

Wenn ich aus Übermut an die Außenwand blase, erzittert das ganze Nest, aber gleich darauf höre ich aus dem Innern ein unwilliges Summen. Ich suche dann den Fluchtweg durch die Küche und werfe hinter mir die Tür ins Schloß.

Ich erinnere mich, als wir uns gegenseitig unser Leben abfragten.

Von einem Menschen etwas wissen, zu einem Bild kommen, herausfinden, wie sein Leben beschaffen ist. Da gibt es Begegnungen, die sich überlagern, wie Gesteinsschichten sich ineinanderschieben, es gibt aber auch Einschlüsse, die man in den ersten Tagen und Wochen überhaupt nicht sieht.

Manchmal denke ich, wir sollten ein Erinnerungsbuch führen. Dann aber sage ich mir, noch einmal zurückgreifen, aufschreiben, was vor zwanzig oder dreißig Jahren geschah, alles noch einmal ins Wort holen? Heißt das nicht: über die Erlebnisse eines anderen schreiben? Es gibt kein Aufbewahren, so wie es damals war, man gibt immer noch etwas hinzu oder nimmt hinweg. Die Jahre der Unbefangenheit sind für mich vorbei.

Lektüre: Am 4. September 1831 schreibt Goethe an seinen Freund Zelter: „Sechs Tage, und zwar die heitersten des ganzen Sommers, war ich von Weimar abwesend und hatte meinen Weg nach Ilmenau genommen, wo ich in früheren Jahren viel gewirkt und eine lange Pause des Wiedersehens gemacht hatte. Auf einem einsamen Bretterhäuschen des höchsten Gipfels der Tannenwälder rekognoszierte ich die Inschrift vom 7. September 1783 des Liedes, das Du auf den Fittichen der Musik so lieblich beruhigend in alle Welt getragen hast:

Über allen Gipfeln ist Ruh pp.

Nach so vielen Jahren war denn zu übersehen: das Dauernde, das Verschwundene. Das Gelungene trat vor und erheiterte, das Mißlungene war vergessen und verschmerzt. Die Menschen lebten alle vor wie nach, ihrer Art gemäß, vom Köhler bis zum Porzellanfabrikanten. Eisen ward geschmolzen, Braunstein aus den Klüften gefördert ..."

Der Brief will die Verständigung zwischen den Menschen, darin liegt seine Bedeutung, aber auch seine Begrenzung.

Briefe sind ein ausgezeichnetes Medium, sie durchdringen, ergänzen, erweitern, Standpunkte werden sichtbar, sie erfassen im Rückblick Vorgänge, in gewisser Hinsicht sind Briefe immer auch ein Resümee.

Ein wesentliches Merkmal: Der Brief gibt dem Menschen in einer gesprächsarmen Zeit die Möglichkeit zum Dialog.

3. Juli

Die Felder sind durchsetzt mit neolithischen Steinblöcken: Dolmen bei Lauterbach und Lancken-Granitz, Hünenbetten bei Silvitz und Nobbin, ein Herzogsgrab im Mönchguter Forst, aber auch Gräberfelder im Westen, im Südosten der Insel.

Weitab von den vorgegebenen Wanderwegen führt uns ein Pfad zu den Dolmen. Die Wiesen sattgrün, eine Baumgruppe tritt dunkel herein, Gehölz, alte bizarre Eichen, ein paar Eschen, Mistelbüsche in den Kronen.

Wir gehen schweigsam zwischen den zyklopischen Blöcken her und hin. Sie haben noch immer etwas drohend Geducktes, Grimmiges. Niemand weiß, wie sich die Insel den Menschen von damals gezeigt hat, nichts ist auf uns gekommen, kein Helm, kein Schwert, auch nicht die Spur eines einzigen Gedankens. Wir aber fragen, wie das Leben dieser Menschen gewesen sein mag, unpersönlicher, dumpfer? Gab es schon damals ein individuelles Schicksal, einen Charakter, oder wurde alles noch von der Sippe getragen? Und welchen Mythos haben sie gelebt, sind sie einer inneren Stimme nachgegangen, einem Eingeweihten gefolgt, oder unterlagen sie dem Zauber, der Magie? Eines aber ist gewiß, sie suchten noch nicht das Zeichen, die Schrift, um im Symbol zu überdauern. Unter den wuchtigen Deckplatten keine Chiffren, die Wände abgetragen; was zurückblieb, sind die von Eis und Wasser geglätteten Steine. Kenntnisse und Überlieferungen sterben aus, wenn sie den nachfolgenden Geschlechtern nicht mehr dienen können.

Wie sind die Menschen von damals mit diesen Steinen nur fertig geworden, mit welcher Technik wurden die Felsbrocken an ihren Platz gesetzt? Kein Kran, kein Gabelstapler. Wir sagen: Steinzeit. Aber klingt nicht allein schon in dem Wort Stein etwas mit, das ein Werturteil enthält, auch wenn wir es nicht aussprechen? Es ist eben nur der Stein und nicht die Bronze, das Eisen. Wir gehen in Gedanken die Jahrtausende zurück, spulen ab, was wir in der Schule gelernt, später vielleicht auch gelesen haben, einen Faden, der nicht bis an den Ursprung zurückreicht. Die Distanz ist so groß, daß wir sie mit unserem Verstand kaum noch überbrücken können.

Es gibt auch keine Steinsärge wie in Tarquinia, keine Schichtungen, hier braucht der Archäologe kein Erdreich abzutragen, keine Schriftzeichen zu deuten, Kryptogramme zu entziffern, auch das Auge kann nicht viel mitnehmen, keine Farben, keine Form; das Blau, das hier herrscht, kommt von Himmel und Meer. Diese Gräber brauchen keine Restauratoren, nichts scheint beschädigt; was zurückgeblieben ist, sind die von der Sonne aufgeheizten Deckplatten. Keine Vergangenheit, es ruft im Holz. Die Worte, die man hier spricht, werden von den Lippen weggestoßen, so stark ist heute der Wind, der vom Meer herüberkommt.

Was hat die Menschen nur getrieben, solche Blöcke zu hinterlassen? War es schon damals das Verlangen zu überdauern, die Gier nach Ruhm? Die Mächtigen dieser Erde hatten es schon immer mit dem Stein, denn selbst der unbehauene Block hat noch etwas Gebieterisches, auf sich selbst Verweisendes. Oder prunkte der Mensch schon damals mit seinem Tod? Einen eigenen Hügel besitzen, hoch aufgeschüttet, zyklopische Steine, weithin sichtbar für die Nachgeborenen. Im Stein können Jahrtausende überdauern, sich artikulieren. Warum verlangt es uns, das Gesicht eines Menschen in Stein zu hauen? Uralte menschliche Vermessenheit. Hier ist der Stein, und hier das Wort.

Neben diesen Steinen kann man stundenlang sitzen und warten, hier kommt nichts mehr an, geht nichts mehr vorüber; die Zeit ist alt, sehr alt, und wenn die Dämmerung kommt, geht man lieber nach Hause, da werden die Schatten dunkel, dann kann es vorkommen, daß dein Blick gerade hineingeht in das Schattenreich. Solche Steine liegen ja bereits auf der anderen Seite des Lebens. Nur der Wind, wie eine Sage, fügt manchmal den Schrei hinzu, der von den Möwen kommt.

4. Juli

Lange, bevor noch das erste Wort auf dem Papier steht, beginnt für mich die Arbeit am Gedicht, im Unbewußten. Wer weiß schon, wann das Schreiben eines Gedichtes wirklich beginnt? Der schöpferische Prozeß ist ein dauerndes Tätigsein nach innen und nach außen, kein passives Warten auf die Eingebung. Schreiben ist ein innerer Zustand, der jede Fiber in Bewegung setzt, keineswegs ein entrückter Zustand. Manchmal ist's, als hätte ich bereits mit dem ersten Wort den Faden in der Hand, dem ich unmittelbar nachgehe, als wäre alles andere schon aufgereiht, wie bei einem Gen, man braucht die Chiffren nur noch abzurufen. Es gibt aber auch Verse, die man plötzlich schreibt. Sie überfallen dich mitten auf der Straße, bei einem Gespräch, wo man nur mit halbem Ohr zuhört, sie sind plötzlich da, zusammenhanglos, treten ungerufen in dich ein. Es ist, als hätte eine unhörbare Stimme sie dir ins Ohr gesagt ...

> Das Elektrokardiogramm
> zeigte dem Arzt
> die Stimmen der Vögel
> in meinem Herzen,

im Blut
Spurenelemente,
Quecksilber und Blei.

Im Ohr
fand er die Schreie
der Unschuld,
das zerstörte Blau
des Himmels
in der Iris –,
doch auf der Netzhaut,
fleckenlos,
aus feurigen Splittern,
das Bildnis einer Frau.

5. Juli

Liv kann sich mit ihrem Schicksal noch immer nicht ab-
finden, in der Lebensmitte war es über sie gekommen.
Es war an einem Ostermontag, so erzählte sie mir, auf
der Rückfahrt von Swantow, Anfang April. Wer weiß, ob
nicht die Jahreszeit ihre Hand dabei im Spiel gehabt hat.
Wir hatten auf Rügen sonniges Frühlingswetter, fuchs-
rot standen die Weiden, der Seidelbast blühte, alles
glänzte, der Himmel, die Wolken, das Meer. Hinter Berlin hatte die Luft nicht mehr den Glanz der Ostertage, es
war leicht bezogen, die Sonne, eine graue verschleierte
Scheibe, und als wir am Hermsdorfer Kreuz abbogen,
war die Luft rauh geworden, das Wetter umgeschlagen,
der Himmel ohne Schein. Und dann fiel Schnee, es waren große, nasse Flocken, Schusterflocken, wie man bei
uns zu Hause sagt. In wenigen Minuten war die Landschaft weiß. Und mit dem Schneegestöber kam Nebel
auf, machte die Asphaltdecke glitscherig.
Zwischen Jena und Weimar ist es dann geschehen. Ich
mußte für wenige Minuten eingeschlafen sein, plötzlich
hörte ich Norberts Stimme: Liv, halt dich fest! Und ehe
ich wach wurde, fühlte ich bereits den Aufprall, hörte
ein Splittern, Kreischen, ein Knirschen von Blech.
Als ich zu mir gekommen war, sah ich zur Seite. Es hatte

Norbert nach vorn geworfen, sein Kopf lag auf dem Lenkrad, sein Gesicht war fahl, vielleicht vom Widerschein des Schnees, er hatte die Lider geschlossen. Er sah aus wie ein Schlafender, nur der Mund hatte einen befremdlichen Zug, die Lippen waren zusammengepreßt, fast etwas trotzig. Ich rief ihn an. Er rührte sich nicht. Ich wollte mich aufrichten, aus dem Blechsarg befreien, da fühlte ich in meinem Rücken einen stechenden Schmerz, vor meinen Augen wurde es schwarz. Als ich wieder zu mir kam, griff ich nach seiner Hand. Kein Pulsschlag, alles war still, nichts rührte sich. Ich konnte es nicht glauben. Nach einer Weile faßte ich noch einmal nach seinem Handgelenk. War da nicht doch ein leises Pochen? Wider mein besseres Wissen fing ich an zu hoffen. Ein blindes Vertrauen dem Schicksal gegenüber kam in mir hoch. Ich wollte es mir nicht eingestehen, daß Norbert tot war. Hier kannst du nichts mehr tun, sagte ich dann zu mir, du mußt mit gebrochenen Knochen im Straßengraben liegenbleiben und warten, was auf dich zukommt. Was später geschah, nahm ich kaum noch wahr, die Signale des Krankenwagens, den ganzen Apparat der Volkspolizei. Erst im Sophienhaus wurde ich wieder wach. Zwei Monate lag ich in Gips, ein Körper, der nur noch seiner Nahrung, seiner Verdauung nachging.

Kuriose Dinge werden da manchmal erzählt, von Zeichen, Vorahnungen, Träumen. Vielleicht gibt es das wirklich, doch zu mir hat das Schicksal noch nie so gesprochen, es hat mich immer überfallen. Anscheinend stand mir so etwas nicht zu, keine Vergünstigungen, ich mußte mit meinem Leben auf andere Art und Weise fertig werden. Nun hieß es über die Jahre kommen.

Drei Monate später, als ich wieder nach Hause kam, die Wohnungstür aufschloß, war mir alles fremd geworden. Wie beziehungslos die Möbel herumstanden, der Tisch, die Betten, die Stühle. Und plötzlich hatte ich es in meinem Leben nur noch mit Halbheiten zu tun: das Mittagessen auf dem Tisch, die Fotografien, die Briefe, die ich abends an meine Schwester schrieb, die Schallplatten, die ich auflegte, selbst die Erinnerungen, alles war nur noch halb, immer nur halb. Ich weiß nicht, ob du es verstehst, daß man plötzlich nur noch ein halbes Leben lebt. Ja selbst die Romane, die Bildbände, die Musik, alles Surrogate, um gewisse Dinge in den Hintergrund zu drängen. Man wird getroffen, der Verstand schweigt, man weiß keine Antwort. Eines Tages aber, ich weiß nicht mehr, wie es kam, sagte ich zu mir: Liv, wenn du das alles behalten willst, dann mußt du das Leben wieder selbst anpacken, allein mit ihm fertig werden. Eine nie gekannte Sicherheit kam in mir hoch. Und dann kamen Tage, Wochen, da ging mir einfach der Atem aus, da war die Arbeit in der Klinik, das Haus, der Garten und dann noch Swantow. Und plötzlich wußte ich, daß es das Leben war, das an die Tür gepocht hat, das wieder eintreten will. In diesen Tagen fing ich von neuem an zu glauben, es war der Glaube an das Leben. Es gibt Erfahrungen, Andreas, die man nicht in Worten weitergeben kann.

6. Juli

Die Schwalben sind wieder im Land. Keiner weiß, wann sie angekommen sind, vielleicht Anfang Mai. Sie schießen über die Dächer des Dorfes hinweg, bestreichen unablässig ihr Revier. Ich sehe ihre weiße Weste im Flug, stahlblau auf dem Kopf die Pilotenkappe. An manchen Tagen jagen sie blitzschnell über die Felder; kein anderer Vogel erreicht im Flug diese Eleganz.
Die Schwalbe gehört auch heute noch zu den großen Bildern der Natur, ein Schauspiel, das sich Jahr für Jahr in unseren Dörfern und Städten wiederholt. Dieser Vogel ist mehr als nur ein Echo auf das Leben. Sein Ruf kommt aus dem Raum, dem Unverhofften, Unberechenbaren. Ich kenne nichts Trostloseres als ein verlassenes Schwalbennest im Herbst.
Aber auch dieser Vogel nimmt langsam am Auszug der Tiere teil. Der Himmel würde seinen Sinn verlieren, wenn es keine Schwalben mehr gäbe.

Die Landschaft auf Rügen ist ein atmosphärisches Phänomen, hier wird man sich des Lichtes wieder bewußt.

Das Licht – eine Wesenheit?

Am späten Abend hören wir im Radio Schuberts Streichquintett in C-Dur. Manifestiert sich in dieser Komposition wirklich der „große Weltriß", wie ich es in einigen musikwissenschaftlichen Schriften wiederholt gelesen habe?

Ton ist nicht nur Ton. Es gibt Töne, die sind voller Hintergründigkeit, sie gehören einer anderen Rangordnung an. Schubert war mehr als nur ein Tonsetzer. Das Bestürzende, daß seine Töne für die einzelnen Menschen etwas völlig Verschiedenes sein können.

Für mich ist das Streichquintett in C eine Bergpredigt in Noten.

7. Juli

Ich weiß nicht, ob Liv es ahnt. Wenn sie in der Küche steht, mit der Rosenschere durch den Garten geht, selbst dann, wenn sie im Lehnstuhl an meiner Seite liegt, immer denke ich ihr nach. Merkwürdig: sie redet niemals von Dingen, die in unserem Leben noch offen sind. Wir sollten zufrieden sein mit dem, was uns Swantow gibt, sagt sie, der Himmel ist hoch, das Meer ganz nahe, was willst du mehr.

Vor ein paar Jahren noch wanderten wir oft tagelang durch das Gebirge, von Marienfeld über Karlsbrunn bis hinauf auf den Altvater. Kaum hatten wir die Zone der Singvögel hinter uns, waren wir in unserem Element, da fegte der Wind über die Bergkuppen, da gab es nur noch Krummholz, Steine und Gras. Heute geht man die Dinge doch etwas ruhiger an, da genügen Spaziergänge von zwei bis drei Stunden. Wir gehen ganz einfach durch die Felder, ohne Ziel, es ist ein ruhiges gleichmäßiges Gehen, man braucht auch nicht mehr anzukommen, es genügt, wenn man mit einem anderen Men-

schen unterwegs ist, vielleicht um etwas zu finden, eine
Erinnerung, die man nicht ruft, die einfach da ist, in der
Landschaft, vielleicht auch unter den Füßen, etwas
längst Vergessenes, aber nicht Verlorenes.

Der Feldweg ist von Zugmaschinen zerfahren, in hellen
Fluchten liegt der Staub. An den Feldrändern keine ab-
gelegten Steinriegel wie im Thüringer Bergland, zur
Steininsel aufgetürmt, die wenigen Brocken, die der
Bauer im Ackerland findet, werden untergepflügt. Da
wächst der Hafer, der Weizen, am Wegrain Schlehengeheck, Brombeergebüsch, von den Schlingen der Wald-
rebe verfilzt, Zuflucht den Vögeln. Weiter draußen ein
paar Buschinseln, dahinter das offene Land, eine Rügen-
landschaft, in der ich mich vom ersten Tag an wohl gefühlt habe, auch wenn die Orte wechselten. Hier schießt
das Leben nicht wie ein Bergbach hinunter ins Tal, es
sickert langsam in die Ebene ein, bedächtig.

Ich sehe Liv von der Seite an. Wenn wir unsere Jahre zu-
sammenlegen, kommen wir auf hundert. Niemand weiß,
wo wir uns in diesen Tagen und Wochen aufhalten, wir
sind unauffindbar. Man muß von Zeit zu Zeit aus dem
Alltag ausscheren, einmal auch neben dem Weg stehen,
man kann nicht ein Leben lang zu den Akteuren gehören. Da ruft aus der Ferne der Kuckuck. Wieviel Jahre
gibt er uns noch? Er besitzt die Allmacht, darf zuteilen,
zwanzig, zweiundzwanzig, dreißig, manchmal aber sind
es nur zwei oder drei, dann wird es im Herzen der Fra-
genden still.

Es ist dunkel, als wir in Swantow wieder ankommen. Für
ein paar Augenblicke können wir die Disteln am Feld-
rain noch erkennen. Solange noch ein Lichtschein über
der Erde liegt, wird eins vom anderen getragen.

11. Juli

In den Morgenstunden Spaziergang mit Pastor Krüger.
Er hat ein längeres Krankenlager hinter sich, das Gehen
fällt ihm immer noch schwer.

Sein Garten ist eine weitläufige Anlage mit Obstbäumen
und Beerengesträuch, mit viel Raum für Kräuter und

Gemüse, da wächst die Möhre zwischen der Petersilie und der Fiesole, Spargelbeete wurden angelegt, aber auch die zum Blühen bestimmten Kräuter haben sich eingefunden und nicht zuletzt die Blumen im eigenen Beet, mit einem Wort: ein Pfarrgarten mit dem ursprünglichen Gefühl für Häuslichkeit und Nützlichkeit.

Das Wort kommt dem Pastor nur schwer von den Lippen. Ich glaube kaum, daß die Bauern in den umliegenden Dörfern mit ihm viel anfangen können, er setzt sich nur selten zu ihnen in die Kneipe, trinkt kein Bier, keinen Schnaps, da stehen sie mit seiner Frau schon eher auf du und du. Ihre Eltern hatten unweit von Bergen einen wohlhabenden Bauernhof. Sie zieht Flugenten auf, züchtet das Perlhuhn, verkauft Kücken und Kaninchen, mit ihr kann man über die Landwirtschaft reden wie mit einem alten Brigadier.

Der Beruf hat dem Pastor nicht viel eingebracht, es ist ja auch nicht der Sinn einer solchen Berufung, Reichtümer zu horten. Er weiß, daß sein Amt in den Augen vieler Menschen als überfällig angesehen wird. In jungen Jahren soll er als Landpfarrer sehr tüchtig gewesen sein. Aber kommt das Wort tüchtig nicht aus einer anderen Welt? Zuverlässig sollte man sein, den anderen Menschen annehmen, ihm Hoffnung geben in sein eigenes Menschsein.

Was dem Pastor heute noch Freude macht, ist die Arbeit in den Gemeinden. Da sind die Alten, die Kranken, die Behinderten, um die sich kaum jemand kümmert. Die Nachbardörfer sind zu verwesen. Im Winter wenn der Schnee kniehoch auf der Landstraße liegt, läßt er sich von einem Bauernschlitten mitnehmen. Er weiß aber auch, daß er die gute Hälfte seines Lebens hinter sich hat. Zuweilen wundert er sich, wie schnell die Jahre hier oben vergangen sind. Seine beiden Söhne sind erwachsen. Es ist seine Landschaft, in der er lebt, und in dieser Landschaft liegen auch seine Toten.

Als wir am Beerengesträuch vorbeikommen, sagt er zu mir: Haben Sie nicht auch schon gemerkt, wie in unserem Land Park- und Gartenanlagen immer mehr verwildern? Fenster und Türen kann man streichen, den Außenputz an einem Haus wieder anwerfen, die Verwahrlosung der Gärten aber geht tiefer, sie berührt die Substanz des Menschen. Und nach einer Weile: Die lebendigsten Gärten sind immer noch die Schrebergärten, diese fünfhundert Quadratmeter, Parzelle neben Parzelle. Hier nimmt man sich für den Garten noch Zeit, da spürt man auch heute noch die Liebe des Besitzers. In jungen Jahren habe ich geglaubt, die Leute in den Schrebergärten hätten keine Poesie. Man muß nur durch ihre kleinen Paradiese gehen, wie oft wurde ich eines Besseren belehrt. Hier wird am Feierabend noch gehämmert, gesägt, Pflöcke werden in den Boden eingeschlagen, Zäune repariert.

Wir stehen vor einem Blumenbeet. In blauen Flammen schießt der Ehrenpreis hoch, mannshoch schaukelt neben der Glockenblume der Rittersporn, der Eisenhut.

Ich gehe von Blume zu Blume. Form und Gestalt der Blüten wechseln, Farben leuchten auf, Variationstrieb der Natur. Schlummert in diesem Blau nicht ein halbvergessenes Weiß, da und dort leuchtet es durch, bei dieser Blüte gewinnt das Gelb die Oberhand, ein Farbenspiel streitender Tendenzen. Und hier das erstickte Gelb einer Rose, es wird von dunkelroten Farbtönen überschattet. Da bricht aus der Ordnung etwas aus, reißt sich los, eine Abart entsteht, der Mensch greift ein, das Spiel kann beginnen, aber keiner weiß, wie alt diese Spiele sind.

In Ihrer mährischen Heimat, sagt der Pfarrer, gibt es Klostergärten, die weit über die Grenzen des Landes hinaus berühmt sind. Aber auch bei uns, in Norddeutschland, haben die Pfarrgärten eine große Tradition. Hier findet man auch heute noch Arten und Abarten, nach denen so mancher Liebhaber fahndet. Wie Sie sehen, lege ich keinen Wert auf ausländische Spezialitäten, auf einen sogenannten Luxusgarten, ich beschränke mich auf das fast schon Verlorene, Eigene. Ich sage mir: innerhalb der Bedingungen bleiben, die uns eine Landschaft gibt. Warum soll ich mit allen Formen des Möglichen und Unmöglichen spielen?

Ein Trauermantel fliegt den Blumenkorso ab, drei Kohl-
weißlinge schießen zusammen, drehen und jagen sich,
ein Zitronenfalter läßt sich von einer Glockenblume
schaukeln. Was treibt diese zartesten aller Geschöpfe?
Wissen sie von dem anderen, das auf der Nachbarblume
sitzt? Was spielt sich hier ab, was ist das für ein heiteres
Spiel?

Wer weiß, wie dieser Garten in zwanzig oder dreißig
Jahren aussehen wird. Die Dörfer leeren sich, und auch
meine Pfarrstelle wird nicht mehr besetzt. Was brauchen die Menschen noch einen Seelsorger, wenn sie
nicht mehr an die Seele glauben. Die Spuren unserer
Mühen werden zuwachsen. Wer weiß, ob unsere En-
kelkinder sich der Blumen überhaupt noch bewußt werden.

Wir gehen den Weg zum Pfarrhaus zurück. Unter den
Obstbäumen kommt uns Liv entgegen. Andreas, sagt sie,
der Postbote hat für dich einen eingeschriebenen Brief
in der Tasche, er wartet an der Haustür. Ich werde Herrn
Krüger in der Zwischenzeit Gesellschaft leisten.

15. Juli

Es ist sieben Uhr früh. Liv sitzt auf der Terasse und liest.
Es ist ein Handbuch für den Gärtner, keine Neuerschei-
nung, es stammt noch aus dem Besitz der Großmutter
Josefine Line Hergesell. Der Band wurde 1832 in Berlin
gedruckt. Neben ihrer Kaffeetasse liegt noch ein anderes
Buch, die Exkursionsflora von Rothmaler.

Nach dem Frühstück fahren wir nach Zudar. Die Holz-
baracke ist verschlossen, die Fischkutter werden noch
entladen, aber die Frauen aus dem Dorf stehen bereits
vor der Tür und warten.

Die ersten Kisten kommen an Land. Ich sehe die japsen-
den Mäuler, die gesperrten Kiemen, das silberne Ge-
flutsch der Bäuche, atme den Geruch der schleimigen
Häute, der verrotteten Körbe.

Ein Zeichen wird gegeben. Die Käufer greifen zu, der
Überfluß macht wählerisch. Man hält die Fische hoch

in der Luft: farbige Sprenkel, Schuppen, die Farben
changieren, der Bauch weiß marmoriert, die Flossen
zart rosa, auf dem Rücken der dunkle Schuppen-
schmelz, lautlose Mitteilung der Natur. Aber auch die
Möwen haben sich inzwischen eingefunden. Sie schießen über den Strand, stoßen herab, ziehen wieder hoch,
schreien, hacken, bedrängen sich. Endlich wird aus
dem Schuppen die Waage geholt, der Zeiger beginnt zu
spielen.

Prosa hat für mich andere kompositorische Voraussetzungen als ein Gedicht. Wenn ich Prosa schreibe, so
gehe ich nicht nur geradeaus, oft trete ich ein paar
Schritte zurück, sehe zur Seite, laß andere Menschen an
mir vorbeiziehen, das Dazwischenliegende gewinnt an
Bedeutung. Bei Prosa bemühe ich mich stets um eine gewisse Objektivität, ich sehe vor meinen Augen immer
noch den Hafen, in dem das Schiff einlaufen wird, anders beim Gedicht, hier schreibe ich rücksichtslos sub-
jektiv.
Im Gedicht findet die Sprache zu sich selbst zurück. Sie
bricht aus dem Gefängnis aus, in das wir sie tagsüber
verbannt haben. Das Bild wird Aktion, das Wort zur un-
mittelbaren dichterischen Existenz. Aber auch im Gedicht trägt die Sprache die Narben des Krieges, die Spuren der Verbannung.

Am Abend Spaziergang durch die Felder, nicht wissen,
wo man herauskommt, begleitet vom uralten Schatten-
flug der Fledermäuse. So ein Weg durch den Abend ist
immer noch gleich alt.

18. Juli

Heute nacht schreckte mich ein Traum aus dem Schlaf:
Atomschneisen wurden gelegt, von Rostock bis nach
Triest.
Seit einigen Tagen arbeite ich an einem neuen, mehrtei-
ligen Gedicht. Sein vorläufiger Titel: Lagebericht.

Lagebericht
I.

Nicht musisch
lebt heute der Mensch,
berechnend
geht er durchs Leben,
zeichnet Kegel, Kreise,
Parallelogramme,
im Fadenkreuz
sucht er
den eigenen Standort.

In seiner Hand
Graugestein
von einem anderen Planeten,
ausgewiesen
hat er die Engel,
Satellitenkiller,
ein Resthimmel,
nur noch für Stunden
geöffnet.

Raketen
reißen Löcher
in die Schutzhülle der Erde,
kometenhaft
zieht über den Himmel
das Wort:
Fortschritt.

Erlaubt ist alles,
was dem Denken Freude macht,
doch in der Tat,
da liegen Tod und Leben
hautnah
beieinander.

Das Land vor dem Fenster ist flach, keine Senke, keine Hügel, die Wege verlieren sich am Horizont.

Auf dieser Insel scheinen sich alle Dinge mit dem Meer zu beschäftigen, das Tag und Nacht an die Ufer rollt. Wohin man auch blickt, das Blitzen der Wellen, schwankende Bojen, das ständig wechselnde und doch gleichbleibende Panorama der Küste mit den Fischerbooten.

Das Phänomen dieser Landschaft ist der Himmel. Die Insel hat Mühe, sich gegen einen solchen Himmel zu behaupten, vor allem gegen das Licht, das sich alles unterwirft, Baum, Haus und Strauch. Ein solches Licht läßt sich nicht beschreiben, die alten Holländer haben versucht es zu malen, auch Caspar David Friedrich. Aber auch der Wind möchte sich die Erde untertan machen, Tag und Nacht sucht er einen Zufluchtsort für seine Heimatlosigkeit. Die Gehöfte liegen da, als wollten sie sich vor ihm verbergen.

Ortsveränderungen sind oft wie ein Spiegel. Die Insel Rügen könnte Maß und Gleichnis sein, sie wächst in mir mit.

Es ist Mittag, Liv liegt hinter dem Windschutz und schläft. Die Sonne stört mich nicht, ich fühle mich in dieser flimmernden Hitze wohl. Der Horizont löst sich auf.

Ich gehe den Küstenstreifen entlang. Die Topographie des Strandes: kein Baum, kein Strauch, nur Dünen, Gras und Wind, nirgends ein Schatten, auch keine Badegäste, nur die Meeresstimmen, die Schreie der Vögel. Das ist kein hergerichteter Strand wie in Baabe oder Binz, hier wächst noch das Schilf, Schwemmhölzer liegen im Sand, Tangbüschel. Die Fahrrinne nach Zudar, ein dunkelblauer Streifen in einem hellen metallischen Spiegel. Auf dem Bodden, weit draußen, auf der Sichtlinie, ein paar Fischerboote, strichdünn. Weiße Segel kommen, stehen, sind plötzlich wieder verschwunden, untergetaucht. Die dünnen Muschelschalen bersten unter den Sohlen. Manchmal findet man ein Stück Holz, einen angeschwemmten Wurzelstock. Und plötzlich betrachtet man die kleinen, unscheinbaren Dinge der Natur mit anderen Augen. Man erschrickt vor sich selbst, vor der blinden fieberhaften Tätigkeit der letzten Jahre. Der Körper wird wieder zu einer wunderbaren Gabe der Natur, er beginnt zu sehen, zu hören, zu fühlen. Hochsommer? Hat es für meine Generation so etwas jemals gegeben?

Bei meiner abendlichen Lektüre stoße ich auf einen Satz mit Signalwirkung. Paul Valéry schreibt: „Der moderne Mensch hat sein Wissen in Taten umgesetzt, seit einem Jahrhundert unternimmt er in einer Welt, von der er nur ein winziges Teil, ein vergängliches Produkt ist, ein riesiges Werk der künstlichen Umgestaltung, dessen Grenzen und Folgen er nicht zu übersehen vermag."

21. Juli

In der vergangenen Woche waren wir wiederholt mit dem Schlauchboot unterwegs. Auch heute nehmen wir das Boot mit an den Strand. Ich lege es in den Sand, pumpe es auf. Liv bleibt am Ufer zurück, sie hat Kopfschmerzen.
Ich treibe weit hinaus in die See, habe nichts anderes im Sinn als Sonne, Wasser und Wind. Der Strand mit seinem bunten Treiben ist kaum noch wahrnehmbar.
Ich muß eingeschlafen sein, als ich aufwache, ist alles wie in Licht gebadet. Die Ufer der Insel Vilm liegen hinter einem blauen dunstigen Schleier, keine Hügel, keine Steilküste. Das Licht, das in dieser Stunde über dem Bodden liegt, hat einen düsteren Glanz. Keine Möwe dippt auf das Wasser, mir ist, als wäre das Boot in einer leeren Zone angekommen, wo sich alles Sichtbare auflöst. Zeit und Raum spielen ineinander über, die Welt scheint weggesunken, weggetaucht.
Plötzlich sind sie da, die beiden schwarzen Schwäne, von denen mir Liv wiederholt erzählt hat. Ganz tief fliegen sie an, zum Greifen nah. Für einen Augenblick verdecken ihre Schwingen die Sonne, ihr Schatten kommt

über mich, dann lassen sie das Boot hinter sich zurück. In dunstiger Ferne ziehen sie einen Bogen und kommen von neuem auf mich zu. Und wieder dieser Schatten, ich weiß nicht, woher er so plötzlich kommt, es ist, als flöge er den Vögeln voraus. Ich halte die Hand über die Augen, die Blendung ist so stark, daß ich kaum etwas sehe, da höre ich aus der Tiefe des Meeres zwölf Glockenschläge. Und wie ich so über das Wasser blicke, steigt vor meinen Augen eine mittelalterliche Stadt aus den Wellen empor. Wie auf einer breiten, holländischen Gracht fahre ich mit meinem Schlauchboot durch ein hohes, reichverziertes Backsteintor.

Auf beiden Seiten der Wasserstraße stehen prunkvolle Häuser. Die Fenster, schmal und hoch, sind aus rauchgrauem Glas, die Giebel reich verziert. Vor den Haustüren behauene Steine, da und dort ganze Skulpturen. Aber auch Gärten hat man links und rechts der Wasserstraße angelegt. Wenn mich nicht alles täuscht, glitzern auf dem langen Schweif der Pfauenvögel Juwelen. Die Tulpen an den Zäunen scheinen aus Seesilber, die Rosen aus Schwemmgold.

Die Straßen sind mit hohen, alten Bäumen bepflanzt, Platanen, in ihrem Schatten stehen die Ratsherren mit Puffewams und federgeschmücktem Barett. An ihrer Seite, in Samt und Seide gekleidet, die Frauen, Bernsteinketten um den Hals, Amethyste im Haar.

Ich paddle weiter. Breite Marmorbrücken überspannen den Kanal. An den Kais ein lebhaftes Treiben, da liegen Blumen- und Gemüsekähne, Kisten und Ballen werden entladen. Aber die Menschen in dieser Stadt scheinen stumm, keiner redet mit dem anderen auch nur ein einziges Wort, ihre Züge sind hart, verschlossen. Ich fahre an den Kaufhallen vorbei. Goldbrokate leuchten in der Sonne, reine Seide aus Brussa, Brüsseler Spitzen, orientalische Teppiche. Ein Stück weiter geräucherte Aale, Langusten, Krebse und Muscheln, in einer Bäckerei Weißbrot mit Korinthen – und dann die Gewürze der Welt: Myrrhe, Sandel und Zimmet. Plötzlich sehe ich eine Schmiede. Ich traue kaum meinen Augen. Die Hufe der Pferde werden mit Silber beschlagen. Und die Kaufleute winken mir zu, bieten mir ihre Waren an. Was soll ich tun? Ich sitze in einem Schlauchboot, auf einem alten Bademantel, mit einer Badehose bekleidet, keinen einzigen Pfennig in der Tasche. Enttäuscht blicken die Kaufleute mir nach.

Plötzlich höre ich hinter meinem Rücken eine Stimme: Zu spät, mein Freund, du kannst in dieser Stadt nicht länger bleiben. Du hast die Prüfung nicht bestanden.

Prüfung?

Mit keinem Wort hast du dich nach dem Schicksal der Menschen erkundigt. Ein einziges Wort hätte genügt, um die Stadt zu erlösen.

Da packt mich die Angst. Ich wende das Boot und fahre mit kräftigem Ruderschlag die Wasserstraße zurück.

Plötzlich höre ich das Wasser unter mir gurgeln, ich sehe am Horizont die Insel Vilm, auch die beiden Schwäne sind wieder da, sie schlagen um mich einen Kreis und jagen im Tiefflug davon. Lautlos, wie die Stadt aus den Wellen emporgestiegen war, ist sie in der Flut versunken.

An Land komme ich spät, es muß weit über Mittag sein.

Ich sehe Liv am Ufer stehen und winken.

Ich dachte schon, du wolltest überhaupt nicht mehr nach Hause, sagt sie.

Langsam ziehe ich das Schlauchboot an den Strand. Meine Gedanken sind immer noch bei den Schwänen.

Was ist geschehen? fragt Liv.

Ich erwarte nicht, daß du es mir abnimmst. Ich bin den beiden Schwänen begegnet.

Den Schwänen? Dann sag nur noch sie waren schwarz.

Kohlrabenschwarz.

Da warst du wohl auch in Vineta?

Ich will nicht behaupten, daß es diese Stadt gegeben hat, aber du kannst ihr draußen begegnen.

Liv sieht mich an.

Wenn du mir nicht glaubst, dann fahr doch selbst einmal hinaus.

Ich möchte mir keinen Sonnenbrand holen, sagt Liv. Wenn ich mir deinen Rücken ansehe, kein Auge wirst du in dieser Nacht zutun.

Dann bleib, wo du bist, sage ich, immer schön am Strand, da hat man festen Boden unter den Füßen, auch wenn der Sand manchmal rinnt.
Ich werde mich hüten, deinen Gesichten nachzugehen.
Und dann ziemlich streng: Leg dich hin, ich werde dir deinen Rücken mit Heliopan einreiben.

27. Juli

Was wächst in unserem Garten nicht alles hoch: Sanddorn, Balsaminen und Disteln, der wilde Efeu hat sich eingefunden, Pflanzen mit laschen krautigen Blättern, aber auch an den Zäunen rankt es lang, rollt sich zusammen, franst aus. Und dann die Blumen: Rosen, Fingerhut und Löwenmaul, gesprenkelte Blüten, flammig, gelackt, andere wieder leuchten in kalten Farben, aber überall das Sich-Öffnen, das Zittern der Staubfäden, wenn die Bienen anfliegen.
Die Gartenarbeit macht uns Freude. Liv hat die Kordsamthose bis zu den Knien hochgekrempelt und arbeitet mit dem Spaten wie ein Mann, stößt in den Untergrund, bricht auf, gräbt um, führt den tieferen Erdschichten Sauerstoff zu, lüftet, zerkleinert. Ich habe mir die Sense aus der Kammer geholt. Kniehoch steht vor dem Zaun das Unkraut.
Weißt du nicht, daß man die Sense immer wieder wetzen muß, ruft sie mir zu, man legt eine Sense niemals ungewetzt aus der Hand. Sie zeigt mir aber auch, wie man mit einem solchen Werkzeug umgeht. Dann steht sie vor mir wie der Meister vor dem Lehrling. Ich sehe ihre Hände, sie sind schmutzig und voller Lehm. Sie kratzt mit einem alten Gartenmesser den Dreck von den Sohlen. Bei der Gartenarbeit fangen wir an, uns auf eine andere Art und Weise zu verstehen, miteinander umzugehen.

Haben Sie hinter Ihrer Eingangstür noch immer das Wespennest, fragt mich Frau Krüger, als ich an der Pumpe Wasser hole. Wollen Sie mit diesen vierflügligen Mördern wirklich unter einem Dach leben?

Frau Pastor, meine Wespen sind genau so friedlich wie Ihre Flugenten. Ich habe noch nichts von ihren mörderischen Ambitionen gemerkt.

Ich bin auf einem Bauernhof groß geworden. Sie sollten sich in acht nehmen, Wespen sind unberechenbar.

Sie setzen sich beim Frühstück auf die Hand. Ich sehe, wie auch sie das Licht der Morgensonne genießen, die Wärme der menschlichen Haut ist ihnen angenehm. Kein mörderischer Anflug, kein Stechen, nicht einmal ein bösartiges Summen.

Ein Wespennest im Vorraum einer Wohnung, das ist mehr als ein Risiko. Sie werden Ihr Lehrgeld noch zahlen.

Frau Krüger, keine Wespe ist bisher zum Angriff übergegangen. Leben und leben lassen, so lautet auch heute noch mein Grundsatz. Ob Sie mir glauben oder nicht, die Wespen haben mich von neuem die Liebe zur Natur gelehrt. Durch den Umgang mit den Wespen erfahre ich meine eigene Existenz.

Ich sehe schon, sagte Frau Krüger, für Sie sind diese geflügelten Räuber die zartesten Geschöpfe, die es auf Gottes Erdboden gibt. Wir werden uns wiedersprechen. Sie leben in Unkenntnis der Gefahr.

Wir leben in Unkenntnis der Gefahr, genau das ist das Wort. Wissen wir nicht, wie schnell sich lebende Atmosphäre zerstören läßt?

Wir wiegen uns in trügerischer Sicherheit. Noch füllt die Luft das Gewölbe des Himmels, noch gibt sie der Kuppel die zartblaue Farbe, aber das Schutzkleid unserer Erde ist in tödlicher Gefahr. Unmerklich verändern sich vor unseren Augen die Erde, das Wasser, die Luft.

Es wird schneller auf uns zukommen, als wir denken. Tausende von Pflanzen- und Tierarten sind heute bereits vom Aussterben bedroht. Pflanzen und Tiere werden durch die Super-pollution vergiftet. Haben wir vergessen, daß auch die Existenz des Menschen von einer gesunden Tier- und Pflanzenwelt abhängig ist?

Frau Krüger hat uns heute nachmittag zum Kaffee eingeladen, sagte Liv.

Hast du zugesagt?

Vergiß nicht, es sind unsere Nachbarn.

Dann wird das Haus wohl wieder voll?

Nein, nur ihr Bruder ist da, der Doktor, mit dem du dich im vergangenen Jahr so gut verstanden hast.

Ich trage die Schreibmaschine in den Schrank zurück.

Eine Stunde später sind wir bereits auf dem Weg.

Das Pfarrhaus ist ein großes, weißgetünchtes Gebäude, mit Stroh gedeckt. Es ist mehr als geräumig, allein schon die Diele, ein Raum zum Tanzen, aber auch das Wohnzimmer, drei große Fenster gehen hinaus in den Garten.

Der Nachmittag läßt sich gemütlich an. In der ersten halben Stunde spricht man über Haus, Hof und Garten. Der Fuchs hat in der vergangenen Woche zwei Hühner geholt, drei Tage später eine junge Ente. In dieser Nacht haben sich die Rehe an den Erdbeerpflanzen satt gefressen, drüben in Garz hat ein Tischlermeister das große Los gezogen, einen Lotteriegewinn. Liv und ich sitzen am Tisch, hören zu, Frau Krüger reicht den Kuchen, die Erdbeertorte.

Aber bitte, bedienen Sie sich doch. Noch ein Stück Mohnkuchen mit Streusel? In der Kanne ist Kaffee, der Tee steht auf der anderen Seite. Es ist ein gastliches Haus. Hier liefert die Mühle noch das Mehl. Obst und Gemüse kommen aus dem eigenen Garten, der Hof ist voller Hühner, Flugenten und Gänse, in den Ställen hokken die Kaninchen. Auf den Tisch dieses Hauses kommt nur selten ein gekauftes Gericht.

Plötzlich wird der Name eines Mannes genannt.

So stimmt es also doch, sagt der Pfarrer, was sich die Leute seit Tagen im Dorf erzählen. Der alte Landarzt ist zurückgekehrt.

Mich wundert, daß er überhaupt noch den Mut hat, in seiner Gemeinde anzuklopfen, sagt Frau Krüger.

Soll er zurückkommen und sein Haupt mit Asche bestreuen, womöglich noch bei Dunkelheit eintreffen, sich hinter den Fensterläden verkriechen, seine Nachbarn fragen, ob er sein eigenes Grundstück betreten darf, sagt der Doktor.

Es soll ihn ziemlich mitgenommen haben, sagt Frau Krüger.

Ich hatte nicht den Eindruck, er kam vor ein paar Tagen bei mir vorbei, entgegnete der Doktor.

Frau Krüger wendet sich zu Liv. Er war siebenundfünfzig, als er sich scheiden ließ. Mit einer dreißig Jahre jüngeren Frau, einer Kubanerin, ist er nach Leipzig gezogen. Lebensgemeinschaft, so sagt man wohl heute dazu.

Sie hätten diese Frau einmal sehen müssen, sagt der Doktor. Ich kenne keinen Mann ...

An seine Familie hast du wohl gar nicht gedacht, fällt Frau Krüger ihrem Bruder ins Wort.

Wenn die Leidenschaft den Menschen einmal gepackt hat; ich habe erlebt, wie es plötzlich in ihn hineingefahren ist. Diese Frau hat ihm vom ersten Augenblick an die Ruhe genommen.

In meinen Augen ist und bleibt sie eine Dirne.

Schwester, sie haben zueinander gepaßt, als es noch an der Zeit war. Nun ist die Zeit für ihn vorbei.

Frau Krüger steht auf und holt aus der Küche eine Schüssel mit frisch gepflückten Erdbeeren.

Übrigens war sie sehr schön, sagt der Doktor. Ihr rabenschwarzes Haar, das weit in den Nacken hing, wurde von einem weitmaschigen Netz zusammengehalten. Sie trug um den Hals, wie man es bei älteren Damen oft sieht, ein schwarzes samtenes Band mit einem Medaillon aus Elfenbein. Ihr Dekolleté – fast alle ihre Kleider hatten einen tiefen bogenförmigen Ausschnitt – erregte, zumindest damals noch, Aufsehen. Sie trug fast immer einen breitrandigen Hut, im Sommer aus Stroh, im Winter aus Filz.

Und ihr Gesicht? frage ich.

Ihr Gesicht? Nein, das kann ich nicht beschreiben, aber ihre Augen, ein Kohlefeuer.

Er hatte eine Familie, drei gesunde Kinder, am Bodden

ein Haus, was wollte er mehr? Dreißig Jahre lang hat er in unserem Landkreis gearbeitet, und dann dieses Weib. Auf einer Tagung in Greifswald sind sie sich begegnet, sagt Frau Krüger.

Vielleicht ist seine Ehe in Dürre übergegangen.

Es war von Anfang an ein Hasardspiel.

Hat er denn wirklich geglaubt, daß diese Frau bis an sein Lebensende bei ihm bleiben wird, sagt der Pfarrer.

Schwager, was mir an meinem Freund gefällt, ist seine Ehrlichkeit gegenüber sich selbst. Er hat ganz einfach ja zur Lust gesagt. Vielleicht hat er schon damals geahnt, daß sie ihn eines Tages sitzenlassen wird, wie es im Volksmund so schön heißt. Wenn sich ein Mann mit einer dreißig Jahre jüngeren Frau zusammentut, dann muß er auch damit rechnen. Als er siebenundfünfzig war, hat er sein Leben noch einmal in Leidenschaft umgemünzt, seine Zurückhaltung in Aktivität.

Leidenschaft, Aktivität, wenn ich so etwas schon höre, sagt Frau Krüger, und ihre Stimme wird hart. Ich halte mich ganz einfach an die Tatsachen. Es geschieht deinem Freund recht, wenn er mit leeren Händen dasteht.

Wer sagt, daß seine Hände leer sind? Vielleicht waren es die schönsten Jahre seines Lebens?

Ich hätte mich nicht mehr ins Dorf zurückgewagt, ich wäre in Leipzig geblieben, dann wendet sich Frau Krüger an Liv. Was sagen Sie dazu?

Leidenschaften haben dicke Eisenstäbe. Vielleicht waren es wirklich die schönsten Jahre seines Lebens.

Leidenschaften, Frau Liv, sind immer eine Trübung der Vernunft.

Vielleicht gibt es im Leben des Menschen auch eine leidenschaftliche Notwendigkeit, sage ich zur Frau Krüger, für den Außenstehenden nichts anderes als ein dunkles, leidenschaftliches Begehren.

Plötzlich meldet sich der Pfarrer zu Wort. Leidenschaften, lieber Freund, sind immer des Herzens Willkür, eine Verirrung unserer tätigen Ordnung.

Dem Doktor ist es warm geworden. Er steht auf, zieht sich den Rock aus, hängt ihn über die Lehne, dann setzt er sich wieder auf seinen Stuhl und sagt: Schwester, kannst du dir wirklich nicht vorstellen, daß es im Leben auch andere Menschen geben muß, mit anderen Vorstellungen, anderen Ansichten? Warum bist du so unduldsam?

Hätte unser seliger Vater dasselbe getan, was wäre dann aus deinem Studium geworden? sagt Frau Krüger.

Soviel ich weiß, hat mein Freund für seine Kinder vorbildlich gesorgt.

Wenn ein jeder von uns so handeln würde, mein Gott, du weißt doch selbst, daß der Mensch im Chaos nicht leben kann.

Ich weiß aber auch, daß der Mensch unvollkommen ist.

Die Herrschaft über andere Menschen, das haben wir alle frühzeitig gelernt, aber die Herrschaft über uns selbst?

Schwester, man ist immer nur gegen andere moralisch.

Innerhalb der Pflicht bleiben, Bruder, darauf kommt es an.

Du bist mir dem Leben gegenüber nicht duldsam genug.

Man muß auch andere Lebensformen gelten lassen, selbst dann, wenn sie den eigenen Vorstellungen widersprechen.

Der Pastor, den ich seit Jahren als ruhigen und bedächtigen Menschen kennen- und schätzengelernt habe, hat sich bisher jeglicher Kritik enthalten. Plötzlich sagt er zu mir: Andreas, wundern Sie sich bitte nicht über meine Frau und ihren Bruder. Von Zeit zu Zeit bekämpfen sich die beiden bis aufs Messer. Aber das alles ist nicht so ernst gemeint. Keiner ist bisher auf dem Schlachtfeld der Worte liegengeblieben. Übrigens haben Sie sich bis jetzt jeder Äußerung enthalten.

Was soll ich dazu auch sagen? Ich würde die ganze Affäre als eine Wunderherrlichkeit des Lebens an mir vorbeiziehen lassen. Warum immer nur bewerten, analysieren? Ich freue mich ganz einfach über das Leben, wenn es mir auch solche Begebenheiten vor Augen führt. Andererseits sollte man einen Menschen nicht so schnell verurteilen. Leben, das heißt doch nicht: alles, was außerhalb der Norm liegt, zu den Akten legen, verdammen. Der Mensch muß auch bereit zum Risiko sein. Ich glaube, Glück setzt sehr oft ein persönliches Risiko voraus. Und was die Schuld angeht, wird nicht ein jeder von uns auf andere Art und Weise schuldig? Es gibt auch ein Schuldigsein durch Nichtverstehen. Und nicht jeder von uns weiß, daß er schuldig geworden ist. Wir wissen im Grunde nicht, warum ihm das Leben noch mit siebenundfünfzig Jahren eine solche Frau zugeführt hat.

Ich bin ganz Ihrer Meinung, sagt der Doktor. Wir sollten uns hüten, auf Grund einer einzigen Handlung einen anderen Menschen zu verurteilen. Und gerade dir, liebe Schwester, möchte ich sagen: Gott, von dem du so oft sprichst, wird selbst noch in einem zerbrochenen Leben, auch wenn es in tausend Scherben zerstreut auf dem Boden liegt, sein Bild erkennen. Die Welt besteht nicht nur aus Heiligen, sie besteht auch aus schönen Frauen, aus Leidenschaft und aus Geld. Sitte, Kopf und Herz sind leider auch bei uns nicht immer gefragt. Und wo wachsen heute noch Lilien auf dem Feld?

Vielleicht war es für Ihren Freund noch einmal eine Zeit des Aufbruchs, sagt Liv, so etwas soll es im Leben älterer Männer ja geben. Und noch etwas: wer sagt uns, Frau Krüger, daß es außerhalb der Ehe keine Ordnung gibt? Vielleicht hat ihn diese Frau in den wenigen Jahren ihres Zusammenlebens noch einmal glücklich gemacht.

Sie hat seine ganzen Ersparnisse durchgebracht.

Was nützt das Geld, Schwester, wenn man es nicht in Leben umsetzt!

Und was bleibt, wenn alles ausgegeben ist?

Die Erinnerung an die Freude.

Und die Leere, vor der er jetzt steht? Sein erste Frau ist tot, die zweite hat ihn verlassen, die Kinder sind lange schon aus dem Haus, das Anwesen ist leer.

Vielleicht hat er einen Zustand erreicht, wo er der materiellen Fülle nicht mehr bedarf, sage ich. Vielleicht begegnet er der Welt mit einer anderen Liebe?

Ich möchte wissen, was ihn zurückgetrieben hat, sagt der Pfarrer.

Sein Gewissen, Mann, nichts anderes.

Und wenn es die Müdigkeit war, vielleicht auch die Schönheit der Insel, sagt der Doktor. Wie oft treibt es den Menschen dorthin zurück, wo seine Toten liegen. Vielleicht liegt gerade hier der Schlüssel zu seiner Rückkehr. Heimkehr bedeutet nicht immer Umkehr.

Der Pastor steht auf und geht hinüber an das Fenster. Er sieht hinaus in den Garten. Die Sonnenstrahlen fallen schräg durch die Gardinen, es ist spät geworden.

Wer weiß, was ihn beschäftigt, vielleicht die Frage, woher das alles kommt, dieses Zusammenspiel, das Sich-Finden und Wieder-Auseinandergehen. An was denken die Menschen, wenn sie alt sind? Und dann sein Schwager. Solche Menschen wachsen heute nicht mehr so schnell nach. Für den Doktor ist das Leben immer noch etwas Ganzes, da gibt es keine Reste, die man auf dem Markt versteigern kann. Bei einem solchen Menschen kommt man nicht weit, weder mit Sentiment noch mit Intellekt. Er will den ganzen Menschen, keine Bruchstücke. Erlebnisganzheiten hat er im vergangenen Jahr zu mir einmal gesagt.

Auch Liv ist aufgestanden. Wir gehen durch das Wohnzimmer ganz langsam hinaus auf die Diele.

Zum Abschied trinken wir im Stehen noch einen Harten, einen selbstgemachten Kürbisschnaps. Ich rieche ihn noch, als Liv die Haustür aufschließt und nach den Wespen sieht. Eine Wespentaille müßte man haben, sagt Liv, als sie in gemessenem Abstand am Nest vorbeigeht.

31. Juli

Heute nacht hatte ich einen eigenartigen Traum.

Ich stand auf der Karlsbrücke, die Wasser der Moldau waren im Steigen. Die Hälfte der Brücke war vom Hochwasser bereits überflutet, nur am Kleinseitner Brückentor konnte man noch trockenen Fußes an Land. Plötzlich stand ich auf einem Friedhof, inmitten alter verfallener Gräber. Ich wollte fliehen, aber die Dornen der Rosenstöcke hielten mich fest. Da sah ich auf einem Grab eine halbverwelkte Rose. Ich kniete mich nieder, nahm die

Rose in die Hand, hauchte sie an, und plötzlich begann
sie zu blühen.
Den ganzen Vormittag sinnierte ich über das Traumbild
nach.

An manchen Tagen ist die Arbeit am Manuskript wie
eine Mauer, hinter die man sich zurückziehen muß, um
allein zu sein. Ich sehe dann an den Dingen vorbei, an
der Birke, dem Sanddorn ...

> Öllaken
> treiben auf uns zu,
> leere Stellen im Gespräch,
> an den Herzrändern
> Schweigen.

Ich weiß sehr gut, was dieses oder jenes Wort bedeutet,
ich weiß aber noch immer nicht, woraus ein Gedicht
wirklich gemacht ist, weil es in der Poesie etwas gibt, das
über dem Bereich der Worte liegt. Wort neben Wort genügt nicht, die Poesie muß spürbar werden. Ein Gedicht
lebt immer auch von der unsichtbaren Seite des Wortes.
Aber auch das gehört zur Poesie: sich selbst vergessen
können, wenn man schreibt. Sich selbst vergessen heißt:
an einem anderen Ort erwachen.

> Lagebericht
> II.

> Wir,
> die Unzufriedenen,
> die im Überfluß leben,
> wir,
> die auf Wert und Gegenwert aus sind,
> wir,
> die alles besitzen,
> von dem unsere Väter nur geträumt,
> plötzlich stehen wir da,
> zu wenig Dasein
> in der Hand.

Noch leben wir,
verwischen die Grenzen,
geben Beifall der Zeit,
die hinter unserem Rücken
laufend tötet.

Öllaken
treiben auf uns zu,
leere Stellen im Gespräch,
an den Herzrändern.
Schweigen.

Hinter Masken
reden wir mit Masken.

1. August

An einem anderen Ort erwachen ...
Jahrzehntelang war ich den Einflüssen, die von außen
auf mich zukamen, mit Haut und Haaren ausgeliefert.
Ich glich einem Seismograph, der bei der leisesten Erschütterung zu vibrieren begann. Der Zeiger schlug aus.
Das Leben hatte ein Netz über mich geworfen, aus dem
ich mich nicht mehr befreien konnte; es war das Netz
der Begebenheiten, der Verkettung von Ereignissen, die
Maschen wurden immer enger. Eines Tages aber begann
ich plötzlich auf meine innere Stimme zu hören. Ich
lernte Menschen kennen, die mir auf meine innersten
Fragen eine Antwort gaben, sie kamen ganz einfach auf
mich zu, gewisse Bücher fielen mir in dem Augenblick
in die Hand, da ich sie am dringendsten benötigte. Vorahnungen, die aus dem Unterbewußtsein hochkamen,
trafen ein. Die materielle Seite des Lebens trat mehr und
mehr in den Hintergrund, das Unvorhergesehene bekam
Gestalt.
Zu fragen gilt: woher diese innere Stimme kommt. Sie
ist unüberhörbar, wenn man lange genug in sich hinein-
hört. Es scheint, als hätte der Mensch einen unsichtbaren Kompaß in der Brust; die Nadel zittert, schlägt aus.
Wie über uns, so auch in uns, sagt Liv.

Weiter in der Lektüre: Goethes Briefe und Tagebücher. Am 17. März 1832 schreibt er an Wilhelm von Humboldt: „... Je früher der Mensch gewahr wird, daß es ein Handwerk, daß es eine Kunst gibt, die ihm zur geregelten Steigerung seiner natürlichen Anlagen verhelfen, desto glücklicher ist er; was er auch von außen empfange, schadet seiner eingeborenen Individualität nichts. Das beste Genie ist das, welches alles in sich aufnimmt, sich alles zuzueignen weiß, ohne daß es der eigentlichen Grundbestimmung, demjenigen, was man Charakter nennt, im mindesten Eintrag tue, vielmehr solches noch erst recht erhebe und durchaus nach Möglichkeit befähige."

Wenn man als Leser eine Wahrheit gefunden hat, so muß man sie auch annehmen, ganz gleich, wo man auf sie gestoßen ist, in einem Brief oder in einem Gedicht.

Für manche Dinge haben wir den Blick verloren, denn unser Leben ist in vieler Hinsicht widerspruchsvoller geworden, die Gegenstände, die uns umgeben, mannigfaltiger, aber auch fremder, die polaren Spannungen in der Welt nehmen zu.

Wann wurde der Brief zur Literatur? Es gibt Genres, für die auch der Leser erst reif werden muß.

Mein Wunsch: eines Tages etwas zu schreiben, das genau so leicht ist wie der Wind, das aber auch der oft schamlosen Ironie des Lebens gerecht wird, das weit über das bloße Spiel hinausgeht und dennoch Spiel bleibt.

2. August

Es ist Abend. Wir sitzen vor dem Haus bei einer Flasche Gumpoldskirchner. Liv sagt: Barbara hat heute geschrieben. Sie hat sich scheiden lassen. Ihr Brief liegt auf der Kommode.

Hat sie auch gesagt, warum?

Nein, sie schreibt lediglich, daß die Ehe zum Gefängnis wird, wenn sich die Gleichgültigkeit breitmacht.

Wie alt ist deine Schwester?

Fünf Jahre jünger als ich, achtunddreißig.

Hat sie Kinder?

Eine Tochter von zwölf und einen Sohn. Er ist mein Patenkind, er müßte an die Sechzehn sein.

Ist es nicht eigenartig, wie schnell sich die Liebe zwischen zwei Menschen heute abnützt?

Vielleicht ist es die Hektik unserer Tage, sagt Liv, obwohl ich der Meinung bin, daß die Zeit, in der man lebt, niemals das Entscheidende sein darf im Zusammenleben zweier Menschen.

Manchmal denke ich, es ist das Gefühl der Enge, das die Menschen aus der Ehe treibt. Unser Alltag hat ohnehin die Tendenz, den Menschen in vieler Hinsicht einzuengen.

Wir haben im Zusammenleben aber auch die Vielfalt verloren, sagt Liv, weil sich fast alles in einem sträflichen Gleichmaß erschöpft, vom Aufstehen am Morgen bis zum Niederlegen am Abend. Die Gewohnheit hat eine furchtbar zerstörerische Kraft. Unsere Erlebniskreise werden enger, ihr Inhalt wird dürftiger.

Wenn ich mich recht erinnere, so hast du zu mir einmal gesagt: eine Frau möchte nicht nur als Mensch leben, sie möchte auch als Mensch begriffen werden. Wenn das so ist, dann fehlt uns das Wissen über uns selbst. Wir befinden uns in einem Wertvakuum, da ist ein Pendeln von einem Extrem ins andere, ein Schwanken, Suchen, ein Nicht-mehr-Wissen, in welcher Richtung es geistig und seelisch weitergehen soll, es fehlt uns ganz einfach an Wertinstinkten. Zu einem Bild kommen, darauf kommt es an.

Liv hat die Ellbogen auf die Knie gestützt, sie hält ihr Gesicht in den Händen, das Windlicht auf dem Tisch flackert.

Warum sind uns im Leben so viele Dinge wieder fremd geworden? Weil wir innerlich weghören, auch in der Ehe. Zusammenleben heißt für mich: auf einen anderen Menschen zugehn, sich selbst von etwas lösen.

Ich glaube aber auch, daß wir uns im Zusammenleben viel zu scharf beobachten, viel zu kritisch hinsehen. Wir müssen in unserem Leben alles gleich analysieren, wir haben verlernt, den anderen Menschen als Ergänzung des eigenen Ichs anzunehmen.

Liv hat die Hände zwischen die Knie gelegt. Nach einer Weile sagt sie: Über die Einfachheit einer Liebe erstaunt sein, sich in der Liebe entdecken, wer kann das noch? Weil wir in unserem Leben viel zuviel suchen, viel zuviel wollen, können wir auch nicht mehr finden. Sieh doch einmal über den Zaun. Wir haben auch kein Verhältnis mehr zum Acker, zum Feld. Es wird noch ein weiter Weg sein, bis wir erkennen, daß die Liebe das Leben selber ist.

Ich sehe Liv von der Seite her an. Und plötzlich suche ich in ihrem Gesicht nach einem Zug, den ich in den vergangenen Jahren vielleicht übersehen habe.

Über Zudar zuckt der Widerschein eines Wetterleuchtens. Es wird heute nacht noch ein Gewitter geben, sage ich, der Tag war heiß.

Keine Antwort. Liv sitzt da und sieht in die Flamme. Durch das vorspringende Dach geschützt, merkt sie auch nicht den Regen, der ganz leicht einsetzt.

Ich werde den Tisch abräumen, sage ich.

Laß mich dir helfen.

Unter dem Regen beginnt das Laub in den Baumkronen ganz leicht zu surren.

3. August

Jeden Morgen kommen sie angeflogen, ein halbes Regiment scheint unterwegs zu sein, schwarzgelb die Uniform. Sie wissen längst, daß neben dem Frühstückstisch auch für sie ein Teller mit Marmelade bereitsteht. Ich glaube, sie haben uns lange schon in ihren Wespenstaat mit einbezogen.

Hast du noch nicht bemerkt, daß unsere Freunde immer zahlreicher werden, sagt Liv. Es kommt mir vor, als hätten sie sich in den letzten vierzehn Tagen verdoppelt, verdreifacht.

Das tun sie im Sommer immer, sage ich.

Ich höre nur noch ein Summen, Tag und Nacht. Dieses sture insektenhafte Leben bringt mich langsam zur Verzweiflung. Wir werden etwas unternehmen müssen.

Hast du ans Ausräuchern gedacht, womöglich noch mit einer Pechfackel? Da könnten wir doch gleich am ganzen Dachsparren Feuer legen.

Nein. Mit einer Baumschere könnten wir das Nest abschneiden, lassen es in einen Beutel fallen und werfen das Ganze in einen Topf mit kochendem Wasser.

Dann müßten wir schon nachts an die Arbeit gehen, wenn die Wespen unbeholfen sind, doch ich sehe die Notwendigkeit nicht ein. Hast du nicht selbst gesagt, wir werden mit den Wespen leben müssen? Ich möchte wissen, wie es mit unseren Untermietern weitergeht.

Zbignew hat geschrieben, sagt Liv. Sie reicht mir durch das Fenster den Brief.

Ich öffne den Umschlag. Eine bedenkliche Nachricht, sage ich, die Gdańsker Bucht ist biologisch umgekippt. Die polnische Regierung hat das Baden verboten, auch das Betreten des Strandes ist untersagt.

Das kann doch nicht wahr sein, sagt Liv.

Zbignew ist vor Ort gewesen. Er schreibt, daß auch die Buchten von Szczecin und Lübeck durch Eutrophierung bedroht sind. Lies selbst.

Nach dem Lesen des Briefes sagt Liv: Die Natur schlägt zurück, wer weiß, wie lange wir an der Ostküste unserer Insel noch baden können.

Merkwürdig: die wahren Hintergründe der Dinge leuchten für mich immer erst dann auf, wenn ich über sie schreibe.

Wäre es denkbar, daß der Mensch eines Tages nur noch die abstrakte Sprache der Wissenschaft versteht, das bezifferte Programm, und nicht mehr die Sprache der Poesie?

Lagebericht
III.

Kein Hölderlin-Hymnus
auf die Natur,
die Herzwand verkarstet,
zauberkundig
die Polypenarme der Chemie,
vom Anblick der toten Fische
kaufen wir uns frei
durch die Wachstumsraten der Wirtschaft,
zur Sage geworden
das Wasser
im Brunnen.

Eingesprengt
in den Salzstock
die Stollen,
keine radioaktiven Pulks,
Partikeltod
im Grundwasser,
unterirdisch.

Wie die Pilze
schießen sie hoch,
die tausend kleinen
Tode.

Es muß sehr dunkel sein
in den Lichterstädten der Welt,
daß wir so wenig sehen,
sehr laut,
daß wir so wenig hören.

Kein Landgewinn,
die Einäugigen lehren.

Der Garten, ein Blütentraum, schweigsam, leidenschafts-
los. Den ganzen Tag könnte ich dem Farbenspiel zuse-
hen, dem Pariser Blau der Kornblume, dem zarten Rosa
der Balsaminen, den festlichen Rosen, deren Farben auf
Purpur, Scharlach und Gelb stehen, aber auch den bläßli-
chen Blüten, die fahrig leuchten, dem Weiß der Licht-
nelken, den silberglänzenden Mittelwänden der Mond-
viole.
Namen sind den Blumen im Laufe der Jahrhunderte zu-
gewachsen: Strohrose, Monddistel, Gottesgnadenkraut,
Bauernschürze, Bitterweiß, Urkräfte der Sprachbildung.

Am späten Nachmittag treffen wir an der Pumpe Frau
Krüger. Sie sagt: Meine Schwester wurde gestern ope-
riert, sie haben ihr die beiden Brüste abgenommen, vielleicht noch ein Jahr. Metastasen.
Das ist bitter, antwortet Liv. Im vergangenen Jahr waren
wir noch zusammen an der Schaabe, doch am Ende,
Frau Krüger, kommen wir alle an die Reihe, wer weiß,
was uns nicht noch alles bevorsteht.
Immerhin, sage ich später zu Liv, wir holen an der
Pumpe täglich das Wasser, fahren an den Strand. Wir registrieren die Klagen der anderen, sprechen unser Be-
dauern aus, aber haben wir uns jemals in die Situation
eines solchen Menschen hineingedacht, hineingelebt?
Was machen wir nicht alles für Ausflüchte, was bieten
wir nicht alles auf, um uns freizukaufen.

Wir sitzen im Garten bei einer Tasse grünen Tee. Ein
richtiges Gespräch will nicht aufkommen, wir sind bedrückt.
Seit mehr als zwanzig Jahren arbeitet Liv in den weißgetünchten Räumen, wo die Symptome der einzelnen
Krankheiten bekannt sind, wo die Angst vor dem Tod
nicht immer gleich Sterben bedeutet. Sie kennt den ruhigen, hoffnungsvollen Blick der Ärzte, selbst dann, wenn
das Resultat der Untersuchungen positiv ist. Sie weiß,
daß es ein Routineblick ist. Sie werden den Sterbenden

im Nachbarzimmer mit demselben Blick ansehen. Plötzlich steht Liv auf, holt sich aus dem Kühlschrank einen doppelten Wacholder, legt sich von neuem in den Lehnstuhl und beginnt zu erzählen.

Im vergangenen Jahr hatten wir auf unserer Station eine Bäuerin aus der LPG „Roter Oktober", fünfundfünfzig Jahre war sie alt. Seit vier Wochen lag sie in einem Einzelzimmer und wartete auf den Tod. Lange genug hatte sie gegen die Krankheit angekämpft, war auf den Beinen geblieben, hatte täglich ihren Mann versorgt, den Haushalt, die Felder, eines Morgens aber waren ihre Schmerzen so stark, daß sie am Herd zusammenbrach. Der Dorfarzt hat sie umgehend ins Krankenhaus eingewiesen. Der Chef wollte operieren, als er sah, wie weit die Krankheit fortgeschritten war, nähte er den Unterleib gleich wieder zu. Nach dem Eingriff nahmen ihre Kräfte rapide ab, sie konnte kaum noch das Bett verlassen. Ihre Glieder waren alle noch in Ordnung, die Arme, die Beine, auch das Herz, aber inwendig in ihrem Körper, da waren die Zellen durcheinandergeraten, hatten ihr Eigenleben begonnen, begannen sinnlos zu wuchern. Der ganze Unterleib war verkrebst. Ich konnte es an ihrem Gesicht ablesen, das Fleisch war dumpf geworden, der Wille wie gelähmt, die Diagnose hoffnungslos.

Ihr Leben war nun völlig anders geworden. Jeden Morgen wurde sie von der Nachtschwester geweckt, doch nach dem Frühstück war sie bereits so müde, daß sie die Augen wieder schloß. Eines Morgens aber sagte sie zu mir: Schwester, so viel Fleisch um die Knochen, was soll das noch, es ist verbraucht. Drei Söhne habe ich geboren. Sie sind Väter geworden, der eine in Rostock, der andere in Hamburg, und der dritte ist auf Montage in Vietnam. Mein Leben, was war das eigentlich? Immer nur Arbeit, warten, ich weiß nicht, auf was. Was hat unsereins von der Welt wirklich schon gesehen? Ich bin aus meinem Dorf nicht viel herausgekommen. Frühjahrsbestellung, im Sommer die Ernte, und dann war es schon wieder Herbst, dazwischen ein paar Tage Urlaub, Müdigkeit und Schlaf, ja, etwas Ostsee, das Elbsandsteingebirge, Oberhof, und als ich mich auf meinen Lebensabend zu freuen begann, diese Krankheit. Sie sah zum Fenster hinaus. Ich erinnere mich noch ganz genau, eine weiße Sommerwolke zog durch den blauen Himmel, unter dem Fenster knirschte der Kies.

Zwei Tage später sagte sie zu mir: Schwester, begreifen Sie das? Vor zehn Wochen, an einem Sonntag, sind wir noch mit unserer Brigade nach Weimar gefahren, da ging auch ich noch durch den Park, bis nach Belvedere, und jetzt komme ich kaum noch hoch. Wenn man darüber nachdenkt, könnte man wahnsinnig werden. Und nach einer Weile: Haben Sie jemals daran gedacht, daß in jeder Stadt so ein Krankenhaus steht, von außen so friedlich und still, doch in den Zimmern macht sich das Schicksal breit, hockt an den Betten. Ich weiß, was mit mir los ist, mich braucht keiner zu belügen. Der Tod ist ein großes Ärgernis, aber man kann ihm nicht ausweichen, man kann ihn auch nicht ausreißen, wie einen Augapfel; wenn man es könnte, die Menschheit wäre lange schon blind.

Manchmal hatte sie das Verlangen, sich mitten in der Nacht aufzusetzen, dann schob sie ihre Beine bis an die Bettkante vor und ließ die Füße aus dem Bett baumeln. Nach einer Weile wurde sie müde, legte sich hin, kroch in sich hinein, schloß die Augen. Ob sie wirklich schlief? Keiner wußte es.

Eines Abends, als ich etwas früher als sonst mit dem Nachtdienst begann, sagte sie zu mir: Schwester, ich möchte wissen, warum ich überhaupt geboren wurde, warum mein Leben so und nicht anders verlaufen ist. Ich bin keine Studierte, doch ich habe immer wieder darüber nachgedacht, was dieses Leben eigentlich ausmacht. Wer hat mich da gerufen, und zu welchem Zweck? Und wenn man sich die Kette ansieht: Urgroßvater, Großvater, die Eltern, wir selbst, die Kinder, und immer wieder ein anderer Mensch, ein anderes Ich, niemals dasselbe. Wissen Sie, was ich in den letzten Tagen gedacht habe? Vielleicht waren wir alle schon einmal auf der Welt, nur wissen wir nichts mehr davon. Kann doch sein, das Leben ist voller Wunder, warum nicht auch der Tod? Dann lachte sie mich an, nein, Glied einer unendlichen Kette, auch darin liegt kein Sinn, für den es sich zu leben lohnt. Ich möchte mehr sein als nur ein Glied. Und die Arbeit? Damit die Welt nicht verkümmere, hat unser Bürgermeister zu mir immer gesagt. Mein Gott, Schwester, auch die Arbeit reicht nicht aus. Ich habe seit meinem vierzehnten Lebensjahr hart arbeiten müssen. Die materiellen Dinge, für die man sich ein Leben lang abrackert, können es auch nicht sein, da muß es noch etwas anderes geben, das mehr wiegt, einen Sinn, der umfassender ist. Und nach einer Weile: War das Leben nicht allzuoft das gleiche, was hat sich da nicht alles wiederholt? Wie auf einem Karussell, wie auf einer Schaukel, immer auf und ab. Einmal im Jahr konnte ich aufatmen, das war im Urlaub, achtzehn Tage, und dann begann alles wieder von vorn, und jetzt, da mich die Krankheit niederwirft, ist es für viele Dinge zu spät. Trotzdem, ich habe viel gelesen. Jeden Monat holte ich mir aus der Gemeindebibliothek zwei Bücher, immer nur zwei, aber regelmäßig. Schöne Bücher haben sie dort. Kennen Sie „Effi Briest", „Vater Goriot", den „Untertan"?

Einen Tag später, als ich mich zur Nachtzeit wieder an ihr Bett setzte, sagte sie: Schwester Liv, wir alle haben keine Zeit mehr, über unseren Tod nachzudenken, und die wenigen Tage, die mir jetzt noch vergönnt sind, Freundschaft mit ihm zu schließen, reichen nicht mehr aus. Wenn ich an meinen Großvater denke, wie oft hat er sich auf der Gartenbank mit seinem eigenen Tod unterhalten, mitten im Sommer. Sie hatten sich geeinigt, jeder nahm etwas Rücksicht auf den anderen, damit keiner den anderen überrascht. Auch mein Vater wußte noch, wie er sterben würde, als hätte es ihm der Tod bereits im Mannesalter gesagt. Er hatte seinen Tod ganz klar vor Augen, er wußte, wie es geschehen wird. Wer von uns hat heute noch Zeit, sich mit seinem Tod auch nur ein Stündchen zu unterhalten? Und wenn er dann ungerufen ins Zimmer tritt, ist der Jammer groß. Ist der Mensch wirklich so stumpf, so gleichgültig geworden, daß ihn sein eigener Tod nicht mehr beschäftigt?

Ein paar Tage später aß und trank sie nicht mehr, sie

dämmerte nur noch durch den Tag, schlafen konnte man dazu nicht sagen, sie hatte die Augen zwar geschlossen, war aber immer noch ansprechbar. Sie war in den letzten Tagen richtig zusammengefallen, nur noch Haut und Knochen. Als ich eines Nachts in ihr Zimmer trat, dachte ich wirklich, sie wäre tot, aber der Puls war immer noch da, sie hob die Augenlider und sah mich an. Ach, Schwester, Sie sind's, sagte sie, ich dachte schon, es wären die Kinder.

Von den drei Söhnen stand nur ein einziger am Sterbebett. Bei dem ältesten, der in Hamburg lebt, verzögerte sich die Einreise, der mittlere war auf Montage in Vietnam, so blieb der Mutter nur noch der jüngste.

Liv schweigt. Ich gehe in die Küche und überbrühe noch einmal ein Kännchen Tee. Als ich zurückkomme, sagt sie: Sterbende haben eine seltsame Art über Dinge zu sprechen, sie beim Namen zu nennen, man findet sich in ihren Worten oft gar nicht zurecht. So vieles wird für sie bedeutungslos, zählt nicht. Und wie der Zeitsinn dann verlorengeht, man muß das erlebt haben, wenn ein Mensch nicht mehr weiß, wo er ist. Und wie sie dann von ihrem Leben reden, machmal ist's wie eine Offenbarung.

Kein Todeskampf, kein Schrecken, das geht alles ganz anders vor sich, sehr sanft, und wie sich das alles aufhebt, die sichtbare Welt. Ich habe auch noch nie erlebt, daß sich ein Sterbender gefürchtet hat. Sie schlafen auch nicht, sie dämmern vor sich hin, ein sanftes, sehr sanftes Schweben muß es sein, dieses Hinübergehen. Die Unruhe eines ganzen Lebens verliert sich aus ihrem Gesicht. Oft wissen sie gar nicht, daß sie sprechen, es spricht aus ihnen, ob sie wollen oder nicht. Ich habe Greise gesehen, fast körperlos, keiner von uns hat ihr Sterben wahrgenommen, sie schliefen sich hinüber, schwanden weg, bei anderen wieder fraß sich der Tod vom Magen über den Darm durch den ganzen Körper, jeden Tag ein Stück. Beistand leisten, Sterbehilfe geben, wer kann das heute noch in unseren Kliniken? Es wird eine Zeit kommen, da werden sie den Sterbenden am Fußende noch einen Farbfernseher hinstellen, damit er von seinem eigenen Sterben abgelenkt wird, damit er sich bis zum letzten Atemzug mit den oberflächlichen Dingen des Lebens beschäftigen kann.

Andreas, ich habe mir lange überlegt, was das eigentlich heißt: sterben. Ich sterbe – heißt das nicht bis zum letzten Augenblick aktiv sein? Ich muß noch etwas tun, im gewissen Sinne ist es ein Tätigsein, es geht immer noch etwas in mir vor. Und in dieser vielleicht kritischen Phase des Lebens stehen die Ärzte abseits, um nicht zu sagen hilflos am Bett. Sie überlassen diese Aufgabe dem Personal, den Schwestern, den Pflegern.

Glaub mir, der Tod ist für uns alle zu einer großen Verlegenheit geworden. Haben wir nicht alles, was uns an das Sterben erinnert, an die Peripherie des Lebens gelegt? Weder im geschriebenen noch im gesprochenen Wort der Staatsmänner hat der Tod einen Platz, auch den Malern und Bildhauern ist er fremd geworden, nur von den Theologen und einigen Schriftstellern wird er nicht zur Seite gespielt, da gibt es noch Sätze, die unmittelbar auf ihn hinweisen.

Der Tod, eine unsichtbare Bewegung nach vorn?

6. August

Es genügt, wenn Liv neben mir hergeht, wenn sie anwesend ist. Es stört mich nicht, wenn wir eine Stunde lang durch die Felder gehen, ohne auch nur ein einziges Wort miteinander zu reden. Manchmal sagt sie: der dritte Bussard, den wir heute sehen, schon wieder ein Feldhase. Es sind Sätze, die man ganz einfach vor sich hin spricht. Ich habe es gern, dieses Vor-sich-hin-Sprechen, das keiner Antwort bedarf.

Seit einigen Tagen aber laufen unsere Wege nebeneinanderher, da möchte ich jedes Wort auf die Goldwaage legen. Es sind Tage, an denen wir uns restlos mißverstehen, den anderen überhören, wo einer dem anderen im Weg steht. Ich weiß nicht, woher das plötzlich kommt. Die kleinsten Dinge lösen Unstimmigkeiten in uns aus.

Genügt es, wenn wir immer nur bis an den Rand des Blattes schreiben? Das weiße Blatt Papier hinter sich lassen, über den Rand hinausschreiben, auch das Ungesagte hörbar machen. Im Ungesagten vollzieht sich das Schreckliche, das Unerträgliche unserer Zeit.

Wer schreiben will, muß in seiner Zeit stehen, er muß aber auch die Kraft haben, wenn es not tut, gegen sie zu leben.

Vielleicht ist Swantow nichts anderes als der erneute Versuch, den verborgenen Wahrheiten des Lebens auf die Spur zu kommen.

9. August

Pralle Mittagssonne, wir liegen im Sand, haben die Augen geschlossen. Vom Westen her kommt ein heftiger Wind, er wirft die Sandkörner an den Windschutz, flappt mit der Leinwand. Stimmen werden laut, Konsonanten, Vokale, ganze Wortfetzen. Es hört sich an wie ein verkümmertes Platt, setzt an, hört auf, fängt nach einer Weile wieder an, steht in der Luft, flattert, schwirrt, schleift durch das Dünengras, aber nichts ist zu sehen. Windstimmen, Sandstimmen. Es hört sich an, als wollten sie sagen:

> tu mien Fru,
> tu mien Fru,
> küterett.
> Dann laufen sie durch das Gras
> und rufen:
> de Titten,
> de Titten,
> werfen ein paar Silben in die Luft:
> seggt, seggt,
> twindig.
>
> Plötzlich gehen sie über in ein
> hämisches Gelächter:
> middschipps, middschipps,

mußküül,
schu, schu.
Und wieder diese kurzen straffen Laute:
upkatten, upkatten,
bramrah,
braß ...

Was ist das, eine Windspiegelung im Ohr, eine Sinnes-
täuschung, eine Chiffre, die man erst später, vielleicht
nach Jahrzehnten entziffert? Oder ist es das uralte ver-
stümmelte Lied der Sirenen, das wir vor Jahrtausenden
selbst einmal gehört?

Notizen:
Wir leben in einer Zeit, wo das In-sich-Geschlossene,
Abgeschlossene, In-sich-Vollendete fragwürdig gewor-
den ist. Wir sind mehr denn je auf dem Weg. Auch das
Gedicht sollte offen sein, offenbleiben, es sollte in ihm
immer noch Raum sein für die Stimme, die kommt.

Die Wirklichkeit gibt uns keinen Maßstab in die Hand,
weder für die Prosa noch für das Gedicht, sie rechtfertigt
ausschließlich sich selbst.
Das Gedicht gleicht dem Feuer, die Wirklichkeit dem
Holz.

Gedichte sind im höheren Sinn immer auch Gespräche,
gib acht, daß sie nicht zum Monolog werden.

Hüte dich, mit den Augen der Erinnerung zu sehen.

Es gibt Lyriker, die machen sich selber zur Sphinx.

11. August

Ich sehe am Horizont eine kleine gelbe Maschine, sie
kommt näher. Es ist das Sprühflugzeug der LPG.
Die Maschine dreht ein, der Pilot läßt sie durchfallen,
streicht niedrig über die Felder. Eine gelbe Giftwolke
bleibt zurück, die langsam auf die Halme niedergeht.

Die Maschine zieht hoch, der Pilot setzt zu einer Schleife an, dreht ein und läßt sie von neuem durchsakken. Beim Hochziehen wirbeln die Halme im Flugwind durcheinander ...

Lagebericht
IV.

Mit der Klafter des Todes
vermessen Schnelle Brüter
das Land.

Im Wasserbett
Kernstäbe,
Primärkreislauf,
abgeblasen
über den Kamin
die Radionuklide.

Der Mensch
im Strahlengeviert.

Im Abwasser
staut sich die
Schuld.

Der Doktor hat uns gestern einen Fisch gezeigt, den man unweit von Zudar gefangen hat. Seine Rückenflosse war verkrüppelt, an der Bauchseite hatte er ein Karzinom.
Sind wir nicht auf dem besten Weg, die grundlegenden Gesetze der Natur und das Zusammenwirken aller Dinge zu mißachten? Seit Jahrzehnten schütten die Menschen die Abfälle der Industrie und der Städte direkt in das Meer. Die Weltmeere werden angereichert mit radioaktiven Substanzen, Schwermetallen und Chemikalien, mit organischen Lösungsmitteln, Spurenelementen, chemischen Kampfstoffen, aber auch mit Detergenzien und Insektiziden. Die halbe Weltproduktion an Quecksilber erreicht heute den Ozean. An den Küsten

der USA werden selbst Fässer mit radioaktivem Müll, eingegossen in Beton, Stahlbehälter mit Nervengas und Gelbkreuz im Ozean versenkt. In jedem Liter Meereswasser, ganz gleich wo wir ihn schöpfen, an den Küsten Siziliens oder in Japan, in einem norwegischen Fjord oder in Kanada, überall finden wir meßbare Mengen von Radioaktivität, die vom Menschen erzeugt wurde. Aber auch die Gase, die die Industrie Tag für Tag in den Himmel bläst, fallen zusammen mit dem Regen ins Meer. Der Bleigehalt der Luft hat sich in den letzten zehn Jahren verdoppelt. Die Menschen setzen das Meer dem Einfluß unberechenbarer Substanzen aus; aus dem Hinterhalt treffen sie das Leben.

Kein Wunder, wenn eines Tages das Meer zu revoltieren beginnt. Haben wir vergessen, daß auch die Flüsse und Seen atmen und leben? Aber ihre Wasser riechen schon lange nicht mehr nach Wasser, ich kenne Flüsse, die stinken wie eine Abdeckerei; der Zürichsee, der Balaton, aber auch der Tegernsee sind lange schon tot oder am Sterben. Wer heute auf die Selbstreinigung der Gewässer hofft, ist ein Narr. Eines Tages wird uns das Meer seinen blinden Spiegel entgegenhalten, aber dann wird es zu spät sein. Die Schreie der Menschen werden ungehört an den Küsten verhallen. Das Meer wird der Schauplatz unserer künftigen Katastrophen sein. Ist das moralische Gewissen der Menschen wirklich am Zerfallen?

Wir zahlen bereits heute einen viel zu hohen Preis für unser zweifelhaftes Wohlleben. Ich weiß sehr gut, welche Vorteile die Chemie in den letzten hundert Jahren den Menschen gebracht hat, ich sehe aber auch den Januskopf der chemischen Industrie. Unvorhergesehene Nebeneffekte treten auf, chemische Gifte werden in die Nahrungskette eingeschleust; selbst im Fett arktischer Seehunde, im Plankton der Weltmeere wurden 10 ppm DDT nachgewiesen. Die Nitratkonzentration im Gemüse nimmt zu, Hämoglobinveränderungen treten auf, Umweltgifte in der Muttermilch, krebsfördernde Stoffe selbst schon im Blut neugeborener Kinder. Die biologische Struktur des Menschen, sein Nervensystem ist gar nicht in der Lage, sich so schnell auf die veränderten Umweltbedingungen einzustellen. Die Wartezimmer sind überfüllt, die Legion der Ärzte wird immer größer, der Mensch immer anfälliger. Der Zusammenbruch der biologischen Prozesse in den menschlichen Zellen deutet sich in einigen Städten der USA heute schon an. Bald werden wir nur noch einer Armee von Spezialisten gegenüberstehen, einer klinischen Ökologie, der Hausarzt, wie ich ihn aus meiner Kindheit kenne, scheint Legende geworden. Die Menschen leben in einem unsichtbaren Schützengraben, von allen Seiten liegen sie unter Beschuß. Die Umweltverschmutzung tötet ohne Messer, ohne Kugel, sie braucht auch keine Axt, keinen Schädelbruch, sie hat ihre eigene Methode, Leben umzubringen, ohne Stachel, ohne Giftzahn.

Bei unserem gestrigen Spaziergang sagte mir der Doktor: Wir brauchen keine neuen Operationssäle, keine neuen radiologischen Kliniken, was uns not tut, ist eine gesunde Lebensführung nach innen und nach außen. Die Mehrzahl der Krankheiten, an denen wir heute leiden, sind das Ergebnis unserer Lebensweise, unserer Umwelt. Hier beginnt der Kampf der Mediziner, nicht erst am Operationstisch.

„Du mußt dein Leben ändern" – heißt das nicht auch: sein Bewußtsein ändern, den Kampf gegen sich selbst aufnehmen, unnachgiebig sein, ohne Konzession? Wann werden wir den Mut aufbringen, uns gegen die eigenen Lebensgewohnheiten zu stellen? Die Natur hat gar nicht mehr die Kraft, all das zu erneuern, was wir täglich in uns und in unserer Umwelt zerstören. Der Mensch mordet sich selbst, allerdings ist es ein Mord auf Zeit.

Wie oft hat man uns schon gesagt, daß sich das Wissen in den letzten dreißig Jahren nicht nur verdoppelt, daß es sich auf verschiedenen Gebieten verzehnfacht habe. Was aber haben wir mit diesem Wissen angefangen? Haben wir an unserer inneren Front Waffenstillstand geschlossen? Wir verstopfen uns die Ohren, machen kleine schlaue Umwege vor uns selbst, doch die Tatsachen können wir auf die Dauer nicht vor uns herschieben. Der Mensch ist für sein Denken und Tun voll verantwortlich. Keine Regierung, kein Volk, auch nicht der Einzelne kann sich aus dieser Verantwortung entlassen.

Es ist und bleibt die Aufgabe des Menschen, dem Leben gerecht zu werden, dafür zu sorgen, daß es ein Wunder bleibt und nicht dahinsiecht. Was haben wir mit unserer egoistischen Lebensweise nicht schon alles zugeschüttet? Die schwierigste aller Aufgaben steht uns immer noch bevor: die Revolution gegenüber uns selbst, gegen unsere eigene Trägheit, den Egoismus, das Machtdenken, eine Revolution, die uns lehrt, ganz anders über den Menschen zu denken als bisher.

Die Wahrheit ist den Menschen nicht nur zumutbar, sie ist bereits heute die Voraussetzung für seine weitere Existenz.

12. August

Ich sitze vor einem leeren Blatt Papier. Vor dem Fenster ein Rosentag, als wäre Stifters „Nachsommer" Wirklichkeit geworden.

Könnte es sein, daß diese Krankheit, nach Metaphern zu suchen, diese Obsession, zu einer neuen poetischen Ausdruckssphäre vorzustoßen, mit einem Wort: die Arbeit am Gedicht unter den gegenwärtigen Bedingungen verlorene Zeit ist?

Beim Lesen der späten Gedichte von Ungaretti wurde mir bewußt, daß der Altersstil eines Schriftstellers mit dem poetischen Bild kaum noch etwas zu tun hat.

Ohne ein Gran von Ungeduld geh ich ans Träumen,
mache ich mich an die Arbeit,
die nicht mehr enden kann,
und nach und nach, an der Spitze,
tun sich den wiedergeborenen Armen
hilfreiche Hände auf,
in deren Höhlung
tauchen die Augen auf, wieder, spenden Licht,
aufs neue,
du wirst auferstanden sein, unversehens,

eine Unversehrte, und es geleitet mich
erneut deine Stimme,
für allezeit seh ich dich wieder.

Altersstil heißt bei Ungaretti: Abkehr von der Metapher.
Es ist ein Sprachstil, der der Kunst der Fuge nahesteht,
mit einfachen Mitteln den Geheimnissen des Lebens näher kommt, sich im zunehmenden Maße der Syntax bedient, das menschliche Leben in seiner Gesamtheit erfaßt, die Totalität der Welt nicht aus den Augen verliert
und dennoch in der Poesie bleibt.

Vielleicht ist die Erde selbst das große, das einmalige
Gedicht und alles andere nur Beiwerk, Fußnote.

Liv möchte ständig unterwegs sein, heute in Stralsund,
morgen in Bergen oder in Saßnitz, und sei es auch nur
für wenige Stunden. Komm, sagt sie zu mir, es wird eine
andere Luft sein, frischer Seewind, Schiffe werden ein-
und auslaufen. Das allzu lange Bleiben an einem Ort
macht sie müde. In ihr ist eine Unruhe, die gegen das
zähe gleichmäßige Leben immer wieder revoltiert. Jedem Tag einen anderen Impuls geben, das ist es, nach
dem sie strebt. Ein Glück, das den Menschen stillstehen
läßt, ist gefährlich. Wäre ich allein, ich würde meinen
Fuß kaum über Swantow hinaussetzen.
Liv kennt nicht das Verbundensein mit einem Stück
Land. Erst gestern hat sie zu mir gesagt: Ich weiß nicht,
was du nur hast. Ich habe nie daran geglaubt, die Insel
bringe mir etwas zurück, vielleicht das vergessene Bild
der Kindheit, den Tonfall des Vaters. In dieser Beziehung ist sie anders, ganz anders als ich. Irgend etwas
muß in ihr doch zurückgeblieben sein. Wenn wir abends
durch die Felder gehen, ist das nicht doch ein verschüt-
tetes Gefühl von einem Daheim?
Am Abend hören wir Lieder von Mahler und Webern.
In den „Liedern eines fahrenden Gesellen" begegnet mir
ein Stück Heimat, eine mährische Landstraße, ein böh-
misch-mährischer Volkston, der vom Komponisten immer wieder neu variiert wird. Diese Lieder wurden aus

einem übervollen Herzen heraus komponiert; man spürt aber auch das Land, aus dem der Tonsetzer kommt, man sieht seine Bäume, die Flüsse, die Menschen. Bereits als vierjähriges Kind konnte Mahler über zweihundert Volkslieder singen.

Bei Webern, ich denke vor allem an die beiden Liebesgedichte von Rilke, die er 1910 vertont hat, findet man Melodien, die keine Gemeinschaft mehr eingehen. Diese Lieder wurden aus einem kosmischen Urkristall heraus komponiert, das heißt aber nicht, daß sie leblos wären, auch sie geben Lebenssituationen wieder, wenn auch stark abstrahiert.

Bei Webern: keine Zweisamkeit im Lied.

14. August

Ich bin fertig, sagt Liv, wir könnten fahren.

Und wohin? frage ich.

Das wollen wir dem Zufall überlassen.

Vielleicht zu Merlin?

Ich hätte einen besseren Vorschlag. Wir fahren an die Schaabe, aber nicht an die offene See, ich wollte dir schon immer die Boddenlandschaft zeigen.

Fahren wir über Putbus?

Warum nicht?

Du weißt, ich liebe keine Fernverkehrsstraßen, ich bin nun einmal für die Fahrt durch die Dörfer.

Ich werde dir die F 96 nicht ersparen können, sagt Liv.

Die Straße nach Garz nimmt uns mit. Ortsnamen kommen auf uns zu, oft schon gelesen, gehört. Später die Seebäder: Lietzow, Glowe, Bobbin, Sedimente der Zeit. Woher kommen diese Namen, germanisch, slawisch? Und wieder eine neue Abzweigung, wenig Wechsel in der Landschaft, da und dort ein Durchblick auf das Meer. Wir kennen diese Ausblicke, Caspar David Friedrich hat sie wiederholt gemalt.

Nach einer guten Stunde erreichen wir die Landenge. In einem blauen weitgespannten Bogen liegt vor unseren Augen der Breeger Bodden. Das Wasser ist ruhig, kein Wellenschlag, weiß glitzert in der Morgensonne der

131

Sand. Erde, Himmel und Luft sind von einer unbe-
schreiblichen Stille. Die Landschaft träumt.
Ein halb vermorschter Kahn liegt am Ufer, das Wasser
ist verrottet, mürbes Fallholz, weißer Schaum. Auf der
baumlosen Blöße wächst sich das Heidekraut aus, kni-
stert unter den Sohlen. Kein Laut, die große Stille tritt in
den Vordergrund, nur manchmal, vom Wasser her, das
Springen eines Fisches.
Plötzlich gleitet ein Fischerboot über den metallenen
Spiegel des Boddens. Bewegung kommt ins Bild. Ich
sehe, wie der Fischer im hohen Bogen das Netz ins Wasser wirft. Die ganze Landschaft ist plötzlich ausgefüllt
von seinem Tun. Halb verwischte Erinnerungen tauchen
auf an den Westsee bei Hangtschou. Und dann dieses
halb schon vergessene Gedicht von Li T'ai peh:

> Wie eine Insel steht der Kahn im Teich. Der
>   Fischer läßt
> sein Netz behutsam in den dünnen
>   Wasserspiegel springen,
> der klirrt, zerbrochen. Er gedenkt der Schwalbe
>   fern im Nest;
> bald wird er ihr das Futter bringen.

Gedicht und Landschaft gehen ineinander über. Die
Kiefern sind voller farbiger Säume, wie auf einem alten
chinesischen Aquarell, ganz zart hingetuscht. Filigran.
Wer weiß, sagt Liv, ob wir eines Tages solche Stunden
nicht doch wieder abbüßen müssen, weil Troja immer
noch brennt.

Auf der Rückfahrt machen wir in Saßnitz Halt. Abendbrot im Hotel „Rügen".
Das Leben in einem Interhotel ist eine Welt für sich, da
muß man wieder Haltung annehmen, wenn man als Gast
über die Schwelle tritt, durch das Foyer geht, an der Re-
zeption vorbei, da wird man beobachtet, mit den Blicken
taxiert. In einem solchen Hotel atmet jeder Raum ein so-
zialistisches de luxe, er ist voller Exklusivität, die fast
schon aufdringlich wirkt. Aber auch den Gästen sieht

132

man es an: Aus allen Poren spricht ein Anderssein. Hier lebt man schon wieder auf Distanz. Die revolutionäre Ausgangsposition der späten vierziger Jahre, wurde sie nicht längst durch übersteigerte materielle Ansprüche überdeckt?

Der Mensch ist heute ein Fordernder geworden und nur selten ein Gebender.

Wir leben in einer glanzlosen Zeit, weil wir bei jeder Tätigkeit nach dem Lohn fragen.

16. August

Müde von der Gartenarbeit liegen wir im Gras, neben den Balsaminen, einen ganzen Nachmittag lang. Plötzlich sagt Liv: An was denkst du?
Ob es eines Tages auch bei uns so anfangen wird?
Wie meinst du das?
Man lebt mit einem anderen Menschen ein paar Jahre zusammen, und plötzlich kommt die Zeit, wo man ganz genau weiß, was in dem anderen vorgeht, man kann voraussagen, wie er denkt, wie er handeln wird, man weiß um die allgemeinen Tendenzen seiner Reaktion, man kennt seine Lebensgeschichte nach vorn und zurück.
Ich kenne das, sagt Liv, es gibt keine Geheimnisse mehr, es gibt auch nichts mehr einzulösen, man hört auf die Stimme des anderen nicht mehr so genau hin, man hat das Gehör für die feineren Töne verloren. Man ist sich wieder „fremd" geworden, weil man sich allzugenau kennt. Man wird die Ernüchterung im Zusammenleben zweier Menschen nicht ganz ausschließen können.
Das ist aber auch die Zeit, wo die Menschen wieder auseinandergehen, nach einer neuen Lebensgeschichte suchen, sage ich zu Liv.
Man muß dem Zusammenleben zweier Menschen immer wieder neue Wirklichkeiten zuführen, sonst besteht die Gefahr, daß der Brunnen versiegt.
Liebe, ein Zuwachs an Wirklichkeit?
Wenn du so willst – ja.

Was habe ich seit meiner Kindheit nicht alles schon wieder verlernt. Als Kind konnte ich mich noch freuen, da bin ich vor Freude fast aus der Haut gefahren. Es war eine junge, strahlende Freude, oft unerklärlich, grundlos. Sie kam auf mich zu wie das Licht, das plötzlich aus der Wolkendecke bricht. Ich hätte nur noch die Arme ausbreiten brauchen und wäre geflogen wie ein Vogel. War es die Freude über das Sein, über die leuchtende Morgenstimmung der Kindheit?

Die Freude, der wir heute nachgehen, diese Lebensheiterkeit, mein Gott, wie dürftig. Wie oft habe ich selbst erlebt, daß wir immer erst ein paar Flaschen Rotwein auf den Tisch stellen müssen, einen Tonkrug mit Wacholder, ehe so etwas wie Freude in uns hochkommt. Aber das ist keine echte Freude, und auch das Lachen ist in solchen Stunden irgendwie gewollt, kommt nicht aus dem Herzen, der Alkohol hat es aus der Kehle geholt.

Für mich ist die Bibel eines der wenigen Bücher, in denen ich auch heute noch jener echten, großen Freude begegnen kann. In den „Psalmen", dem „Hohelied Salomos", dort gibt es noch Sätze, die brechen in dir etwas auf, da wird das Herz von einem freudigen Schrecken ergriffen.

Der Mensch, eine Entelechie der Freude? Warum nicht, vielleicht würde durch die Freude endlich auch der Friede über die Erde kommen, selbst noch aus Dantes Inferno würden Freudenschreie aufsteigen, weil sich der Mensch in der Freude selbst gefunden hat.

Aber auch die Ärzte beschäftigen sich viel zuwenig mit dem Phänomen der Freude. Den Blutdruck eines Menschen können sie messen, das Elektrokardiogramm gibt Antwort auf die Tätigkeit des Herzens, aber die Freude können sie immer noch nicht in einer Kurve festhalten, auf keinem ihrer Diagramme ist sie ablesbar. Sie sprechen von Angstanfällen, warum nicht auch von einem Freudenanfall? Wer kümmert sich wirklich noch um dieses Waisenkind unserer Zeit? Auf alles hat man uns im Laufe der Jahre vorbereitet, präpariert, nur nicht auf die

Freude. Wir arbeiten Jahr für Jahr an den Plänen der Aufgaben, wo aber bleiben die Pläne der Freude? Bei einem solchen Plan ginge uns wohl allen der Atem aus.

Eine Linienmaschine der königlich-schwedischen Luftfahrt überfliegt Swantow. Zwei Stunden später wird sie in Italien landen. Wir leben in einem Jahrhundert der Beschleunigung. Sie zeichnet sich nicht nur in der Flugzeug- und Raketentechnik ab, auch in den Naturwissenschaften, ja selbst in der Geschichte wird die Potenzierung der Beschleunigung ablesbar.

Was wird der Mensch mit der Beschleunigung anfangen, mit der Raffung der Zeit? Wenn die Technik die Entfernungen zwischen den Kontinenten verkürzt, wenn wir bei einem Flug von Leningrad nach Wladiwostok drei Stunden früher ankommen als noch vor einem Jahr, glauben wir wirklich, wir hätten für unser eigenes Leben Zeit gewonnen?

Vielleicht sind wir deshalb so unbeständig, so aggressiv, weil wir unsere innere Zeit mit der äußeren Beschleunigung nicht mehr in Einklang bringen können. Die innere Zeit des Menschen wird in Frage gestellt, degradiert, nicht mehr anerkannt. Das Leben stürzt viel zu schnell auf uns ein, es kann nicht mehr verarbeitet werden, bewegt sich nur noch an der Oberfläche fort, es wird auch nicht mehr zum Humus für kommende Generationen. Die Geschwindigkeit verwischt die Konturen, verkürzt den Blick. Aber auch unsere Sprache ist schneller geworden, das heißt: im Ausdruck kürzer, hektischer.

19. August

Wenn Liv unterwegs ist, dehnen sich meine Lesenachmittage bis weit in den Abend hinein aus.

In einem Brief an Schubarth vom 10. Mai 1829 schreibt Goethe: „... Dabei muß ich jedoch bekennen, daß die polemischen Richtungen bei mir immer schwächer werden und sich nach der inneren Einheit zusammenziehen; denn die Gegenstellungen sind überall dergestalt unvermeidlich, daß, wenn man den Menschen selbst ganz genau in zwei Hälften spaltete, die rechte Seite sogleich mit der linken in einen unversöhnlichen Streit geraten würde. In eben dem Sinne tadle ich jedoch die Jugend nicht, wenn sie den Gegensatz, den sie in sich gegen anders Denkende empfindet, polemisch ausspricht, sich von dem Widerwärtigen trennt und sich in der Teilnahme Gleichgesinnter höchlich erfreut."

Sechs Monate später heißt es an Rochlitz: „... Da noch Raum übrig ist, füge ich einiges hinzu: Handle besonnen, ist die praktische Seite von: Erkenne dich selbst. Beides darf weder als Gesetz noch als Forderung betrachtet werden; es ist aufgestellt wie das Schwarze der Scheibe, das man immer auf dem Korn haben muß, wenn man es auch nicht immer trifft. Die Menschen würden verständiger und glücklicher sein, wenn sie zwischen dem unendlichen Ziel und dem bedingten Zweck den Unterschied zu finden wüßten und sich nach und nach ablauerten, wie weit ihre Mittel denn eigentlich reichen."

Was mich an diesen Briefen immer wieder überrascht, ist die Ausgewogenheit der Gedanken, dieses feinste Gleichgewicht, das auf alle Lebensgebiete übergreift. Für Goethe spielt der Weltgeist noch an mehreren hundert Schachbrettern zur gleichen Zeit sein großes Spiel.

20. August

Seit den Morgenstunden baut sich vom Meer her etwas auf, noch aber steht die Sonne offen am Himmel, der Bodden leuchtet, doch das Licht fällt anders als sonst, etwas liegt in der Luft.

Vom Osten kommen die ersten Turmwolken hoch, keine Gewitterwolken, langsam wälzen sie sich auf die Insel zu. Eine Wolke schiebt die andere nach vorn, immer neue und höhere Türme bauen sich auf, etwas Beklemmendes liegt über dem Land. Gegen Mittag hat sich der halbe Himmel zugezogen, die weißen Wolkentürme sind längst in eine graue gestaltlose Masse übergegangen, doch es bleibt immer noch still. Erst am Nachmittag fängt es an, zuerst schlagen ein paar große Tropfen an die Fensterscheiben, dann kommt der Wind, faucht um die Ecke, hält an, überlegt, läuft am Dachsparren entlang und fällt mit grellem Pfiff in den Garten ein. Seine erste Attacke: er reißt Liv die Zeitung aus der Hand, hebt das Tischtuch ab und wirft es in den Rosenbusch. Die ersten Staubwolken treiben über die Felder. Wir springen auf und nehmen die Wäsche von der Leine. Eine Sturm- und Regenfront kommt auf die Insel zu, kein Gewitter.

Vor dem Fenster wird es dunkel. Es heult und pfeift um das Haus. Die Böen kommen vom Meer, über das freie Feld, wuchtende Luftmassen, die das Haus in seinen Grundfesten erzittern lassen. Mit jedem Windstoß ein dunkles Rauschen in den Baumwipfeln, manchmal zischt es auf, als wäre ein Blitz in das Geäst gefahren. Hält der Sturm einen Augenblick den Atem an, wird die Stille im Haus unheimlich. Eine gespenstische Stunde mitten am Tag, der Himmel rauchgrau, schwefelgelb, aber keine branstige Fackel schießt aus den Wolkenrändern hoch, kein Donner, kein Blitz, nur der Regen prasselt in die Bäume, auf das Dach, später geht er in ein wildes gieriges Rauschen über. Das Wasser auf der Terrasse steigt, der Himmel scheint für den Menschen nichts mehr übrig zu haben. Den ganzen Abend jault und faucht es um das Haus, als wären hundert Wildkatzen unterwegs. Aus allen Himmelsrichtungen scheint der Sturm Verstärkung zu bekommen. Gegen Abend fällt der Strom aus, vor dem Fenster ist es schwarz, eine Nacht ohne Leuchtfeuer.

Die halbe Nacht liegen wir wach und horchen auf das Toben der Elemente. Manchmal schrecken wir hoch, es hört sich an, als hätte der Sturm ein paar Schindeln abgedeckt, dann wieder wird es still, ganz still, als sei nicht das geringste geschehen, da rauscht es nur leise in den Bäumen.

Meine Fingerspitzen beginnen zu fühlen, tasten sich über ihre Stirn, das Kinn, die Schultern, ihr ganzer Körper wird für meine Hände wieder lesbar. Später kommt der Schlaf. Ihr Kopf liegt auf meiner Schulter, ich spüre, wie Kater Tigus die Bettdecke hochschleicht und sich schnurrend an ihre Seite legt. Draußen flaut der Sturm noch immer nicht ab.

21. August

Am Morgen ist der Himmel fischgrau, nur da und dort dräuend ein paar Lichtflecken. Ich hole mir das Fahrrad aus dem Schuppen und fahre hinüber an den Strand. Dorffrauen kommen mir entgegen, das Kopftuch festgebunden unter dem Kinn, der Wind, der immer noch nicht ganz abgeflaut ist, legt sich in ihre Röcke.
Als ich die Küste erreiche, liegt über dem Meer ein schwarzflügliger Wind, dunkle Wogenkämme, am Himmel sackig triefende Wolken, keine Sonne. Ich lasse das Fahrrad in den Dünen liegen und gehe hinunter an den Strand. Zu Hunderten liegen die Fische im Sand. Viele sind noch am Leben, zucken, schnellen hoch, wollen zurück ins Meer. Die Möwen schießen über sie hinweg, stoßen kreischend herab, hacken, würgen, streiten miteinander um die Beute, ziehen wieder hoch, ganze Vogelwolken lassen sich am Ufer nieder.
Soll ich mir die Schuhe ausziehen und barfuß den Strand entlanggehen? Weiter oben, gegen das Gelbe Ufer zu, wird die Küste steinig. Ich kremple die Hosenbeine hoch und gehe los. Alle fünf Schritte werfe ich einen Fisch, der noch am Leben ist, zurück in die Flut. Komm schon, sage ich, laß dich ruhig anfassen, es gibt immer noch Hoffnung, zurück mit dir ins Element. Es ist eine seltsame Beschäftigung, der ich hier nachgehe: ein paar Schritte gehen, sich bücken, einen Fisch ins Wasser werfen, sich aufrichten und wieder in die Hocke gehen, doch es macht mir Freude. Ich gehe hart am Auslauf der Wellen, weil an dieser Stelle der Sand immer etwas härter ist und die Schuhe nicht einsinken.
Es ist viel Kleinzeug darunter, aber immerhin, es ist Leben. In einem Tümpel, in dem das Wasser knöcheltief steht, sehe ich einen kleinen Hecht. Komm, sage ich zu ihm, dein Leben ist noch nicht zu Ende. Vorsichtig

bugsiere ich ihn mit einem Stück Holz in sein altes Element zurück, als Dank schnappt er zu. Wohin ich auch sehe, überall zappelt die Frucht des Meeres, Fisch neben Fisch, und dann noch die Quallen, einfach alles an den Strand geworfen und sich selbst überlassen. Ich weiß nicht, wie oft ich mich an diesem Vormittag gebückt habe, hundertmal, zweihundertmal. Nach zwei Stunden tut mir das Kreuz so weh, daß ich mich ins Dünengras setze.

Auf dem Heimweg mache ich im Gasthof Zur Seejungfrau halt. Ich bin durchfroren, auch das Schuhwerk ist naß. Ich setze mich an den ersten besten Tisch und zünde mir eine Pfeife an. Ich sitze allein, kein Gast, nur der Wirt steht hinter der Theke. Der Wind hat nachgelassen, die Wolken hängen nicht mehr so tief, aller Dunst ist abgezogen, die Dinge bekommen wieder ihre alte Kontur, doch es regnet immer noch leicht. Ich bestelle mir eine Bockwurst und einen doppelten Korn. Der Wirt schaltet das Radio ein, vor dem Fenster jagen sich die Möwen.

Die Tür zum Gasthof wird geöffnet, ein Mädchen tritt in den Raum. Nein, sie sucht nicht nach einem freien Tisch, wie es in unserem Land so üblich ist, jeder für sich, sie kommt auf mich zu, sagt „Guten Tag" und setzt sich ganz einfach zu mir, als wären wir uns irgendwo schon einmal begegnet. Als der Wirt an unseren Tisch kommt, bestellt sie einen Grog. Sie trägt einen Mantel aus hellblauem Knautschlack, rote Stiefel, ihr langes strohblondes Haar ist feucht und fällt in Strähnen über die Schultern. Schön sieht sie aus inmitten der verräucherten Schenke. Ihr Gesicht ist blaß, erinnert mich in seiner Farbe an Meerschaum, ihr Ohr an eine Meeresmuschel, sie hat einen feuchten Schimmer in den Augen, als wäre sie soeben aus dem Wasser gestiegen.

Wir wechseln ein paar Worte, nicht viel. Sie hätte wenig Zeit, sagt sie, die Fische warteten auf sie, es sei eine stürmische Nacht gewesen. Ich frage nicht weiter. Sie trinkt ihren Grog, bezahlt, steht auf und verläßt mit einem freundlichen Blick den Raum. Als sie draußen am

Fenster vorbeigeht, hebt sie noch einmal die Hand, wie zum Gruß.

Ich stehe auf, will hinüber an die Theke, um meine Rechnung zu bezahlen, da sehe ich neben dem Stuhl, auf dem das Mädchen gesessen hat, einen silbergrauen durchsichtigen Schal. Ich bücke mich, will ihn an der Theke abgeben, aber dann, ich weiß nicht, warum, stecke ich ihn in die Hosentasche. Es ist ein feines, durchsichtiges Kopftuch oder auch ein Halstuch, wie man es nimmt. Crêpe Georgette, leicht wie ein Windhauch.

Als ich in Swantow ankomme, habe ich das Kopftuch längst schon vergessen. Erst am Abend, als Liv meine Hose, die von der Radtour ziemlich dreckig ist, vor der Haustür reinigt, kommt sie plötzlich durch die Küche ins Zimmer und sagt: Kannst du mir sagen, mit wem du dich heute vormittag am Strand herumgetrieben hast?

Nur keine Eifersucht, sage ich.

Aber auch keine Mißverständnisse, sagt sie und legt das silbergraue Kopftuch auf den Tisch.

Oh, sage ich, das ist ganz einfach. In der Gastwirtschaft zur Seejungfrau habe ich es gefunden.

Nach einer Seejungfrau sieht mir das Tuch gerade nicht aus. Vielleicht hatte sie um den Hals auch noch ein schmales goldenes Band?

Ich erinnere mich, sie trug eine Halskette. Du kennst ja diesen modernen Halsschmuck, er geht vom Bindfaden bis zum Lederriemen, aber ihre Halskette, ob du es glaubst oder nicht, war aus Tang geflochten, als Verzierung hing eine schöne Muschel daran, die es an unserem Strand gar nicht gibt.

Ich kann mir gut vorstellen, wie du sie angeschaut hast, wie deine Augen vor lauter Liebe dunkel wurden. Ihr Gesicht hatte bestimmt auch die Farbe von Elfenbein, und ihre Hände waren weiß wie der Mond.

Mond und Elfenbein, genauso ist es gewesen, und dazu noch die roten Stiefel, der Mantel aus Knautschlack, wasserblau, ich kann dir sagen.

Und die untere Hälfte des Körpers glich einem Fischleib?

Dann hätte sie einen Mantel tragen müssen, der bis zu den Knöcheln reicht, damit man die Schuppen nicht sieht.

Eine Meeresjungfrau an deinem Tisch und nicht in deinem Arm? Nein, das nehme ich dir nicht ab. Du hast heute vormittag bestimmt etwas versäumt, das läßt sich so schnell nicht mehr nachholen. Geh zurück, vielleicht wartet sie noch immer am Strand, deine Seejungfrau, und nimmt dich mit.

Dummes Geschwätz, da war überhaupt nichts.

Auch dummes Geschwätz kann das Leben süß machen.

Etwas ärgerlich greife ich nach dem Tuch und breite es vor ihren Augen auf der Tischplatte aus, und plötzlich blitzt es mich an, in der Mitte des Tuches liegen drei goldene Fischschuppen.

Wie ist so etwas nur möglich, sage ich. Kann doch nicht sein, das Tuch lag neben dem Stuhl.

Wer weiß, was das für ein Stuhl gewesen ist, sagt Liv. Wenn du mich fragst, so war es eines von den kleinen Meermädchen, die auf der Suche nach einem Fischer sind. Hier ist der Beweis. Bei solchen Liebschaften bleibt immer etwas hängen, und wenn es drei Fischschuppen sind aus Gold.

22. August

Ich sitze vor dem geöffneten Fenster, Bilder ziehen vorbei. Ich möchte wissen, woher das alles kommt, die Gedanken, die man niederschreibt, welchem Anruf sie folgen. Vor ein paar Jahren hätte ich über eine solche Frage überhaupt noch nicht nachgedacht. Ich komme in ein Alter, wo ich vom inneren Zusammenhang der Dinge mehr und mehr überzeugt bin.

Intuition? Sie ist mehr als nur ein physisch-psychischer Prozeß, denn auch sie baut auf den Bildungsgesetzen der Natur auf. Sie unterliegt einer strengen Gesetzlichkeit; wer sie ausschließlich in der Freiheit sucht, wird vergebens nach ihr unterwegs sein. Intuition und produktives handwerkliches Gestalten müssen sich beim

Schreiben die Waage halten. Ein Schriftsteller muß jederzeit in der Lage sein, Intuitionen aufzunehmen, er darf den „schaffenden Spiegel" nicht blind werden lassen, verunreinigen.

Wenn es im Menschen ein sogenanntes Unterbewußtsein gibt, warum sollte es nicht auch ein Überbewußtsein geben, es kommt nur darauf an, daß man es freilegt, entfaltet, verborgene und verschüttete Fähigkeiten wieder weckt, in Anspruch nimmt. Der Mensch kann durch Meditation und Konzentration eine Bewußtseinsebene erreichen, auf der die künstlerische Intuition unmittelbar einsetzt.

Die Freiheit ist immer nur ein Teil der unendlich gebundenen Sphäre, die wir das Schöpferische nennen.

Auch in Swantow gibt es keine archaischen Bilder mehr, keine Schnitter, die heimkehren, die Sense geschultert. Mähdrescher wühlen sich durch den Roggen, bis tief in die Nacht hört man das Brummen der Maschinen, spielt das Licht ihrer Scheinwerfer über die Felder, und erst wenn es feucht wird, wenn der Tau fällt, wird die Nacht wieder Nacht, zieht das Schweigen in die Landschaft ein.

Im Leben stehen, heißt das nicht auch: im Wind stehen, standhalten, nicht nur dem Augenblick, vor allem dem Künftigen und – dem Gewesenen, das im Licht einer Totenkerze brennt.

24. August

Bei den Wanderungen über die Insel holen uns seine Bilder immer wieder ein, seine Landschaften, seine Farben.

Carus hat ihn uns beschrieben: „… eine recht scharfgezeichnete nordische Natur, mit blondem Haar und Backenbart, einem bedeutenden Kopfaufbau und von hagerm, stark knochigen Körper, trug er einen eigenen melancholischen Ausdruck in seinem meist bleichen Gesicht, dessen blaues Augenpaar so tief unter dem

142

stark vorspringenden Orbitalrand und buschigen, eben-
falls blonden Augenbrauen verborgen lag, daß darin der
Blick des die Lichteinwirkung im höchsten Grad con-
centrierenden Malers sehr charakteristisch sich erklärt
fand."

Vergleicht man bei Rembrandt oder bei Beethoven die
frühen Arbeiten mit den späten, so könnte man sie
durchaus zwei verschiedenen Meistern zuordnen. Caspar David Friedrich wandelt sich in seinen Werken
kaum, hier gibt es keine Individuationsbreite, keine
Spannungsfelder, fesselnde Experimente, sein Werk ist
eine Stille, kaum wahrnehmbare Variation, die Tiefen-
aussage geschieht auf einem schmalen Raum. Ein stiller
weißer Schnee deckt auf vielen seiner Bilder alles zu,
doch unter der Schneedecke …

Friedrich hat nicht nur die Schönheit, er hat auch
das Dämonische der norddeutschen Landschaft ins Bild
geholt. Wollte er die Gewißheit im Ungewissen suchen? Er wußte: Der Mensch will, die Landschaft will
sein. Aber auch die tiefe Kenntnis von den Lebensre-
gungen der Erde und ihrer Atmosphäre muß in ihm
lebendig gewesen sein, ein Raumerlebnis, wie es dem
Suchenden nur selten in der deutschen Malerei begegnet.

Aus seinen Bildern spricht mehr als nur Wald, Fels,
Himmel und Meer.

Seine Landschaften sind wie die Personifikation seiner
eigenen Erfahrung. Hat er nicht alles in sie hineingelegt,
was ihm das Leben gab, was er erduldet, entdeckt? Da ist
ein Bild, das mich immer wieder erschreckt: ein Mensch,
der fast schon verloren unter einem riesigen Himmel
steht, auf einem schmalen Streifen Sand, im Hintergrund
das Meer. Muß ein solches Gemälde nicht wie ein
Schock auf den damaligen Betrachter gewirkt haben,
glich es nicht dem revolutionären Einbruch des Geistes
in ein scheinbar ruhiges Gewässer?

Wie war sein Schaffensprozeß? Trug sein musisches
Auge alle Details einer Landschaft zusammen, um sie
später in einer künstlerischen Apotheose sichtbar zu machen? Auch eine Landschaft muß auf der Leinwand im-

mer wieder neu hervorgebracht werden, auch sie ist das Ergebnis von Intuitionen. Vielleicht wurde der erste schöpferische Gedanke bereits am kommenden Tag von einer Reihe neuer Einfälle überlagert. Nicht nur ein Gedicht, auch ein Bild kann aus mehreren Schichten bestehen: des Geschauten und des Gedachten. Vielleicht liegt gerade hier die Ursache für die Intensität seiner Bilder. Es gibt aber auch Blätter, nicht sehr groß, Sepia, laviert, über Graphit, die eindeutig auf den Menschen hinweisen, auf die Hintergrundlandschaften des Lebens. Sein Selbstbildnis um 1810 war für mich schon immer eine Offenbarung. Ein Maler, der mit dieser geistigen Überlegenheit das menschliche Gesicht malt, ist nicht nur ein Landschafter. Seine Augen sehen, was das Leben in ihm noch verbrennen wird.

Das Alter: „Man sah nichts als einen hölzernen Stuhl und einen Tisch", schreibt sein Freund Schubert, „auf welchen die Gerätschaften seiner Arbeit standen. Kam einer zu ihm, den er wollte sitzen lassen, dann wurde aus der Kammer noch ein alter hölzerner Stuhl und, wenn zwei kamen, eine hölzerne Bank von dem Vorplatz bei der Treppe hereingetragen. Denn in der Kammer fand sich außer dem alten Stuhl auch nichts als ein diesem ebenbürtiger Tisch und ein Bett, über welches eine wollene Decke gebreitet lag."

Friedrich wußte um das Unaussprechliche, vor dem jeder Künstler eines Tages steht. Bis in die letzten Stunden seines Lebens hat er gearbeitet, ohne Aussicht auf Belohnung. Wer zu einer solchen Aufgabe berufen ist, der fragt nicht nach dem Wie. Alles, was er in seiner Jugend an Farbenpracht gelebt, das Alter hat es getilgt; geblieben war die gradlinige Lebensführung, eine bescheidene Lebenshaltung, eine merkwürdige Mischung von verhaltenem Skeptizismus und Melancholie.

Die letzten Jahre seines Lebens waren eine dauernde Annäherung an das Meer.

Über hundert Jahre hat dieser Maler in den hinteren Reihen gestanden – und dann plötzlich diese Renaissance, diese Ausstellungen in Dresden und Hamburg. Zehntausend Menschen an einem Tag, junge Menschen, wer hätte das gedacht? Heute, da wir kaum noch Landschaften haben – Stadtlandschaften, ja –, sehnt sich der Mensch nach Bergen, Tälern und Flüssen, aus denen nicht das Entsetzen spricht.

Weißt du nicht, sagt Liv, daß der Mensch, wo immer er auch lebt, vom Meer umgeben ist?

25. August

Das wunderliche Treiben in unserem Wespennest wird von Tag zu Tag lebhafter. Der Nachwuchs wächst heran, man will seine Art erhalten, der Natur weitergeben.

Ich sehe, wie die jungen ausgeschlüpften Wespen zitternd auf dem Nest herumkriechen, wie das junge Leben sich rührt, atmet, zum Flug ansetzt. Ihr Körper ist noch dünn, fast durchsichtig. Sie wissen nicht, woher sie kommen, wohin sie gehen, warum sie überhaupt da sind, sich ernähren und arbeiten müssen.

Keine Wespe überdauert Zeugung und Eiablage, nur wenige Insekten leben mit ihren Nachkommen in derselben Zeit. Jeden Morgen liegen ein paar Tiere verkrümmt auf dem Boden. Ich sehe aber auch, wie sie vom Nest herabfallen, sich strecken und enden, Ohnmacht des Sterbens.

Nach dem Frühstück beobachte ich die Wächter. Sie kriechen vor dem Nesteingang auf und ab, prüfen mit ihren Fühlern jeden Ankömmling. Gefahren kennt mein Wespennest nicht. Kein Bienenfresser, kein Neuntöter verirrt sich in den Vorraum, auch der Wespenbussard kann hier nicht einfliegen, und für den Dachs hängt die fette Brut der Waben viel zu hoch.

Bei der Gartenarbeit, unterhalb der Hauswand, finde ich einen Nachtfalter. Die Farbe seiner Flügel erinnert mich an das Wespennest: ein zartes aschiges Grau. Auf dem Grundton braune Schatten und Bänder. Auf den Hinterflügeln leuchtet ein eisenroter Farbfleck. Ich rufe nach dem Obergärtner.

Das ist ein Pappelschwärmer, sagt Liv, dann nimmt sie mir den Falter behutsam aus der Hand und trägt ihn zurück an die Mauer.

Beim Lesen fiel mir auf: „Wir sind an die Vorstellung gewöhnt, daß es für ein Tier nur eine Alternative gibt: leben oder sterben. Gewisse besonders beunruhigende Tatsachen führen zu der Frage, ob es nicht auch einen Zwischenzustand gibt, der weder Leben noch Tod bedeutet." (Emile Guyénot)

27. August

Das archaische Landschaftsbild ist auch auf Rügen im Verblassen. Metallene Riesenvögel ziehen durch die Luft, Kampfhubschrauber fliegen in Kirchturmhöhe über das Land, vor der Küste liegen die Zerstörer. Die inneren Spannungen, die eine solche Umwelt auslöst, gehen an keinem Menschen spurlos vorbei, sie übertragen sich auf sein Denken, Fühlen und Handeln.
Von Jahr zu Jahr nimmt die Umweltbelastung in der Welt zu. Die Industriestaaten benötigten Milliarden, um das ökologische Gleichgewicht wiederherzustellen; die Vereinigten Staaten von Amerika aber sind auf dem Weg zu einer neuen Hochrüstung.
Die Vernichtungskapazität der modernen Waffen hat erschreckende Dimensionen angenommen. Im zweiten Weltkrieg hatte die stärkste Bombe eine Sprengkraft von zehn Tonnen TNT, die Atombombe von Hiroshima eine Größenordnung von dreizehntausend Tonnen, die atomaren Sprengköpfe von heute verfügen über die unvorstellbare Vernichtungskraft von fünfundzwanzig Millionen Tonnen TNT.
Steht die Menschheit vor ihrem eigenen Abgrund? Wir werden den Kampf um die Totalität des Lebens, um eine universelle Abrüstung in allen Ländern der Welt von neuem aufnehmen müssen, damit das Leben wieder zu einem Geschenk wird, das man voller Freude annimmt und nicht mit Bedenken an seine eigenen Kinder weitergibt.

146

Auch in dieser Nacht steht über Swantow ein Sternen-
himmel, der seit vielen tausend Jahren zu unseren Weis-
heiten, aber auch zu unseren Verbrechen gleichmäßig
schweigt.

Lagebericht
V.

Vaterland,
wer kann heute noch sagen:
Ich,
Pilatus,
wasche meine Hände in Unschuld.
Zahllos sind die Äpfel
der Versuchung.

Aber dies
ist auch mein Land,
kein Theorem,
das nur dem Staat
in seine Hand gegeben.

Die anderen
reden vom Fortgehn,
ich bleibe,
ich weiß,
der Docht ist verrußt,
nur langsam
wächst im Menschen
das Licht.

Solange noch ein Wort
an deinen Augen sich entzündet,
Leben,
bleibt das immer zu Nennende:
Erde, Wasser, Luft.

Meine Gedanken über das Schreiben sind nichts anderes als die Selbstbefragung eines Menschen. Ich bin kein Theoretiker.

Beim Schreiben eines Gedichtes gibt es für mich drei unterschiedliche Phasen:

Die intuitive Erfassung im geistigen Raum. Hier wird das Gedicht vorbereitet, umrissen, auf seine Weise fixiert. Nicht erst im Vers, bereits im vorsprachlichen Raum, wo das Formlose formhaft wird, begegnet man der Poesie.

Die gedankliche Konzentration. Man fühlt sich aus der Zeit herausgehoben, vergißt, daß man einen Körper hat, man geht nur noch den Gedanken nach, den Metaphern. In dieser Phase des Schreibens muß man seinen Gefühlen, seinen Erfahrungen die Härte und Dichte eines Kristalls geben. Aber auch ein undefinierbares Ordnungsprinzip hat seine Hand mit im Spiel.

Zu der dritten und letzten Phase würde ich den Unbestimmtheitsfaktor zählen. Ich könnte sagen: Der Schriftsteller muß bei seiner Arbeit auch dem Zufälligen gerecht werden.

Allein schon das Wort Zufall drückt im Kern etwas anderes aus: Da fällt dir im Leben etwas zu, das mehr ist als das Gewollte.

Vielleicht ist auch das, was uns im Leben zufällt, Gesetz.

4. September

Die Luft ist voll von ihren geheimen Botschaften.

Sie kommen auf die Welt mit einer Erfahrung, die Jahrmillionen zurückreicht, die in der Larve schon vorhanden ist. Sie haben keine Muskeln zum Lachen, kein Herz, aber ein Wissen, das zum Überleben notwendig ist. Sie leben ohne Intellekt, ohne Gefühl, sind ganz auf die Gemeinschaft programmiert, auf den Staat, den Wespenstaat. Sie haben keine Möglichkeit zum Träumen, beschäftigen sich auch nicht mit Fragen. Der Sinn des Lebens ist für sie das Leben selbst, ein Leben, das im Flug vergeht. Der Mensch hat die Fähigkeit zu zerstören, sie kennen diese Fähigkeit nicht. In diesem Punkt sind sie dem Menschen überlegen.

Um das Leben zu begreifen, darf man an seiner Unbegreiflichkeit nicht vorbeigehen.

Lektüre: Am 19. März 1827 schreibt Goethe an Zelter: „... Die entelechische Monade muß sich nur in rastloser Tätigkeit erhalten; wird ihr diese zur anderen Natur, so kann es ihr in Ewigkeit nicht an Beschäftigung fehlen. Verzeih diese abstrusen Ausdrücke! Man hat sich aber von jeher in solche Regionen verloren, in solchen Sprecharten sich mitzuteilen versucht, da, wo die Vernunft nicht hinreicht, und wo man doch die Unvernunft nicht wollte walten lassen."

Ein Jahr später, am 23. Oktober 1828, heißt es in einem Brief an den Grafen v. Brühl: „Betrachten wir uns in jeder Lage des Lebens, so finden wir, daß wir äußerlich bedingt sind, vom ersten Atemzug bis zum letzten; daß uns aber jedoch die höchste Freiheit übrig geblieben ist, uns innerhalb unsrer selbst dergestalt auszubilden, daß wir uns mit der sittlichen Weltordnung in Einklang setzen und, was auch für Hindernisse sich hervortun, dadurch mit uns selbst zum Frieden gelangen können. Dies ist bald gesagt und geschrieben, steht aber auch nur als Aufgabe vor uns, deren Auflösung wir unsre Tage durchaus zu widmen haben. Jeder Morgen ruft zu: das Gehörige zu tun und das Mögliche zu erwarten."

Goethe geht auch in seinen Briefen immer von der Idee des Ganzen aus. Hier gibt es keine spärlichen Oberflächenreliefs, hier läßt sich auch heute noch ansetzen, man muß nicht alles in Modellen nachweisen, mir genügt, wenn mir aus dieser oder jener Zeile Kraft zuwächst.

Ich bin glücklich über den Sommer mit Liv, was sollte ich auch allein mit diesem ganzen Land, den Dünen, den Feldern, dem Meer? Ich weiß, ich verdanke ihr die Insel.

Wie oft schon habe ich mich gefragt, was uns zusammengeführt hat. Man sagt sehr schnell: Zuneigung, Liebe. Wer aber weiß, was damals wirklich in uns vorgegangen ist? Man ist sich begegnet, hat Gefallen aneinander gefunden, vielleicht hat man geglaubt, der andere öffnet dir ein Zimmer, das man noch nie betreten, das Fenster auf eine Landschaft, die man noch nie gesehen hat.

Liebe – kein anderes Wort in unserem Leben hat so viele Deutungen, Auslegungen, Widersprüche erfahren. Jeder sieht in ihm etwas anderes, das ihm Mögliche, ihm Zugemessene.

Bei Sex weiß jeder, worum es sich handelt. Da gehen die Männer von Frau zu Frau und starren wie gebannt auf das Stückchen Erotik, das in ihnen wetterleuchtet. Erotik allein bringt uns nicht über die Jahre. Vielleicht hat die Liebe die Aufgabe, in uns etwas auszulösen, das unter keinen anderen Voraussetzungen sonst möglich wäre. Liebe – eine Kraft, die unser Leben bereichert, steigert, erweitert.

In der Durchgeistigung der Erotik wurde in unserem Jahrhundert weniger geleistet als in der Antike.

Am späten Nachmittag Arbeit am Manuskript.

Ich benötige zum Schreiben das Kraftfeld eigener Erlebnisse. Diese Erlebnisse sind durch Subjektivität gekennzeichnet, eine Subjektivität, deren Ziel die Wahrhaftigkeit ist.

Das Autobiographische in der Literatur ist ein wesentlicher Zug unserer Zeit, es nimmt an Bedeutung zu.

Tagebücher sind mehr als Reflexionen, sie sind immer auch Orientierung.

Wir sind auf dem Weg nach Stralsund. Liv muß sich gegen 11 Uhr im Städtischen Krankenhaus, in der Kaderabteilung, vorstellen.

Ich schlendere allein durch die Stadt, die Frankenstraße hinauf, die Badenstraße hinab. Es sind alte stille Wohnviertel, wo Dach noch an Dach stößt, Häuserzeilen, wie man früher einmal gesagt hat. Die Häuser sind oft schmal, von geringer Breite, aber von großer Tiefe. Sie haben an der Front hohe schmale Fenster, über dem Hauptgesims erhebt sich ein geschwungener, manchmal auch ein gerader Giebelaufbau. Die Formen dieser Giebel geben den Straßen eine abwechslungsreiche Silhouette. An der ganzen Ost- und Nordseeküste kann man diesem Wohnhaus begegnen, überall findet man diese Grundform, gewachsen aus einer jahrhundertealten Tradition. Während die Bürger im Binnenland den Versuchungen der modernen Bauweise mehr und mehr erlegen sind, spürt man in den alten Hansestädten, bis weit in das neunzehnte Jahrhundert, das Festhalten an dieser Konvention. Gleichen diese Häuser nicht auch den alten Schiffen, wenn sie eng aneinander vertäut im Hafen lagen?

Eine Stadt beschreiben, ihre Straßen, ihre Plätze, das ist für immer vorbei, sagt Liv. Geh mit der Kamera in die Menschenmenge hinein, in die Kaufhäuser, die Cafés, geh an den Strand, fotografiere die Gesichter, dann wirst du wissen, was das Wesen einer Stadt ausmacht.

Ich gehe am Fährwall entlang, vorbei an der Stadtmauer, keine Besichtigung nach Stadtplan. Plötzlich stehe ich vor einer riesigen Kirche, uralte Backsteingotik, streng, die Innenräume weiß getüncht, protestantisch, schmucklos. Es ist die Kirche Sankt Marien.

Für den Urlauber, der über Greifswald fährt und die Schnellstraße daherkommt, ragt der gedrungene Turm dieser Kirche wie ein Bollwerk aus dem dunstigen Horizont empor. Er kündigt dem Fremden die Stadt an. Man sagt aber auch, daß die Seeleute das erste Heimweh überkommt, wenn bei der Ausfahrt der Turm am Horizont im Wasser untertaucht.

Man muß Stralsund vom Turm der Sankt-Marien-Kirche sehen, hat Liv einmal zu mir gesagt.

Ich steige langsam nach oben, Stufe um Stufe, immer näher komme ich der blauen Luft, den Wolken. Als ich die Plattform betrete, sucht mein Blick in der silbernen Ferne einen Halt, dann erst messe ich mit den Augen die Tiefe, sehe unter mir ein Durcheinander von Dächern, Giebeln und Schornsteinen, alte Häuser, ineinander verbacken, nur da und dort einen freien Platz. Laute schlagen herauf, verworrene Töne. Wie kleine schwarze Punkte schießen die Menschen durcheinander. Plötzlich trifft mich aus der Tiefe ein Blitz, in einem Dachfenster hat sich die Sonne gespiegelt.

Von diesem Turm aus kann man sich die ganze Stadt zurechtlegen: das Kniepertor, den Alten Markt mit dem Rathaus, die Türme des Sankt Nikolai. Man sieht aber auch, wie sich am Stadtrand die Häuser mehr und mehr mit den Gärten vermischen, auseinanderstreben, wie alles duftiger und leichter wird, kein schmutziger Schleier, der die Fernsicht trübt. Und plötzlich tritt in dein Blickfeld das Meer, breit hingelagert, eine blaugraue Masse, die ständig in Bewegung ist.

Wer ist aus diesem Hafen nicht alles schon hinaus in die Welt gefahren? Meine historischen Kenntnisse haben Lücken, ich weiß, ich bin hier oben nicht geboren, aber eins ist auch mir gewiß: die Stadt ist uralt, zählt man die Jahrhunderte zusammen, reichen die Finger an einer Hand nicht mehr aus. Seit 1279 war sie ein führendes Mitglied der Hanse, Wohlstand hinter ihren Mauern. 1370 hat sie dem Dänenkönig den Frieden aufgezwungen. Und drei Jahrhunderte später, 1628:

> Ein Wrangel wars, der vor Stralsund viel Böses
> mir zugefügt, durch tapfere Gegenwehr
> schuld war, daß mir die Seestadt widerstand.

Wer hinter die Kulissen der Geschichte sieht, findet selten nur menschliches Glück, auch wenn Klio noch so schön gekleidet auf dich zukommt. Bis in unsere Gegenwart hinein immer wieder die Verletzung des Menschen, physisch und psychisch.

Liv hat recht, man muß sich die Stadt von einem Turm erschauen, erst dann sollte man hinunter in die Gassen gehen und alles andere ausloten.

Gegen 13 Uhr komme ich im Krankenhaus an. Liv sitzt bereits auf einer Bank und wartet. Als ich mich an ihre Seite setze, sagt sie: Andreas, die Stelle der Operationsschwester ist noch immer vakant, ich könnte im November umziehen.

Nach dem Abendbrot sage ich zu Liv: Du hast mir noch immer nicht erzählt, warum du deine Arbeitsstelle in E. von heute auf morgen aufgegeben hast.

Das ist eine lange Geschichte, sagt sie, aber du hast ja nie Zeit zum Zuhören.

Wenn es dir recht ist, hole ich aus dem Keller eine Flasche Rotwein. Der Abend ist mild, wir setzen uns auf die Terrasse, und du erzählst ...

Es begann mit Johannes Wernher, sagt sie, einem Lehrer, einem Mann um die Fünfzig. Ich kannte ihn recht gut, er war jahrelang der Klassenlehrer meiner Tochter, unterrichtete Deutsch und Englisch. Die Amputation hatte er gut überstanden. Auf irgendeiner Straße war es geschehen, im Neubauviertel. Die Räder eines Lastkraftwagens waren oberhalb des Knies über den Schenkel hinweggegangen. Der Wagen war mit Kies beladen. Er wußte, das Bein war nicht mehr zu retten, er wird in Zukunft nur noch einen Schuh im Leben brauchen. Eines Morgens trat dann der Chefarzt an sein Bett und untersuchte den Stumpf. Gut verheilt, sagte er, sieht prächtig aus. Haben Sie sonst noch Beschwerden? Dann wandte er sich zu mir: Schwester, der Patient kann in der kommenden Woche entlassen werden. Doch es kam anders. Am kommenden Tag Herzstillstand, kurz vor der Visite.

In einer Klinik finden die Übertritte in das andere Land fast alle Tage statt, aber die Rückkehr, das kommt schon seltener vor. Bei Johannes Wernher war es der Fall. Er war klinisch bereits tot, doch unser Oberarzt holte ihn zurück ins Leben. Alles wurde aufgeboten: Sauerstoffgeräte, Elektroden, Elektroschocks. Zuerst sah es aus, als blieben sämtliche Bemühungen ohne Erfolg, aber dann unternahm der Doktor einen letzten Versuch, er spritzte Adrenalin direkt in die Herzhöhle. Die Lebensgeister begannen sich wieder zu regen.

Als der Patient zu sich kam, war er verstört, vielleicht wußte er nicht, wo er war. Wie soll man sich auch verhalten, wenn man plötzlich ins Jenseits abrutscht und nach wenigen Minuten wieder zurückgeholt wird? Als er sich endlich bewußt wurde, daß er wieder am Leben war, sagte er:

Schwester, wo ist die Musik?

Es sind die Vögel, sagte der Oberarzt, sie singen vor dem Fenster.

Ich will keine Vögel. Vögel machen mir viel zuviel Lärm, ich will die Musik ...

Er ist immer noch nicht ganz da, sagte der Doktor zu mir. Bleiben Sie an seinem Bett, sollten Komplikationen auftreten, ich bin auf Station zwei.

Schwester, meine Kehle ist ganz trocken, sagte er zu mir.

Ich reichte ihm ein Glas Wasser. Trinken Sie ruhig einen Schluck, aber dann müssen Sie schlafen.

Johannes Wernher hatte sich nach seiner Amputation sehr oft mit mir unterhalten, wir freundeten uns an, doch nach der Herzattacke blieb er verschlossen. Ich hatte den Eindruck, daß ihn etwas beschäftigte, mit dem er nicht fertig wurde.

Eines Abends, es war kurz vor seiner Entlassung, saßen wir vor der Chirurgie auf einer Bank. Plötzlich sagte er zu mir: Schwester Liv, fünfundzwanzig Jahre stehe ich im Schulzimmer, habe unterrichtet, Noten gegeben, in der Freizeit Vorträge gehalten, im Pädagogischen Rat diskutiert, meine Rechte als Lehrer verteidigt. Fünfundzwanzig Jahre lang vor der Klasse stehen, wissen Sie, was das für die Nerven eines Menschen bedeutet? Aber auch andere Dinge mußte ich tun, die Gesetzblätter durcharbeiten, die Lehrerzeitung lesen. An manchen Tagen wurde mir die Problematik meines Berufes so richtig bewußt, die Grenzen, die einem Lehrer von Natur aus gesetzt sind.

Auch ich hatte den Wunsch, daß von mir etwas übrigbliebe, ein Gedanke, eine Tat, daß ein Schüler sich meiner erinnere. Wie oft habe ich in den Museen die Maler und Bildhauer beneidet, da ist immer noch ein Bild, sagte ich mir, eine Plastik, die von ihrem Leben Zeugnis ablegen, da ist immer noch etwas Sichtbares, das diesen Menschen nachlebt. Inzwischen habe ich erfahren, wie töricht solche Gedanken sind, wie irreal.

Als ich damals wegsackte, Herzstillstand, ob Sie es mir glauben oder nicht, ich hörte immer noch die Stimme des Arztes. Ich weiß noch genau, was er gesagt hat: Schwester Barbara, Herzmassage, Mund-zu-Mund-Beatmung! Schwester Liv, wo bleiben die Elektroden? Ich aber fühlte mich frei, irgendwie frei wie nie zuvor, ich hatte keine Beschwerden, keine Schmerzen, ich war plötzlich aus mir herausgetreten, sah meinen eigenen Körper auf der Bettstatt liegen. Das also war dein Leib, sagte ich zu mir, wie er nun daliegt, fremd, ausgelaugt. Ich sah aber auch die Gegenstände des Zimmers, den Tisch, den Stuhl, das Bett, alles schien sich im Raum frei zu bewegen. Eine Helle hatte sich ausgebreitet, ein eigenartiges Leuchten kam auf mich zu. Ich fragte mich, warum der Oberarzt sich so bemühte, am liebsten hätte ich ihm gesagt: Laß doch den alten Leib im Bett zurück und geh nach Haus. Und dann, ich weiß nicht, wie ich es sagen soll, Bild neben Bild, lauter Erlebnisganzheiten, alles, was ich einmal erlebt hatte, wurde mir von neuem bewußt. Die Bilder kamen einfach auf mich zu, rollten ab, die Essenz eines fast fünfzigjährigen Lebens, blitzschnell abgespult, aber so, daß mir alles noch einmal bewußt wurde. Mitten in diese Bilder hinein hörte ich dann die Stimme des Arztes: Machen Sie die Augen auf!

Es dämmerte, die Dinge traten wieder in mich ein, das Zimmer, das Bett. Ich fühlte die beiden Sonden in der Nase, da rutschte ich von neuem ab, und wieder vernahm ich seine Stimme. Wernher, machen Sie die Augen auf, Sie können es, Sie müssen nur wollen, Ihr Herz schlägt …

Zwölf Tage später, als er entlassen wurde, überreichte er

mir in einem Briefumschlag eine Niederschrift seiner Erlebnisse. Eine Woche später habe ich die beschriebenen Seiten an meinen Schwager gesandt, er arbeitet als Psychologe an der Medizinischen Akademie in D. Nach Rücksprache mit Johannes Wernher hat er den Text einer Zeitschrift zum Abdruck angeboten. Auf Wunsch der Redaktion habe ich das Gespräch, das ich an jenem Abend mit Wernher führte, noch einmal schriftlich formuliert. Der Stein kam ins Rollen.

Liv steht auf und holt sich aus der Küche ein Päckchen Salzstangen. Als sie zurückkommt, sagt sie: Drei Monate später ließ mich der Chefarzt rufen.

Guten Tag, Schwester Liv, sagte er zu mir, es freut mich, Sie zu sehen. Bitte nehmen Sie Platz. Nein, nicht hier, nicht so dienstlich, wir setzen uns in die Besucherecke. Mein Chef setzte sich mit dem Rücken gegen das Fenster. Viel zu spät merkte ich, daß er den Stuhl, auf dem ich Platz nahm, so hingestellt hatte, daß mir das Tageslicht voll ins Gesicht fiel.

Doktor Harting holte aus der Rocktasche eine Packung Zigaretten. Wenn Sie rauchen wollen, bitte!

Er hatte sich zurückgelehnt und blies den Rauch seiner Zigarette gelassen vor sich hin. Dann sagte er: Ich wußte gar nicht, daß Sie sich in Ihrer Freizeit journalistisch betätigen.

Ich war von seiner Frage mehr als überrascht.

Er stand auf, ging an den Schreibtisch und holte aus einer Mappe die Zeitschrift. Ich erkannte sie an ihrem gelben Umschlag. Er schlug sie auf, tat so, als würde er den Artikel noch einmal überfliegen, dann legte er das Heft auf den Tisch. Plötzlich sagte er in einem völlig veränderten Ton:

Was Sie hier geschrieben haben, ist nicht gerade ein Ruhmesblatt für unsere Klinik.

Ich blickte in ein paar kühle blaue Augen, in ein vollkommen unbeteiligtes Gesicht.

Ich will mich nicht in Einzelheiten verlieren, sagt Liv.

Seit Jahren fühlte ich meinem Chef gegenüber ein seltsames Unbehagen, ich wußte nicht, warum. Auf der einen Seite aufrichtige Bewunderung für seine chirurgischen

Leistungen, auf der anderen Seite warnte mich mein Instinkt, nahm mich gegen ihn ein. Glaub mir, es war ein äußerst unerfreuliches Gespräch, das wir an diesem Nachmittag führten. Ich hätte die Privatsphäre des Patienten nicht respektiert, die dienstlichen Pflichten in unzulässiger Weise mit meinen privaten Interessen vermischt. Schließlich herrschte er mich an:

Schwester Liv, Sie bringen unsere Klinik in Verruf.

Ich habe überhaupt nichts Negatives über unser Haus gesagt, entgegnete ich ihm.

Sie haben über Dinge geschrieben, die jeder wissenschaftlichen Grundlage entbehren.

Für mich nicht, sagte ich.

Ich gebe zu, ein fesselndes Thema, zum Ausspinnen, vielleicht für einen Dichter, nur hat es den einen Nachteil: reine Fiktion, Mystifizierung. Sie sollten Theologie studieren.

Dieser Artikel hat mit Theologie überhaupt nichts zu tun. Und was die Wissenschaft angeht, Herr Chefarzt, so wissen Sie doch selbst, daß nicht nur das wissenschaftlich Nachweisbare zum Wissensbesitz des Menschen gehört; es gibt einen ungeheuren Schatz an Wissen und Weisheit, der außerhalb der Wissenschaften liegt.

Eine solche Behauptung müssen Sie mir schon erklären, sagte er zu mir.

Es gibt Bücher, die über das Sterben eines Menschen mehr aussagen, als wir im allgemeinen wissen. Kennen Sie den „Tod des Iwan Iljitsch" von Tolstoi? Hier findet man Anschauungen, die sich mit den Erfahrungen eines Johannes Wernher durchaus decken. Wir verwerfen, was wir nicht sofort begreifen.

Manche Dinge, Schwester, sollte man für sich behalten.

Aber nicht, wenn es um den Menschen geht.

Schwester Liv, damit wir uns recht verstehen, ich habe nichts gegen Ihre konfessionelle Haltung, gegen Ihren Glauben.

Es wird Sie überraschen, ich bin konfessionell überhaupt nicht gebunden, aber das, was in mir denkt, zwingt mich, gewisse Dinge doch etwas anders zu sehen. Ich habe in den letzten Jahren wiederholt Menschen beim Sterben begleitet. Auch für mich geht es um Erkenntnis, um wissenschaftliche Erkenntnis. Sie wissen doch selbst, daß das Streben nach neuen Erkenntnissen schon immer verlockender war als der Besitz des vorhandenen Wissens. Warum sollte eines Tages nicht auch ein solches Phänomen durch die exakten Wissenschaften seine Beglaubigung erhalten?

Trotzdem, Ihre Ansichten gehen mir zu weit. Und wenn morgen eine konfessionelle Zeitschrift an Sie herantritt?

Nur keine Angst, solche Erfahrungen sind selbst für einen strenggläubigen Protestanten eine Herausforderung.

Schwester Liv, haben Sie überhaupt schon einmal daran gedacht, daß Sie Angestellte einer staatlichen Einrichtung sind?

Ich verstehe Ihre Frage nicht, sagte ich zu ihm.

So etwas verpflichtet!

Gewiß, es verpflichtet aber auch zur Wahrheit.

Unser Staat hat Ihnen eine vorbildliche Ausbildung ermöglicht, die Verdienstmöglichkeiten sind gut, er ist ihr Brotgeber.

Man kann die Einstellung eines Menschen zu gewissen Dingen des Lebens doch nicht mit Brot oder Geld erkaufen.

Schwester, sagte er dann zu mir, wir sind nun einmal kein katholisches Krankenhaus.

Wenn Sie mit meiner Arbeit unzufrieden sind, Herr Chefarzt, dann müssen Sie es mir sagen.

Im Dienst keineswegs, sonst hätte ich mir gar nicht die Zeit genommen, so ausführlich mit Ihnen zu sprechen. Sie sind zweifacher Aktivist der sozialistischen Arbeit, Sie haben die Medaille für ausgezeichnete Leistungen, aber Ihre Einstellung zu den Fragen des Todes – und wieder kam dieser harte, überhebliche Ton ins Spiel – gefällt mir ganz einfach nicht. Ich sage Ihnen ganz offen, für einen Mitarbeiter in meiner Abteilung ist eine solche Haltung unerwünscht. Ich untersage Ihnen in Zukunft jedes Interview.

Wenn es so ist, Herr Chefarzt, dann werde ich mir eine andere Arbeitsstelle suchen, wo ich mit meinen Ansichten keinen Ärger auslöse.

Es würde mir leid tun, sagte er, dann stand er auf und ging.

Ich kenne keine menschliche Gesellschaft, in der nicht auch Elemente der Despotie vorhanden sind.

In der Dämmerung erinnert mich das Wespennest an eine interplanetarische Station, die von den Raumkörpern immer wieder angeflogen wird.

7. September

Seit Wochen der erste Regentag. Liv holt das Schachbrett aus dem Schrank. Wir stellen die Figuren auf und spielen bis weit in den Nachmittag hinein an einer einzigen Partie. Eine Regenwand trennt uns von der Landschaft. Liv kämpft sich mit ihren Bauern und den beiden Pferden verbissen nach vorn. Durch die Rochade bringe ich meinen König hinter einem Wall von Steinen in Sicherheit. Zwei Stunden später gelingt mir endlich ein Remis.

In den Nächten ist es auf der Insel nicht ganz geheuer, ich habe es von Anfang an gewußt. Da dringt ein Ruf an dein Ohr, du weißt nicht, woher er kommt, unter dem Fenster ist plötzlich ein Fauchen, aber ehe du dich über das Fensterbrett beugst, ist es schon wieder vorbei und kichert hoch in den Bäumen. Auch dort, wo die Bauminseln stehn, weitab vom Menschen, wo die Eule noch schnarcht, faucht es die halbe Nacht im Geäst. Ist es ein Marder oder ein Hexenlaut? Ein Schrecken fährt dir durch die Glieder, du freust dich auf den Tag, wenn die Schwalben über den Dachfirst jagen.

Vieles hat der Mensch bis heute beim Namen genannt, besprochen, gezähmt, doch es gibt Nächte, da kommt das Alte immer wieder hoch.

Ich erinnere mich an das „Tibetische Totenbuch". War da nicht auch die Rede, daß beim Sterben das Bewußtseinsprinzip des Menschen aus dem Körper heraustritt? Bin ich tot, oder bin ich nicht tot, man sieht seine Kinder, hört ihre Klagen, sieht Lichter und Strahlen. Die tibetischen Mönche schreiben aber auch von einem „Angesicht-zu-Angesicht-Sitzen mit der Wirklichkeit seiner eigenen Gedanken". Es sind die eigenen Gedankenformen, die dir begegnen, Spiegelbilder des eigenen Bewußtseins.

9. September

Regentage. Ich schreibe Briefe, überarbeite die Aufzeichnungen.
Liv sitzt am Fenster, sie scheint ganz vertieft in ihre Strickarbeit. Sie zählt in Gedanken die Maschen, ich sehe, wie sich ihre Lippen lautlos bewegen.

Nach dem Abendbrot lese ich Liv den „Lagebericht" vor.
Liv sieht mich an, dann schüttelt sie den Kopf und sagt: Ich glaube nicht, daß eine Zeitschrift oder ein Verlag deinen „Lagebericht" abdrucken wird.
Und warum?
Norbert war zwanzig Jahre lang Technischer Direktor in einem Großbetrieb; ich weiß, wie man in diesen Kreisen auf solche Texte reagiert.
Liv, wenn ich mich an den Schreibtisch setze, gibt es für mich keine Technischen Direktoren. Ich schreibe mit dem Blick auf das Leben. Das Wort eines Schriftstellers hat nur dann Daseinsberechtigung, wenn es sich vollkommen offen dem Leben stellt. Wir müssen den Tatsachen ins Gesicht sehen.
Ich weiß, was du mit deinen Versen sagen willst: die Ausblicke auf die Gefahr, das Nicht-begreifen-Wollen vieler Menschen, unvermutet wurden wir ja alle aus unseren Fortschrittsträumen aufgeschreckt.
Ich stehe auf, zünde mir eine Zigarette an und gehe hinüber an das Fenster. Im Garten der Sanddorn, die Birke,

160

eine Amsel im Geäst. Nach einer Weile sage ich: Liv,
kein Mensch kann sich heute aus seiner Verantwortung
entlassen, wir müssen sie annehmen, so oder so. Das
Licht, das in uns brennt, darf nicht zum Schatten werden.
Ein schönes Wort, es erinnert mich an Lukas, aber vergiß nicht, eine Wahrheit, die man zu unrechter Zeit ausspricht, kann auch für dich bedenkliche Folgen haben.
Man ist plötzlich ein Gezeichneter, dem die anderen
Menschen aus dem Weg gehen.
Liv, ich bin nicht ganz so pessimistisch wie du. Es bewegt sich im Kokon. Ein Schmetterling, der zum Licht
will, muß auch die Kraft haben, die Fäden zu durchbrechen, mit denen er sich einst als Raupe selbst umspon-
nen hat. So ist nun einmal das Leben.

Der Mensch auf einer unsichtbaren Schleuderbahn? Es
gibt auch in der Wissenschaft Denkfehler, die selbst
nach tausend Jahren nicht zu revidieren sind.

10. September

Auch heute hat es den ganzen Tag geregnet, die Zweige
tropfen noch. Warme feuchte Luft, Treibhausluft, steigt
durch das Fenster. Nun kommen sie wieder, die Stunden der inneren Unruhe ...
Warum Swantow? Ist es die glückliche Verbindung zwischen dem Abgeschlossenen, Begrenzten, dem Haus, in
dem ich wohne, wo man eingewoben ist in eine feste
menschliche Beziehung, und dem Unendlichen, dem
Meer? Ist es das Verlangen nach der Ebene, dem weiten
freien Blick, wenn man durch die Felder geht? Oder ist
das alles nur Täuschung? Wäre es nicht besser, sich eine
Fahrkarte zu lösen, die glückliche Verbindung aufzu-
kündigen, zurückzukehren in die Beziehungslosigkeit?
Ein paar Kilometer von hier entfernt, wo die F 96
durchs Land geht, von Stralsund über Bergen nach Saßnitz, ist alles viel einfacher, da scheint auch das Leben
noch in Ordnung zu sein, die Rechnung aufzugehen, da
fühlt man sich sicher, man fährt in der Kolonne, ein

Auto hinter dem anderen, da sagt man sich: Auf dieser Straße kann dir nichts passieren, da kann auch in deinem Leben nichts schiefgehen.

Auf der F 96 ist es immer lebendig, da bist du niemals allein, auch nicht in der Nacht. Wenn du an einer Kreuzung stehst, mußt du einige Wagen an dir vorbeiziehen lassen, aber dann kommt bestimmt eine Lücke, die einzig und allein für dich offengelassen wurde, du mußt dich nur rechtzeitig einordnen, wie die anderen auch. Es genügt, wenn du die staubfilzige Rückseite deines Vordermannes im Auge behältst. Die Windschutzscheibe schützt dich vor der frischen Brise des Meeres, und wenn der Regen kommt, hast du noch immer den Scheibenwischer, der dir einen begrenzten Blick offenhält.

Auf dieser Straße scheint auch die Richtung zu stimmen, selbst dann, wenn irgendwo am Straßenrand die Katastrophe auf dich wartet. Vergiß nicht, auch deinen Kindern mußt du es rechtzeitig sagen: immer nur schön auf der Straße bleiben, in der Kolonne, nur nicht ausbrechen, das führt zu nichts. Irgendwo werden sie schon ankommen, außerdem gibt es eine Autokarte, auf ihr ist alles fein säuberlich eingetragen.

Was willst du eigentlich, hat Liv zu mir einmal gesagt: die F 96 ist gut, sehr gut, Bitumendecke, wenig Schlaglöcher, es ist ja eine Transitstrecke, da haben Schlaglöcher nichts zu suchen. Wer aber weiß schon, daß man sich gerade vor den breiten, vorgegebenen Straßen in acht nehmen muß?

Unsere Gedanken haben keine Flügel mehr, sie haben nur noch Räder.

11. September

Es ist ein heißer, drückender Spätsommertag. Wir steigen zum Königsstuhl auf.

An der ganzen Ostseeküste gibt es keinen anderen Ort, der meine Phantasie in den letzten Jahren so stark beschäftigt hat. Diese Felsen muß der Meeresgott selbst als Zeichen seiner Macht an der Küste zurückgelassen haben. Wollte er uns damit sagen, daß er jederzeit wiederkommen kann? Der Mensch und das Meer, diese beiden metaphysischen Wesenheiten, voller Unruhe und immer in Bewegung.

Das ist nicht mehr Rügen, sage ich zu Liv, hier hat die Natur zu dichten begonnen. Einen ganzen Tag müßte man hier oben verweilen, morgens, wenn die rosenfingerige Morgenröte über das Felsplateau geht, abends, wenn die Wege wieder still werden, das Meer weindunkel daliegt.

Der Königsstuhl ist ein mächtiger weißer Klotz, anstehende Kreide, nach drei Seiten hin Abstürze, für den Geologen noch heute von starker Anziehungskraft. Die einzelnen Schichten, das Unbehauene, die Felsbänder, die Übergänge, wie mit Indigo getönt. Vor dem Plateau, senkrecht, eine grüne Schlucht mit Schattenschlägen, Lichtreflexen. Zu einem riesigen Fächer ausgebreitet das Geäst der Eichen, die Blätter, nicht zählbar. Ganze Baumgruppen krallen sich hier fest, scheinen zwischen Erde und Himmel zu schweben. Am Strand Felsbrocken, Steine. Der Königsstuhl – eine Fermate über der silbernen Weite des Meeres.

Jahrtausende liegt dieser Fels unter dem Beschuß der Sonne. Das Licht grellt, leuchtende Glückseligkeit. Mir ist, als wäre ich auf einer ganz anderen Insel angekommen. Ein ionischer Mittag? Noch nie habe ich auf Rügen die mediterrane Atmosphäre so deutlich gespürt. Geographische und mythologische Wahrheiten gehen ineinander über. Ich fühle, wie meine kleine irdische Welt in allen Nähten aufreißt, wie die Jahrtausende in mein Leben einbrechen. Die Gewalt des Logos, der alles durchdringt, offenbart sich auch hier. Welcher König hat einst auf diesem Stuhl gesessen? Oder waren es die nordischen Sirenen? Hatte das Meer nicht immer schon mit Sirenen zu tun? Auch hier hätten sie sitzen können, die süßsingenden mit ihren tödlichen Krallen. Und die Fischer, die unten vorbeifahren? Nur keine Sorge, kein Mensch läßt sich heute noch von einem Lied verführen.

Was wurde am Fuß dieser Felsen nicht alles schon angeschwemmt: Schiffsplanken, zerfetzte Segel, leere Fässer.

Warum nicht auch ein paar tote Sirenen? Sie konnten mit dem Röhren der Dampfer nicht mehr mithalten, den Zerstörern, die mit ihrer ganzen Breitseite die Küste bei Gela unter Beschuß nehmen. Nirgends findet die Sirene heute noch ein Zuhause, einen sicheren Platz für ihr Lied. Sie müßte sich auf Marschlieder umstellen oder auf Beat, dann hätte sie eine Chance zu überleben.

Da stehe ich nun, warte und weiß nicht, worauf. Es ist immer noch Mittag, niemand ist gekommen, keiner geht den Weg zurück, das Plateau ist leer. Ich drehe mich um. Liv sitzt im Schatten einer Buche, die Autokarte in der Hand. Plötzlich werde ich von einem goldenen Lichtreflex geblendet. Ich sehe hinüber zu dem anderen Felsen und traue kaum meinen Augen: da hängt zwischen zwei uralten Eichen das Goldene Vlies. Flockig rinnt das Licht über das Fell. Der Wind hat aufgehört zu wehen, die Blätter an den Bäumen rühren sich kaum, es ist, als hält die Natur für einen Augenblick den Atem an.

Wer war es, der vom Mittelmeer her das goldene Fell bis auf das Kreideriff getragen hat? Über den Steinweg muß er gekommen sein. Ich lehne mich mit meinem Rücken fest an einen Baum, um etwas Greifbares zu spüren. Liv kommt auf mich zu.

Was ist los, sagt sie zu mir, deine Augen haben einen eigenartigen Glanz. Hast du getrunken, ist die Malaria wieder im Kommen?

Weder Wein noch Malaria. Ich habe das Goldene Vlies gesehen.

Wo? fragt Liv.

Dort drüben, auf dem gegenüberliegenden Felsen, zwischen den beiden Eichen.

Ich sehe nichts, nur ein paar Lichtreflexe von der Sonne und dahinter das Blau des Himmels.

Von Zeit zu Zeit senden die Götter den Menschen einen Widder mit goldenem Fell. Es ist deine Schuld, wenn du nichts siehst.

Was du nur hast, das Goldene Vlies, hier auf Rügen. Reiner Unsinn.

Man kann nicht auf halber Höhe stehenbleiben, Liv, wenn man das Goldene Vlies aus den Ästen holen will.

Man muß immer wieder aufbrechen.

Ich sehe kein goldenes Fell, und dabei bleibt es.

Liv, du hast das Träumen verlernt.

Träume, alte Leimruten, mit denen man dumme Vögel fängt.

Wenn man will, so sind auch diese Dinge wieder sichtbar. Glaub mir, was du zu deinen Füßen siehst, ist das Vergängliche, aber das, was dort oben hängt, zwischen den Eichen, das ist von Dauer. Weißt du nicht, daß im Goldenen Vlies das Sonnenhafte vorweggenommen wurde, das Opfer, das Lamm?

Andreas, ich halte nicht viel von solchen Geschichten. In unserem Leben kommt es heute auf ganz etwas anderes an.

Und das wäre?

Auf den Menschen, mein Freund.

Aber Liv, die ganze Zeit rede ich von ihm. Das Goldene Vlies soll den Menschen wieder bewußt werden.

Liv schüttelt den Kopf. Nach einer Weile sagt sie: Glaub mir, ich habe mir wirklich Mühe gegeben, ich habe nichts Goldenes gesehen.

Laß gut sein, sage ich, eines Tages kommt auch für dich noch die Stunde.

Poesie, heißt das nicht auch: den Menschen wiederfinden, der heute auf dem Weg ist, sich selbst zu verlieren?

12. September

In den letzten Tagen ist es noch einmal Hochsommer geworden. Wir haben uns die Liegestühle auf die Terrasse gestellt und schauen den langsam dahintreibenden Wolken nach. Noch einmal beginnen die Rosen unter der Hitze zu duften, so schwer, so süß, als hätte der Wind den Duft von einem Rosenfeld zu uns herübergeweht.

Im Garten treibt der Hochsommer noch einmal neue Blüten hervor, die Forsythien fangen zum zweiten Male an zu blühen, die Kapuzinerkresse setzt an, die Heckenrosen stehen immer noch in dunkler Pracht und die Balsaminen – ein Blütenmeer.

Die Graugänse ziehen. Gegen Abend fallen sie ein in die Felder zur Äsung. Ich höre das Rauschen ihrer Flügel beim Niedergehn in die Wintersaat bis in den Garten.

14. September

Ein Spätsommertag, satt und still, so still, wie er in Swantow nur sein kann. Wir gehen am Kirchhof vorbei, die Dorfstraße entlang. Die Gänse haben ihren Kopf ins Gefieder gesteckt, das Sonnenlicht flockt in den Baumkronen, weiter draußen ist die Straße grau, geschottert, an den Ästen flimmert das Laub.

Der Weg führt uns durch die Felder in eine von Bäumen und Sträuchern bewachsene Senke. In dieser Mulde, so erzählt Liv, sammeln sich um diese Jahreszeit die Stare. Schon aus der Ferne höre ich das Lärmen der Vögel.

Als wir in der Senke ankommen, traue ich kaum meinen Augen. Zu Hunderten sitzen sie in den Sträuchern, auf den Bäumen, unzählbar. Und wie sie dahocken, auf jedem Ast, jedem Zweig, schräg aufwärts, schräg hinab, ein lärmendes Durcheinander, gegeneinander, und immer dieses verhaltene Schwirren, Flattern, hin, her, her, hin, eine seltsame Art zu leben.

Eine Katze schleicht durch das Gras, ganz langsam, Schritt für Schritt. Im Schatten einer Weide hält sie an, duckt sich, schnellt hoch. Plötzlich stehen wir inmitten einer riesigen Starwolke. Es schwirrt heran, schimpft, schreit, bricht sich über uns wie an einer unsichtbaren Mauer, das ganze Starvolk ist aufgeschreckt, wirft sich uns entgegen, als wären wir die Angreifer, tausend schlagende Schwingen verdunkeln für einen Augenblick die Sonne. Wir sehen die kleinen aufgerissenen Schnäbel, die Schwingen, spüren ihren Peitschenschlag im Nakken. Ich schmecke förmlich den Staub, den die Vögel durch ihren Flug aufwirbeln, spüre eine feuchte klebrige Masse im Nacken. Auch Liv hat Vogelkot im Haar.

Nach einer halben Minute ist alles vorbei. Einen Steinwurf weit von uns entfernt sehen wir auch wieder die Katze, sie hält einen Vogel im Maul.

Die ersten Spinnweben ziehen sich durch den Rosenbusch, wasserbeschlagen vom Nebel glitzern sie in der
Morgensonne bis weit in den Mittag. Noch hängt das Leben an den Bäumen, doch in der Mittagsstille löst sich
da und dort ein erstes Blatt ...

> Es wird ganz so sein,
> wie du es dir gedacht hast:
> im Herbst,
> unter einem Blau,
> das nur die Erde kennt,
> wirst du zusammenbrechen,
> in deinem Blick
> das Schloß,
> die beiden Türme,
> Vögel,
> die auffliegen.
>
> Es wird ganz so sein,
> wie du es dir gedacht hast:
> du wirst dich liegen sehen,
> ohne Mitleid.
> Das also war mein Leib,
> wirst du dir sagen,
> und dann,
> dasselbe Zimmer,
> die Schreibmaschine,
> auf dem Tisch,
> aufgeschlagen
> die Metamorphose der Pflanzen,
> durch die Mauern deines Hauses
> wirst du gehen,
> als wären die Sandsteinblöcke
> Luft.
>
> Es wird ganz so sein,
> wie du es vorher schon gewußt:
> die Stimmen deiner Kinder

wirst du hören,
Winterstimmen,
der Zeitenvogel
abgeflogen,
vor einem Spiegel
wirst du stehen,
Weltenspiegel,
kein Engel,
der über dich Gericht hält,
einem brennenden Dornbusch
wirst du nachgehen,
dem Wort,
das von Anfang an war
in dir,
staublos.

18. September

Die Felder sind leer, abgeräumt, randlos liegt die Erde
vor dem Fenster da.
Irgendwo in dieser Weite rückt jetzt der Herbst auf uns
zu, ganz langsam. Es ist gleichgültig, aus welcher Richtung er vorstoßen wird, er weiß, daß seine Zeit gekommen ist. Wir sitzen vor dem Haus, in der letzten warmen
Mittagssonne, sind untätig und warten. Wir wissen, daß
wir in seinen Augen nicht zählen, er hat Wichtigeres zu
tun, als ein paar zurückgebliebene Urlauber mit seinem
Farbnetz einzufangen. Er muß sich um die Herbstzeitlosen kümmern, muß nachsehen, ob sich die Raupen ver-
puppt, die Maulwürfe auch tief genug gegraben haben,
auch einige Vögel sind noch da, ihr Abflugtag steht immer noch aus.
Für ein paar Tage scheint alles noch einmal aufzugehen,
wir sitzen da und lassen es auf uns zukommen, leben in
der Gewißheit, daß vieles in unserem Leben auf das
Gleichnis hinausläuft. Wir wissen aber auch, daß das
Gleichnis die umfassendere Wirklichkeit ist, es läßt
keine Täuschung mehr zu.

Die Jahre des Lebens reihen sich nur scheinbar aneinander. Unsere „zeitlos rotierende Monade" bewegt sich in einer gewissen Spanne ihres Daseins zwischen den Dingen der Welt und schafft sich dadurch Schicksal und Zeit; wir aber merken nicht, daß alles gleichzeitig geschieht, weil die Geschwindigkeit sich geändert hat. Was wir Zukunft nennen, liegt lange schon in uns selbst.

Am Abend hat Liv im Wohnzimmer Feuer gemacht. Der Rauch aus dem Schornstein vermischt sich mit dem aufkommenden Nebel. Der Mond kommt hoch, ein unförmiger Klumpen aus rotem Lehm.

20. September

Als ich heute früh aus dem Fenster sehe, sage ich zu Liv: Es ist Zeit, die Astern stehen im Nebel.

Es ist merklich still geworden, es flattert nicht mehr in den Bäumen, die Sonnenblumen sind ausgekernt, ihre Blütenteller schwarz, eine andere Jahreszeit kündigt sich an.

Auch im Wespennest ist es ruhig geworden, die Arbeiterinnen sterben ab.

In allen Aufzeichnungen, die ich in diesem Sommer geschrieben habe, wohnt etwas von dem Dank gegenüber dem Leben, den man erst im Fortschreiten der Jahre begreift.

24. September

Als wir gestern in Saßnitz waren, sah ich in einem Kunstgewerbegeschäft einen aus Kreide geschnittenen Block mit eingebackenen Muscheln und Fossilien. Ich konnte meiner Sammlerleidenschaft nicht widerstehn, trat in das Geschäft und fragte die Verkäuferin nach dem Preis.

Nun liegt der Brocken vor mir auf dem Tisch. Kein Spiel mit Formen, Flächen, Linien wie bei einem Bergkristall, dem Rauchtopas, auch die Farbe zählt nicht. Es ist ein warmer fraulicher Stein, die Hände fühlen es, mit einem

Hauch von Atem, weich. Er ist dem Menschen näher als das Urgestein. Er gibt der Landschaft, im Gegensatz zum Basalt, Freude und Helligkeit.

Ich bin nicht für den Stein, obwohl er mir auch heute noch bewahrenswert erscheint als Druse, als böhmischer Granat. Auch der Amethyst mit seinem dunklen Violett hat für mich etwas Anziehendes, seine Farbe gab mir von jeher ein Gefühl der Ehrfurcht. Auch heute noch gehört sein kräftiges Violett, dieser Kardinalston, zu meinen Lieblingsfarben. Doch möchte ich nicht im Stein begraben sein, in einem Marmorsarg liegen. So etwas ist für die Kaiser und Könige, die auch heute noch der Illusion nachhängen, der Stein gäbe ihrem Namen Dauer. Der Stein beschirmt uns nicht, vor allem nicht gegen den Wandel der Zeit. Es ist eine luziferische Vorstellung, in einem steinernen Sarg zur Ruhe zu gehen oder gar in einem Sarg aus Zinn. In der Kreide ist immer noch das Wunder Leben spürbar. Kreide kann man noch schmecken, zwischen den Fingern zerreiben, da ist immer noch ein Geruch, eine Substanz, die sich dem Menschen mitteilt. Obwohl ich aus dem Gebirge komme, wo der Granit seine Herrschaft angetreten hat, gibt mir die Kreide etwas Heimatliches, sie macht mir das Leben um vieles heller, aber auch begreiflicher.

Nein, ich will nicht den Stein, ich bin für das Organische, das Vergängliche, das sich aus der Zelle aufbaut, Gestalt annimmt, sich wandelt, verfärbt, abblüht und eines Tages wieder aufersteht. Ich will nicht sagen, daß Vergänglichkeit leicht zu tragen sei – und schon gar nicht der Tod. Und doch ist es schön, dieses Kommen, Gehen und Wiederkehren. Es ist eine Gunst, eine Bevorzugung, der wir uns noch gar nicht so recht bewußt geworden sind. Selbst die ungeheuren Steinwände, die Granitschilde im Altvatergebirge heben das Unwiederbringliche, Unangreifbare einer Menschensekunde nicht auf. Im Menschen ist das Leben auf dem Weg zu sich selbst, darauf kommt es an.

1. Oktober

In diesen Tagen wird mir von neuem bewußt, daß ich mein Leben nicht mehr so leben kann wie früher, ich habe zu den Dingen eine eigenartige Distanz gewonnen, vieles kommt anders an, berührt mich nicht mehr so direkt, Freude und Schmerz sind verhaltener.

Je älter ich werde, um so mehr werde ich mir der inneren Intensität des Lebens bewußt. Früher lag sie in der Berührung, begann mit der Annäherung, verkörperte sich in den greifbaren Dingen, hatte Gestalt, Farbe, Form. Heute läßt man sich von der Welt nicht mehr so schnell einfangen, da ist alles etwas ruhiger geworden, die Leidenschaften haben sich verloren, die Stille macht das Leben intensiver, und plötzlich erkennt man, daß im Grunde das Denken die Intensität des Lebens ausmacht, man sieht, wie es durch den Menschen hindurchgeht, dauert, pulsiert …

Der Mensch ist nicht nur ein Geschöpf der Erde, ihr Leibeigener, er ist immer auch ein Geschöpf des Himmels, das über die Erde hinausweist.

3. Oktober

Swantow wird winterfest gemacht. Liv hat die Vorhänge abgenommen, Fußmatten und Teppiche werden geklopft, die Fensterläden von innen her verschraubt. Am Tag der Abreise ist viel zu tun, da schleppen wir unseren eigenen Schatten durch ein ungemütlich gewordenes Heim.

Am späten Nachmittag setzen wir uns noch einmal auf die Terrasse. Wir haben den Pullover übergezogen, es ist kühl. Keine Graugänse mehr, der Himmel ist leer.

Wir wissen: jedes Leben hat seine Frist, es gibt keinen Aufschub, es ist Herbst, aus dem Laub der Bäume zieht sich die Kraft zurück in den Stamm. Jetzt, wo alles etwas kahler wird, fällt auch das Licht wieder in die Seele.

So vieles wurde auch in diesem Sommer noch nicht gesagt, man wird wiederkommen müssen, weil auch das Ungesagte auf den Menschen wartet.

Seedorn

Tagebucherzählung

Den Menschen wichtig nehmen ist Kultur,
den Menschen geringschätzen: Barbarei.

Gerhart Hauptmann

Was ist es gewesen, das mich nach fünfzehn Jahren noch einmal auf die Insel trieb? Ich war selbst überrascht, mit welchem Eigensinn ich die Reise in die Tat umsetzte. Wie auf einen unsichtbaren Befehl hin packte ich den Koffer und brach auf.

Es war kein gutes Jahr, den Frühling habe ich kaum wahrgenommen, den ganzen Sommer kein einziges Kornfeld gesehen, die Tage waren mit Broterwerb ausgefüllt, dem Aufbau einer neuen Zentralbibliothek. Aber auch das Schreiben ist mir nicht von der Hand gegangen. Hatte ich aufgehört, dem Leben zuzuhören? Die Leitungen waren unterbrochen, die Gespräche nach draußen blockiert, keine Verständigung mehr. Eine eigenartige Müdigkeit war über mich gekommen, eine Lethargie. Vielleicht muß der Mensch bereit sein, auch auf die Leere zu antworten, wenn sie ihn eines Tages überfällt. Wie aber soll man leben, wenn man keine neuen Erfahrungen mehr macht?

Die erste Annäherung geschah wie immer durch das Schiff, in gemessenem Abstand zog es an der Küste vorbei. Zuerst der Gellen, unendlich flach, Sandbänke, die unberechenbar in den Bodden hinausreichen. Der Strand war immer noch da, auch der Sand, Ostseesand, weiß, aber das Wasser, das Wasser. Oder sollte ich mich täuschen? Später die ersten Häuser von Plogshagen, aufgemauerte Würfel, weiß gekalkt. Im Norden stößt der Dornbusch noch immer wie eine Faust aus dem Meer. Die Insel, hinsichtlich der Lage längst bekannt, Vermessungen liegen vor, Landkarten, nachprüfbar auch die Namen der Dörfer, die Szenerie der Küste wiederholt schon beschrieben.

Ich näherte mich Kloster ohne innere Anteilnahme. Als ich vom Schiff aus die ersten Häuser sah, kam mir das Wiedersehn fast etwas peinlich vor. So töricht kann doch ein Mensch nicht sein und glauben, die Insel bringe ihm nach fünfzehn Jahren noch einmal etwas zurück.

Noch nie hatte ich Hiddensee bei meiner Ankunft so trostlos erlebt. Die Hauptsaison war vorüber, das Leben in andere Bezirke abgewandert, der Hafen leer. Die Wasser schienen dreckiger geworden zu sein, ein Ölfilm, wo die Schiffe anlegen. Zum erstenmal fühlte ich mich auf dieser Insel wie ein Fremder, sie hatte ein anderes Gesicht. Aber die Möwen waren immer noch da, die frechen, feisten Möwen mit ihren unermüdlichen Losungen auf den Pfählen.

An diesem Abend habe ich nicht wie einst das alte Blockhaus aufgesucht, hoch auf dem Dornbusch; mein Freund, der Landarzt, hatte mir im Gasthof „Wieseneck" ein Zimmer bestellt. Es war noch hell, als ich vom Hafen nach Kloster aufstieg.

Die erste Nacht liegt hinter mir. Der Schlaf war voller Unruhe, ich warf mich von einer Seite auf die andere, Traum und Wachen gingen ineinander über, meine Gedanken waren umflutet vom Meer, immer nur Wasser, Wasser ...

16. September

Ich gehe den altvertrauten Weg zum Dornbusch hinauf, einen schmalen gelben Sandweg.

Es ist Mitte September. Die Gräser sind von einem herbstlichen Braun gefärbt, nur da und dort eine spätblühende Staude, ein Kraut, das aus dem Gras hervorbricht. Aber auch an den Bäumen ist die Jahreszeit ablesbar. Der Herbst hat feurige Farben aus den Ahornblättern geschlagen, gelbe Flecken leuchten auf, die Ränder bedecken sich mit Bronze. Die Birken haben ihre grünen Kleider abgelegt, an den Stämmen sammelt sich der Schutt, das Laub. Die Baumkronen sind durchlöchert, Krähen hängen lärmend in der Luft.

Die Insel: auf der einen Seite das offene Meer, blitzend, tobend, brüllend, auf der anderen der Bodden mit seinem stummen schwarzen Wasser, dazwischen das fahle Land, langgestreckt, das kalkige Weiß der Häuser, ein paar Bäume, Wind, Vogelschwingen und Sand. An den Ufern ist das Wasser glasig, lauchfarben, erst weiter draußen der weißgrüne Schaum. Kein Überfluß an Farben, schnittgerade der Horizont.

Die ersten Zweifel kommen in mir hoch. Ist das wirklich

die Insel, die ich vor zwanzig Jahren zum erstenmal betreten habe? Damals war alles noch Aufstieg, eine Fülle von Eindrücken kam auf mich zu: der Dornbusch, dieser Aufschwung aus der Ebene, von hier konnte man auffahren in den Himmel, aber auch die Fluglöcher im Sand, aus denen die Seeschwalben abstrichen, die Schichtungen im Lehm, ocker, gelb, blaugrau und nicht zuletzt die Muscheln, der Schachtelhalm, die Steine, wie weit liegt das alles zurück. Nein, es ist nicht mehr der Ausblick von einst, in einer fast schon erschreckenden Weise versagt sich mir die Landschaft, das Meer. Da sind Verortungen geschehen, ich nehme Dinge wahr, die mich plötzlich erschrecken. Die Insel ist zersiedelt, aufgeteilt, lauter neue Bungalows, Einfamilienhäuser, kaum noch ein Steinwurf Luft zwischen den Dächern. Mutationen sind eingetreten, vielleicht auch in mir selbst. Ein anderer Geist ist lebendig geworden, das Denken ist härter, schärfer, kritischer. Man legt nicht mehr dort an, wo man vor zwanzig Jahren den Anker ausgeworfen hat. Ausgerechnet in dieser ausrechenbaren, wirklichkeitsbesessenen Welt bleibt in mir ein Rest, der sich allen Berechnungen entzieht.

Ich erinnere mich an die Zeit, als ich Jahr für Jahr unterwegs war, um neue Landschaften aufzusuchen. Wenn man die Sechzig hinter sich hat, trägt man die Landschaften, die man für sein Leben noch braucht, lange schon in sich.

17. September

Es ist acht Uhr, ich gehe die Treppe hinab in den Speiseraum. An der Tür bleibe ich stehen, der Raum ist halb leer. Plötzlich sehe ich am Fenster eine junge Frau, die Frühstückskarte in der Hand. Ich traue kaum meinen Augen, langsam gehe ich auf sie zu.
Esther, sage ich.
Sie legt die Frühstückskarte aus der Hand und sieht mich an.
Mein Gott, Jan, wo kommst du denn her?

Ich setze mich zu ihr an den Tisch. Esther hat ein hellgraues Kleid an mit ein paar eingewebten weinroten Fäden, ihre Haut ist windgebräunt.

Jan, wie lange haben wir uns nicht gesehen?

Seitdem du aus Weimar fortgegangen bist, zehn Jahre müßten es sein.

Esther beginnt zu rechnen. Nein, es sind zwölf, genau zwölf.

Nach einer Weile sage ich: Was hat dich nach Hiddensee geführt, die Saison ist doch längst schon vorüber.

Ich lese heute abend im Haus „Seedorn" aus dem „Buch der Leidenschaft", außerdem habe ich noch vierzehn Tage Urlaub.

Ihre Stimme ist immer noch etwas rauh, schon in Weimar waren ihre Stimmbänder das ganze Jahr hindurch leicht belegt.

Was hältst du von einem doppelten Wacholder als Begrüßungstrunk?

Oder einen Enzian.

Die Kellnerin setzt uns den eisgekühlten Wacholder auf den Tisch, wir trinken uns zu.

Weißt du noch, wie es angefangen hat, sagt Esther. Wir blättern zurück, ganz langsam, zuerst ein paar Seiten, aber dann beginnen wir die Jahre noch einmal von vorn zu lesen ...

Esther wurde in Galizien geboren, so stand es auf ihrem Geburtsschein, auf dem Taufschein der römisch-katholischen Kirche. Ihr Vater, ein Tuchhändler aus Łodz, hatte sich in Krosno niedergelassen; ihre Mutter, eine wohlhabende Jüdin aus dem alten Preßburg, mit einem Haar wie gesträhntes Messing, arbeitete als Lehrerin am städtischen Gymnasium. Als im September neunzehnhundertneunundreißig die deutschen Panzer das Land überrollten, hat ihr die Haarfarbe das Leben gerettet, kein SS-Mann vermutete unter diesem blonden Schopf eine Jüdin.

Nach dem Krieg gingen die Geschäfte ihres Vaters schlecht, er meldete Konkurs an. Zehn Jahre später, als in Galizien in einigen Kreisen der Bevölkerung eine neue antisemitische Haltung spürbar wurde, packte ihre

Mutter die Koffer – der Vater war bereits tot – und reiste mit der Tochter zu ihrer Cousine nach Weimar.

Wir erzählen und denken gar nicht an das Frühstück, das bereits auf dem Tisch steht. Vergangene Erinnerungen werden wach, die Jahre in Weimar.

Esther wurde als Elevin am Nationaltheater eingestellt. Im ersten Jahr gab man ihr ein paar kleine, unbedeutende Rollen in den Kammerspielen, in der Operette. Die deutsche Sprache bereitete ihr keine Schwierigkeit, in ihrem Elternhaus hatte man polnisch und deutsch gesprochen, auf der Straße, unter den Kindern auch etwas jiddisch. Dann aber begann sie zu arbeiten, Tag und Nacht, und der Traum, den sie einst an der Schauspielschule in Krakau geträumt hatte, wurde Wirklichkeit. Sie bekam die ersten größeren Rollen, war wie besessen von der Arbeit, sie hatte aus ihrer alten Heimat etwas mitgebracht, das den anderen fehlte: Begabung.

Erinnerst du dich noch, sagt Esther, als ich das erstemal zu dir in die Stadtbibliothek kam?

Ich sehe dich noch heute vor den Schallplatten stehen, du hattest einen dunkelblauen Rock an und eine weiße Bluse aus Batist.

Ich weiß, ich suchte Aufnahmen aus dem Burgtheater, Hebbel, Schiller, Kleist. Keiner wußte, wie schwer mir die Arbeit fiel, das Studium der Texte, die Proben, die Aufführungen.

Esther hatte schon damals in ihrem Wesen etwas Anziehendes und zugleich auch etwas Abweisendes. Zwischen uns bestand ein äußerst kühles Verhältnis. Es änderte sich schlagartig, als ich ihr eines Tages von meiner Begegnung mit Halina erzählte. An diesem Tag begann unsere Freundschaft. Eines Abends lernte sie in meiner Wohnung meinen Freund Christian kennen. Er arbeitete als Bibliothekar an der Landesbibliothek. Es war vor allem ihre Mutter, die Gefallen an dem jungen Mann fand und ihrer Tochter zuredete. Ein Jahr später hat man geheiratet, ich wurde Trauzeuge.

Mitten in unsere Erinnerungen hinein sagt Esther: Jan, kannst du mir sagen, warum wir uns in den letzten Jahren kaum noch gesehen haben?

180

Ich bin Christian auf den Tagungen des Bibliotheksverbandes wiederholt begegnet, wir saßen oft an den Abenden beisammen bei einer Flasche Wein.

Aber die Briefe wurden seltener, schließlich tauschten wir zu Weihnachten nur noch einen Kartengruß.

Seitdem du deine Zelte für immer in Berlin aufgeschlagen hast, haben wir uns aus den Augen verloren, wie man so schön sagt.

Das wird sich in den kommenden Tagen ändern, ich wohne bei einer befreundeten Familie drunten am Hafen, ich habe dir manches zu erzählen.

Esther steht auf.

Sei mir nicht böse, Jan, ich muß für meine Lesung noch etwas vorbereiten, ich hoffe, wir sehen uns am Abend.

Es ist ein stiller, warmer Septemberabend, ich trete über die Terrasse ins Haus, die Fenster zum Garten hin stehen offen. Hauptmanns Arbeitszimmer ist bis auf den letzten Platz besetzt.

Esther hat nicht hinter dem schwarzen, wuchtigen Schreibtisch Platz genommen, sie sitzt in einem Korbsessel. Ich sehe sie an: das blonde Haar, der sichtbare Ansatz der Backenknochen, die Augenlider grün getuscht, der Lidrand ist mit einem schwarzen Stift behutsam nachgezogen. Sie nimmt das Buch in die Hand und liest ...

„Der Bewahrer dieses Tagebuches stammt aus einer französischen Flüchtlingsfamilie. Seinen Namen verrate ich nicht, da er ihn mit dem versiegelten Manuskript, das sein Nachlaß enthielt, nicht in Verbindung gebracht sehen will. Deutlich gesprochen: er verleugnet das hier zum erstenmal der Öffentlichkeit unterbreitete Tagebuch. Mit welchem Recht, entscheide ich nicht. Über die Gründe ließe sich streiten. Ich würde im gleichen Falle nicht so handeln. Leben, Lieben, Leiden ist allgemeines Menschenlos, und indem man dem Leben, Lieben und Leiden Worte verleiht, spricht man im Persönlichen doch nur das 'Allgemeine aus ...“

Das Schauspielerische, das Sich-Darstellende tritt bei Esther heute abend in den Hintergrund, keine plastischen Gebärden, die das gesprochene Wort untermalen, keine Übersteigerung in der Wortbetonung, eher ein Aussparen zwischen den einzelnen Wortfolgen, alles ist Verhalten, ohne Pathos.

Ja, das ist das Buch, das ich vor vielen Jahren selbst einmal gelesen habe. Ich höre Sätze, die mich von neuem aufhorchen lassen, Worte, die mich unmittelbar ansprechen. Was habe ich damals, vor fünfunddreißig Jahren, nur gelesen? Ich erinnere mich, es war im Lesesaal der Ernst-Abbe-Bücherei zu Jena. Meine ganzen Träume, Wunschvorstellungen legte ich damals in die Aufzeichnungen; heute bringe ich meine eigenen Erfahrungen mit ein. Es ist derselbe Text und doch nicht mehr derselbe, die Lebenslandschaft ist eine andere geworden.

Und wieder höre ich auf Esthers Stimme: „Der Bergfried, wie Anja und ich unser Asyl in Waldbach nennen wollen, ist durchaus eine Gründung für sich. Er steht nach Bestimmung und Lage außerhalb des Bürgertums. Er hat einen festen gedrungenen Turm, der die Dämonen schrecken und einer Welt von Feinden Trotz bieten soll. Er riecht nach Wehrgängen, Bastionen und Schießscharten. Sein Inneres, wenn erst der Bergfried einmal bewohnbar ist, denke ich mir heimlich-unheimlich, eine Stätte bedrohter Sicherheit ..."

Ich weiß, daß es dem Autor in diesem Buch nicht allein auf die beiden Frauen ankommt, auf Melitta und Anja, ihre Namen sind austauschbar. Der Verfasser spricht von der Lebenskrise eines Menschen, der den anderen Menschen sucht, zugleich aber auch flieht. Lebenskrisen sind immer auch Krisen des Denkens. Die Lebensbasis des Tagebuchschreibers mußte eine andere werden, wenn er überleben wollte.

Als Esther das Buch aus der Hand legt, ist es still, sehr still, aber dann kommt der Applaus, minutenlang ...

Der Turm in der Literatur: Hölderlin – ein Vergessener im Turm; Hofmannsthal – der Turm als Gefängnis; Hauptmann – eine Stätte bedrohter Sicherheit.

Wissen wir überhaupt noch, was der Turm ursprünglich

für den Menschen bedeutet hat, war er nicht immer schon ein Symbol für den Aufbruch? Der Mensch hat sich Türme gebaut, um dem Himmel näher zu sein. Heute sehen wir nur noch hinauf zum Zifferblatt, um die Zeit abzulesen, und schrecken zusammen, wenn wir feststellen, daß es fünf Minuten vor zwölf ist.

18. September

Ich weiß noch immer nicht, warum ich in der vergangenen Woche die Fahrt nach Hiddensee angetreten habe, irgend etwas hat zu mir gesagt: fahr hin.

Meine innere Landschaft ist dieser äußeren Landschaft fremd, entgegengesetzt. Hier gibt es kein Verharren in der Form, hier ist alles Wind, Weite, Bewegung, ein Brauen und Sichballen von Wolken, eine Verflechtung von Sonne, Wasser und Land. Aus dieser Insellandschaft kann man kein Stück herausbrechen und sagen: das ist Hiddensee. Was mich die Insel lehrt, ist Unruhe, Spannung, Bewegung, ich sehe das Meer mit seinen langgezogenen, anreitenden Wellen, dieses Kommen und Gehen, das Sichüberrollen ...

Mir geht es heute nicht mehr um die Schönheit einer Insellandschaft, um ihre Vielfalt, mir geht es ganz einfach um eine neue Intensität, Lebensintensität.

Gegen elf Uhr kommt die Sonne heraus. Es ist die Zeit, wo der Himmel aufreißt oder die Insel für den Rest des Tages im Nebel versinkt.

Esther und ich gehen den Dornbusch hinauf. Wir haben kein Ziel, langsam nehmen wir die Steigung. Der Sandweg zieht sich auf dem Rücken des Berges nach Norden, es ist ein Weg, für den man sich Zeit nehmen muß.

Der Laubwald ist durchsichtig geworden, wie eine leuchtende Folie liegt die Atmosphäre über dem Meer. Langsam wird es blau. Unter uns der Strand, weißgrau, verlassen, als hätte ihn nie ein Menschenfuß betreten.

Vor Jahren noch hatte ich den Wunsch, die Hand nach diesem oder jenem Blatt auszustrecken, in die Blüten-

183

pracht einer Dornenhecke zu greifen, eine blühende Kamille zwischen den Fingern zu zerreiben, irgend etwas festzuhalten in der Hoffnung, daß es Bestand hat. Heute – kein Wunsch zuckt mehr durch die Hand, keine Rindenrauheit, Rindenglätte, das alles lockt nicht mehr, verführt nicht, und dennoch nimmt das Auge mit sinnlichem Begehren die Landschaft in sich auf.

Unser Gespräch kommt nur langsam voran, hier ein Wort, dort ein Wort, Esther scheint mit ihren Gedanken ganz woanders zu sein, ich weiß nicht wo, ich möchte auch nicht fragen, es steht mir nicht zu.

Über den Hang flattert ein verspäteter Schmetterling. Plötzlich bleibt Esther stehen und zeigt mit der Hand nach oben. Ein Bussard schwebt über dem Dornbusch, hängt sich in den Wind, läßt sich tragen, nützt die steigende, die fallende Luft, die von der Steilküste kommt.

Vor ein paar Tagen habe ich den Bussard schon einmal beobachtet, sagt sie. Fast könnte man glauben, es seien die Schwingen, die bei einem solchen Vogel denken, alles ist von einer stillen Nachhaltigkeit, Wirksamkeit. Diese Ruhe, diese Ausgeglichenheit haben wir bei unseren Flügen noch lange nicht erreicht, die Besonnenheit des Schwebens.

Plötzlich zieht der Bussard eine Schleife, streicht glänzend davon. Er schreit.

Nach dem Mittagessen lege ich mich auf das Sofa und bin nach wenigen Minuten eingeschlafen. Als ich aufwache, finde ich mich in einem erschreckenden Zustand wieder; ich liege mit offenen Augen auf der Couch, bin hellwach, erkenne das Fenster, die Tür, die Vorhänge mit den rostroten Farbtupfen, doch meine Arme und Beine sind wie gelähmt, ich kann sie nicht bewegen. Ich möchte schreien, aber auch die Lippen versagen mir den Dienst. Plötzlich ist mir, als kehre etwas Unsichtbares zurück, das meinen Körper während des Schlafes verlassen hat, ich spüre, wie es in mich wieder einfällt. Ich stehe auf und gehe durch das Zimmer, als wäre nicht das geringste geschehen.

Seit Tagen geht mir ein Wort von Hauptmann nicht mehr aus dem Kopf: „Wir müssen uns als Mensch zu unserer eigenen Existenz bekennen und nicht nur zu einer bestimmten Gestalt."

19. September

Der Himmel ist zugezogen, kein Wind, auch nicht der leiseste Atem des Meeres. Deutlicher als sonst sind bei dieser Stille die Grundströmungen erkennbar, die in mäanderischen Formen die unteren Wasser durchziehen.

Ich erinnere mich: es begann mit einer Landkarte. Wir beugten uns über den Tisch, zwischen unseren Köpfen nichts als das Licht vom Fenster.
Ich wanderte mit dem Zeigefinger von Ort zu Ort. Hier ist Dubno, sagte ich zu Esther, und hier, etwas südlich, am Fuß der Wolynisch-Podolischen Platte liegt Kremenez. Und plötzlich war alles wieder da. Ich erzählte Esther von meiner Liebe zu Halina, von den Abenden am Lehmofen, von Halinas Mutter, die auf der Ofenbank saß und strickte, von den ukrainischen Bäuerinnen, die mit ihrem Panjewagen vom Land herein in die Stadt kamen, aber auch von der Wehrmachtsstreife erzählte ich ihr, die Tag und Nacht unterwegs war, um jene Soldaten festzunehmen, die bei polnischen Familien aus und ein gingen ...
An diesem Abend begann unsere Freundschaft. Esther lebte damals noch mit ihrer Mutter am Rande der Stadt, in einer kleinen Zweizimmerwohnung mit Küche und Speisekammer. Die Zimmer waren möbliert, noch hatte man nicht das Geld für eigene Möbel, die Fenster waren schäbig, die Farben abgeblättert, die Wände schlecht tapeziert, aber – man lebte ohne Anspielungen.
Wir gingen oft miteinander spazieren, entlang der Ilm, schon damals kein klarer Fluß mehr, aber immer noch belebt mit Wasservögeln und Tauchern. Wie oft haben wir uns in den Schatten der Bäume gesetzt, dort, wo heute noch die uralten Baumgruppen stehen und dazwischen die kurzgehaltenen Grasflächen liegen, wo es die

offenen Durchblicke gibt, die Lichtungen. An manchen Tagen wanderten wir die alte Dorfstraße entlang, an Goethes Gartenhaus vorbei, bis nach Belvedere. Es kam aber auch vor, daß Esther noch am späten Abend bei mir vorbeikam. Jan, sagte sie dann, laß deine Arbeit liegen, ich muß mit dir reden. In diesen Stunden mußte ich ihre Welt immer wieder ins Lot bringen, ich wußte, wie schwer es für sie war, in einem Land, das ihr von Kindheit an fremd war, Boden unter den Füßen zu bekommen. Es dauerte Jahre, ehe sich Esther in Weimar halbwegs zu Hause fühlte.

Weimar war damals noch eine stille Stadt, da gab es keinen internationalen Tourismus, keine Kongresse, da bewegte sich nicht viel, am Stadtrand ein paar langweilige Villen mit Vorgärten und am Abend ein paar verlassene Fußgänger in den Straßen, da sah man die Tage noch kommen und gehen, die Fenster zur Welt waren noch nicht aufgestoßen, erst später fing es an, in den Mauern dieser Stadt unruhig zu werden.

Heute sage ich mir: eine schöne Zeit damals mit Esther, kommt nicht mehr wieder, da ist man dem anderen noch ein Stück entgegen gegangen, da wurde das Glück auf dem Rummelplatz noch ausgerufen: Meine Damen, meine Herren, treten Sie ein, sechs Schuß für eine Mark! Noch nie war das Schießen in diesem Land so harmlos. Um Mitternacht gingen wir mit unseren Papierblumen durch die Stadt, hatten eine Puppe im Arm, einen Bären, in der Rocktasche eine Flasche vom billigsten Schaumwein ...

Ist es wirklich nur das Gedächtnis, das unsere Erinnerungen speichert? Es gibt Erinnerungen, da sind auch die Gefühle plötzlich wieder da, die ganze Atmosphäre, das Fluidum ...

20. September

Es gab eine Zeit, da lehrte mich die Insel sehen. Alles, was damals auf mich zukam, war voller Intensität, doch in den letzten Jahren haben die Bilder ihre Farben eingebüßt, die Zeichen, die ich heute lese, sind nicht mehr die Zeichen von einst.

Damals, es war Anfang der sechziger Jahre, als ich einen ganzen Sommer auf der Insel verbrachte, spürte ich noch die Sonne, das Wasser, den Wind, heute begleitet mich auf Schritt und Tritt das Wissen um jene furchtbaren Dinge, die durch uns hindurchgegangen sind. Damals war vieles noch im Gleichgewicht, das Leben in den Flüssen, im Meer, jedes Tier, jede Pflanze spielte die Rolle, die von der Natur ihnen zugewiesen war, man brauchte noch keine Erklärungen abzugeben über den Quecksilbergehalt der Ostsee, den Gehalt an Schwefeldioxyd, da waren die Zeichen, die uns die Natur gegeben hat, noch Zeichen und keine Warnungen.

„Von einem gewissen Punkt an kann man nicht mehr zurück", sagt Kafka. Haben wir den Punkt des Nicht-wieder-gut-zu-Machenden etwa schon erreicht?

Die alten Griechen würden sagen: die Götter haben ihre Hand von der Insel zurückgezogen.

Mit einer bedenklichen Ruhe ist der Nachmittag über die Insel gekommen, alles ist still, auf der Dorfstraße, im Hafen. Plötzlich reißt es am Dachstuhl, das Holzwerk beginnt zu knarren, irgend etwas bringt Unruhe ins Land, eigenartige Laute sind in der Luft, Bewegung in den Ästen, die Dachbodenfenster schlagen zu.

Wir gehen die Straße hinab an den Strand, unter einem Himmel, der langsam dunkel wird. Von der offenen See her stampft es herein, bricht sich am Dornbusch, nimmt Anlauf, stürmt den Kiefernwald hinauf. In den Baumkronen ein dunkles Rauschen, Knarren und Biegen, dann wieder ein Seufzen, morsche Äste schlagen zu Boden.

Es ist ein warmer, feuchter Wind, lauter schwüle Luftmassen führt er der Insel vom Süden her zu, man atmet sie ein wie alte, verbrauchte Luft.

Wir bleiben stehen. Vor dem Steinwall ein aufgebrachtes, zottiges Meer. Die Wellen schlagen an den Damm, fallen klatschend auf die Steine, die See, ein Dampfkessel, überall brodelt es, Wellenkämme, weiß und schaumig. Eine halbe Stunde später ist alles zugezogen, kein Himmelsgewölbe mehr.

Am Horizont ein Schiff, ein Gespensterschiff.

Die ersten Regenschauer kommen von der See her ins Land, nur im Süden der Insel, über dem Gellen, ist alles noch hell. Lichtschwingen über Stralsund.

Mit der Geste einer Hausdame geht die schwarze Katze die Treppe hinauf und hinab, bleibt vor dem Gästezimmer stehen, horcht, geht weiter, in der Diele springt sie mit einem mächtigen Satz auf den Tisch, setzt sich vor die Vase und schlägt mit den Tatzen die orangenfarbenen Sanddornbeeren von den Zweigen.

21. September

Nach dem Frühstück drängt es uns aus dem Haus. Wir haben kein Ziel, wir wollen auch nirgends ankommen, weder am Enddorn, noch drüben am Bessin. Wir gehen den Dornbusch hinauf, ganz langsam, setzen Fuß vor Fuß, kaum daß uns die Steigung bewußt wird. So gehen wir aufwärts, bis unser Blick an Raum gewinnt: wir sehen das Offene, die Leere des Himmels, das Meer mit seinen blauen und grünen Feldern, dazwischen ein paar weiße Säume, dann wieder Flächen von einem schiefrigen Grau. Keine Fußtritte im Sand, der Weg unbetreten.

Plötzlich riecht es nach Pilzen, wir bleiben stehen. An einem morschen Baumstamm, wie gesät, der Tintling, Fliegenpilze leuchten aus dem Unterholz, ziegelrote Schwefelköpfe.

Ich sehe Esther von der Seite her an. Das Leben hat ihr Gesicht noch nicht gezeichnet, die Haut kennt noch nicht die Schlaffheit der Abnutzung. Und wieder kommt das Vergangene auf mich zu. Schon in Weimar spürte ich in ihrem Wesen eine ferne Verwandtschaft mit Halina. Sind es die dunklen Augen, die vorstehenden Backenknochen, eine Gleichheit, die voller Ungleichheit ist. Galizien, denke ich, und dahinter liegt Wolynien.

Esther muß etwas gemerkt haben, sie sagt: Jan, noch im-

188

mer nicht heimgekehrt, noch immer unterwegs, auf der Suche nach einem Kremenez?

Wie kommst du darauf, sage ich.

So etwas fühlt man. Nach einer Weile: Ich weiß, was du ein Leben lang gesucht hast, eine Frau, die aus dem Zwischenland kommt, wie man bei uns zu Hause immer gesagt hat, von den abgelegenen Dörfern, eine Frau, die noch etwas mitbringt, das wir bereits verloren haben.

Sprich weiter, sage ich.

Es sind Frauen, die nicht viel reden, die ganz einfach mit dir gehen, ohne viel zu fragen, die dir die Augen offenhalten, du brauchst ihnen nichts zu erklären, sie wissen, auf was es ankommt, was mit dir los ist.

Ich winke ab.

Der Weg läuft weiter nach Norden. Der Herbst läßt uns die Abgeschiedenheit spüren, die er ins Land gebracht hat. Zwischen den Bäumen das Meer, blaue Farbsplitter, doch neben dem Weg weggeworfene Plastikbeutel, leere Zigarettenschachteln, gelbes Stanniol, lesbar der Name Elbflorenz.

Nach einer Weile sage ich: Hast du heimgefunden in Berlin?

Es ist die Arbeit, die mich hält, das Schauspielhaus, der Film, nicht die Stadt.

Wir gehen weiter. Unerwartet greift Esther nach meinem Arm: Jan, da geht man Jahr für Jahr die Allee „Unter den Linden" entlang und plötzlich stellt man fest, daß man mit dieser Stadt, mit diesen Straßen, dem Reiterstandbild Friedrich II. überhaupt nichts Gemeinsames hat, daß man von ganz woanders herkommt. Es sind die Jahre in Galizien, die mich auch heute noch tragen. Schlagartig wird dir bewußt, daß man in seinem Herzen eine andere Sprache spricht. Ich hatte zwar immer ein Dach über dem Kopf, doch irgend etwas ist mir seit damals verlorengegangen, schwer zu sagen, was. Ich kann es dir nicht erklären, irgendwie hat mir die Zeit das Eigene verstellt.

Betroffen bleibe ich stehen.

Ich kenne das, immer nur ein Dach über dem Kopf, aber nie ein Zuhause.

Du kennst ja unseren Sommer, die staubige Ebene, den Sand, den ausgeglühten Himmel, die blassen Zirren, und dann die Gärten, wo die schwarze Johannisbeere kocht. An manchen Tagen ist der Himmel düster, dann wieder leer, erschreckend in seiner Leere, als hätte er damals bereits gewußt, was eines Tages auf uns zukommen wird. So etwas vergißt man nicht. Es gibt Tage, Jan, da steigt es immer wieder hoch, wie das Grundwasser, das aus dem Boden kommt. Wohin du auch gehst, nach Weimar oder nach Berlin, schlagartig ist es wieder da.

Ich weiß, es muß heiß und trocken sein, die Luft über den Dächern muß vor Hitze flirren, ein Streichholz genügt, um einen ganzen Kiefernwald in Brand zu stecken, an solchen Tagen kommt es auch auf mich immer wieder zu: Paestum, Messina, Syrakus.

Der Weg wird schmal. Ich gehe voraus, halte da und dort einen Ast, damit er nicht zurückschnellt. Hinter der Hucke, wo der Weg wieder breiter wird, gehen wir Arm in Arm, nicht wie ein Liebespaar, nein, wir gehen wie zwei alte Freunde.

Esther macht mit der Hand eine Bewegung. Du weißt, das Leben in Galizien war immer schon etwas dürftig, viel Geld hatten wir alle nicht, doch jeder gab dem anderen etwas ab, einen Laib Brot, eine Schüssel Mehl, ein paar Eier, es war seit Generationen zwischen den Menschen so üblich. Wir wußten noch, was es heißt, dem anderen eine Gabe geben. Glaub mir, dieses Land hatte fast etwas Biblisches. Die Armut, Jan, ich habe sie nicht vergessen, doch es war Armut, kein Elend, das ist ein himmelweiter Unterschied. Es gab für die Menschen immer noch einen Ausweg, sie lebten vom Ausgleich. Und noch etwas, wir haben damals noch nicht den Neid gekannt, irgendwie nahmen wir das Leben noch an, wir haben auch nicht an ihm vorbeigelebt, vorbeigedacht.

Nicht immer gibt ein Wort das andere, nicht immer ist unser Gespräch im Fluß, manchmal bleibt eine Frage unbeantwortet stehen, man weiß, sie geht nicht verloren, irgendwann nimmt man sie wieder auf, ja selbst die Pausen können dem anderen noch etwas sagen, auch Stille kann Verständigung sein.

Nach einer Weile sagt Esther: Polen, das glückliche Land der Anarchie? Wer hat das nur gesagt, ich glaube, es war ein Deutscher. Bestechung, Übergriffe, Korruption, es gab Dreck in den Hinterhöfen, die Mauern waren mit Schorf bedeckt, Wasserlachen standen vor der Haustür, aber erst heute wird mir bewußt, daß für mich die ganze Welt in diesem Flecken Erde eingeschlossen war.

Wir treten aus dem Wald. Verwundert bleiben wir stehen. Auf einer Wiese Pilz neben Pilz, es ist der Phallus impudicus. Wir erkennen ihn an dem glockenförmigen Hut mit seiner wabenförmigen Struktur, an dem weißen, manchmal auch cremeblassen Schleier am unteren Rand. Diese Pilze stehen da, aufrecht, wie der Phallus selbst.

Ich weiß nicht, an welchem Tag es angefangen hat, das Zurückblättern, ich kann es dir nicht sagen. Plötzlich liegt das Land, in dem man aufgewachsen ist, wie hinter einer hohen Mauer und für die Menschen, die fünfzehn oder zwanzig Jahre später geboren wurden, gar nicht mehr wahrnehmbar. Ich erlebe es bei meinen Kindern Tag für Tag. Sie haben noch nie einen Schneidermeister bei der Arbeit gesehen, sie wissen gar nicht, was es heißt, Maß nehmen für einen neuen Anzug, von einer rauchigen Schmiede ganz zu schweigen, wo man die Gäule beschlägt, sie können sich unter einer Weißnäherin überhaupt nichts vorstellen, es ist, als wäre meine Zeit spurlos aus der Welt gegangen. Irgendwie habe ich das alles noch behalten, und je älter ich werde, desto deutlicher steht es vor meinen Augen wieder auf, um so näher rückt es an mich heran. Wer in einem solchen Land geboren wird, Jan, bekommt schon als Kind etwas mit, das vielen Kindern bei uns heute fehlt: Vorstellungskraft, Phantasie.

Mit deiner Heimat, sage ich, ist nicht nur den Polen, da ist auch den Ukrainern und nicht zuletzt den Juden etwas verlorengegangen, das unauffindbar bleibt.

Ich weiß, sagt Esther, heute sage ich nicht mehr Randerscheinung, Zone, wir haben keineswegs an der Peripherie des Lebens gelebt, vielleicht am Rand der Geschichte, doch dem Leben war ich näher als hier in Berlin.

Und weißt du auch warum? Weil deine Liebe stärker war.

Jan, ich rede nicht von der Liebe, ich rede von einer Wahrheit.

Esther bleibt stehen, reißt ein farbiges Ahornblatt vom Baum und sagt: Vielleicht wurden in unserem Leben viel zuviel Äste abgebrochen, vielleicht sollte man noch einmal aufstehn und den Weg zurückgehen bis zu den Wurzeln. War es nicht Hauptmann, der einmal schrieb:

> In immer neue Fernen mich verzücken,
> war meines Fortschritts tägliches Beteuern.
> Du irrtest, denn die Quelle liegt im Rücken.
>
> Den Kiel gewendet, laß uns rückwärts-
> steuern:
> gelassenen Wandels schreiten wir zurücke,
> Geschehnes bis zum Urgrund zu erneuern.

22. September

Tag und Nacht streicht der Wind vom Meer her ins Land, kaum steht die Luft einmal still, immer ist sie in Bewegung, da ist ein Ziehen, Strömen, Steigen und Fallen, da gibt es Wirbel und Soge.

„Wind. In der Meteorologie streng genommen nur Bezeichnung für waagrechte Luftströmungen, doch werden ganz allgemein auch die Luftbewegungen, die durch Gelände-, mitunter verbunden mit Temperatureinfluß, einen senkrechten Richtungsanteil erhalten haben, d. h. schräg aufwärts oder abwärts verlaufen

(Fallwind,

Berg- und Talwind,

Föhn,

Bora),

als Wind bezeichnet." So und nicht anders steht es im Brockhaus. Es gibt aber auch Winde, die man vergebens in einem Nachschlagewerk sucht:

192

Der Schleifwind, der alles glatt schleift, Baumrinden, Felskanten, er raspelt mit den Sandkörnern ganze Steinpfannen aus;

der Schneefahnenwind. Tag und Nacht trägt er seine eigene Fahne vor sich her;

der Gegenwind, der auf Wiedervereinigung hofft und nicht weiß, daß entgegengesetzte Winde, die aufeinandertreffen, den Wirbelwind auslösen;

der Aufprallwind, der sich beim Aufprall an den Häuserwänden verdichtet, explodiert und nach verschiedenen Richtungen abspringt;

der Rockwind, einer der wenigen Winde, der von unten kommt und die Mädchenröcke hochweht;

der Springwind, er ist plötzlich da, springt dich an, flüchtet, um an einer anderen Straßenecke wieder aufzutauchen;

der Stoßwind, ein Wind, der keine Ausdauer besitzt und nach einem kurzen Wettlauf mit sich selbst zusammenbricht.

Auf dem Tisch steht eine Azalee. Ich setze mich auf den Stuhl und beobachte mit äußerster Konzentration die Pflanze, den kleinen Stamm, das Astwerk, die Blätter. Ich gebe mich ganz dem inneren Gleichgewicht, den aufsteigenden Gedanken hin.
Plötzlich fallen aus der Luft kleine rote Blüten und setzen sich wie Schmetterlinge in den Azaleenstrauch. Die Intensität des Bildes ist so stark, daß ich an seiner Realität überhaupt nicht zweifle.
Ein paar Sekunden später ist der Blütenregen vorbei. Ich kehre zurück in die Zeit, sehe den Schrank, den Stuhl, den Tisch, den Blumenstock, die Blätter ...

Meditationen haben ihre eigene Realität; die Bilder scheinen unergründlich und sind doch mit allen Fibern faßbar.

23. September

In der Morgenstunde hatte ich einen seltsamen Traum: da ist hinter dem Haus wieder der Hof, das Gras, der Obstgarten, an den Sträuchern hängen die Johannisbeeren, der Weichselbaum ist mit Kirschen beladen, an der Sonnenmauer prangen die Marillen. Ich taste mich bis an das Gartentor, öffne die Pforte, meine Sohlen berühren kaum das Gras, ich muß leise gehen, damit mich die Schlafenden im Haus nicht hören. Ich sehe durch das Fenster und versuche, durch das blind gewordene Glas die Dinge in der Küche auszumachen. Ich möchte weitergehen, suche den Schlüssel zur Tür, eine rätselhafte Helligkeit kommt über mich, die Seele wird von einem Weinen geschüttelt, ich wache auf ...

Der Himmel ist wolkenlos, man riecht die Morgenbrise, doch am Horizont, über dem Bodden, eine beginnende Eintrübung, Nebelfelder.
Auf Hiddensee sind Luft und Erde immer feucht, keine knisternde Trockenheit, die Farben gehen ineinander über, verschwimmen. Es ist nicht das gesättigte Licht, das zu dieser Jahreszeit am Schwäbischen Meer über den Weinbergen liegt, ein Licht, funkelnd von den Schneefeldern des Säntis, hier ist immer noch etwas von dem, das aus der Vorzeit des Menschen kommt: Nifelheim.

Die Frage nach dem Sinn der Reise drängt sich mir von neuem auf. Irgendwo im Schoß der Insel muß noch eine Erinnerung ruhn, eine Stimme, die mich gerufen hat.

24. September

Unmerklich gleitet man von einem Lebensalter in das andere, mit erschreckender Eindringlichkeit kommen die Jahre auf dich zu, schlagen die Bilder der Vergangenheit die Augen in dir auf. Ich brauche die Lider nur zu schließen, dann sehe ich an den Mauern meines Vaterhauses den Marillenbaum blühen.

Ich kann nicht sagen, wie es gekommen ist, daß ich sechzig Jahre alt geworden bin, aber ich weiß, daß der Mensch nur mit fürchterlicher Langsamkeit sich selbst und seine gelebten Jahre begreift.

Ist es möglich, diese zwanzigtausend Tage wie ein Mosaik zusammenzusetzen? Was muß man tun, damit das Undeutliche deutlich, das Unergründliche nicht grundlos wird?

Was ist das, die Biographie eines Menschen? Woher kommt das Leitmotiv, dem man sich ein Leben lang unterordnet, das Sichtbare, das Unsichtbare, all das, was Form und Gestalt in uns annimmt?

Es genügt nicht, wenn man in einer Biographie immer nur die sichtbaren Seiten eines Lebens aufschlägt, anthropologisch oder genetisch denkt, auch das, was „flutend strömt, gesteigerte Gestalten", sollte ablesbar sein. In jedem Leben gibt es Knoten, Verstrickungen, unterirdische Ströme, die plötzlich an die Oberfläche treten, es gibt Brennpunkte, an denen sich das Leben entzündet, Impulse, die Welt und Kosmos an unser Denken und Handeln herantragen. Aber auch dem Rhythmus sollte man im Leben eines Menschen einmal nachgehen, den Zeitabständen, die zwischen den entscheidenden Erlebnissen und Begegnungen liegen. Jedes Erlebnis hat seine geistige Achse, um die es sich bewegt. Aber auch darauf kommt es an: dem Gesetz des Lebens gerecht werden. Biographie heißt immer auch innere Notwendigkeit.

Allein der Mensch besitzt die Fähigkeit, sich über seinen Lebenslauf ein Bild zu machen, ein Lebensbild, er will den Metamorphosen seiner eigenen Persönlichkeit auf den Grund kommen.

Die Biographie eines Menschen, gleicht sie nicht einem Eisberg? Zwei Drittel des Berges schwimmen unter der Wasseroberfläche, unsichtbar.

Mittagessen im Restaurant „Hitthim". Esther stochert mit ihrer Gabel lustlos im Fisch herum, ich weiß, sie ißt keinen Karpfen blau. In ihrer Heimat wurden die Fische paniert und gebacken. Nach einer Weile schiebt sie den Teller zur Seite.

Esther will am späten Nachmittag mit der Fähre für ein paar Tage hinüber auf die Insel Rügen, ihr Schwager arbeitet als Lehrer in Schaprode.

25. September

Der Vormittag ist still, die Luft ganz mild. Vor meinen Augen die herabstürzenden Wälder, die Anhöhen und Mulden, die Steilhänge. Kein Mensch ist mir bisher begegnet, kein Vogel im Geäst, auch keine Möwen, ich höre nichts als den knirschenden Sand unter den Sohlen.

Aus dem Wald, wo ein paar dünne Nebelschwaden zwischen den Baumstämmen stehen, tritt plötzlich ein Mensch. Ein verspäteter Urlauber, sage ich mir. Als die Gestalt näher kommt, kaum einen Steinwurf weit entfernt an mir vorübergeht, traue ich kaum meinen Augen. Dieser Mann gleicht von Kopf bis Fuß dem alten Gerhart Hauptmann, dem Achtzigjährigen, ich habe ihn ja in Breslau ja selbst noch gesehen. Er trägt einen hellgrauen Anzug, Knickerbocker, karierte Strümpfe. Ich sehe seinen mächtigen Schädel, das weiße Haar, unverkennbar sein Porträt. Unwillkürlich geht meine Hand nach der Stirn: kein Fieber, auch der Puls ist normal.

Ich sehe den alten Herrn über einen herabgefallenen Ast hinwegsteigen, ich sehe ihn ganz deutlich, obwohl er den tiefer liegenden Weg geht, deutlicher kann man auf diese Entfernung einen Menschen gar nicht wahrnehmen, es ist auch kein Nebel mehr zwischen den Bäumen, es ist taghell, vormittags. Er bleibt an der Steilküste stehen, blickt hinaus auf das Meer, nach einer Weile greift er mit der rechten Hand in die Seitentasche, holt einen Notizblock hervor, einen Bleistift, ich sehe, wie er sich etwas aufschreibt, notiert, dann steigt er die Stufen hinab, die hinunter an den Strand führen.

196

Plötzlich ist alles vorbei, die Hagebutten leuchten rot, im Schlehengeheck stehen dunkelblau die Beeren, die Windflüchter sind auch wieder da, ja selbst der Eichelhäher, der schreiend an mir vorbeifliegt, alles ist wieder zählbar, nachweisbar.

Ich frage mich: wer mag dieser Fremde nur gewesen sein? Wäre es ein grauer, nebliger Tag, ich würde an eine Täuschung meiner Sinne glauben, an solchen Tagen gibt es Trugbilder, die aus dem Nebel auftauchen, Gestalt annehmen und wieder verschwinden, aber der Tag ist durchsichtig.

Am Nachmittag nichts Außergewöhnliches, der nüchtern-vernünftige Teil meines Wesens meldet sich wieder zu Wort. Halluzinationen sage ich mir, glaub ihnen nicht, irgend etwas treibt mit dir sein Spiel, geh zurück ins tätige Leben.

Gegen Abend hole ich mir aus der Gedenkstätte die Ausgabe letzter Hand. Ich schlage die Bände auf, lese da und dort einen Satz, eine seltsame Unruhe treibt mich durch das Werk. Manchmal horche ich auf, da gibt es Zeilen, wie ich sie schon lange nicht mehr gelesen habe, voller Kraft und Widerstand. Eine Zeile prägt sich mir ein: „Das am Tag Erlebte, der Traum, der es gestaltet, und schließlich der Wachzustand, der das Gestaltete in Formen zwingt."

26. September

Ich erinnere mich an die Bibliothekarschule in Berlin, es war im Jahr 1950. Hauptmann sei hinter seiner Zeit zurückgeblieben, sagte uns Doktor K. in einer Vorlesung über den Dichter.

Wir hätten den Dozenten damals fragen müssen, hinter welcher Zeit Hauptmann eigentlich zurückgeblieben sei, hinter der Zeit des Faschismus, der Weimarer Republik oder dem Kaiserreich? Wer so argumentiert, richtet seinen Blick ausschließlich auf die Tagespolitik, Hauptmann aber geht in seinem Werk weit über den historischen Augenblick hinaus, hier werden Ideen, Tendenzen, Strömungen sichtbar, die von weither kommen, doch immer wieder zum Menschen zurückführen, zum Menschen als historischer Kategorie.

Wo soll ich beginnen, bei der Mutter Wolffen, beim Herrn von Wehrhahn oder bei den Landstreichern Schluck und Jau, bei der Rose Bernd oder Fuhrmann Henschel, bei Michael Kramer, Gabriel Schilling oder bei Odysseus? Wo aber bleiben Klytemnästra, Iphigenie, Till Eulenspiegel, der alte Huhn, der weise Wann, der Zug seiner Gestalten nimmt kein Ende, da kommen die Weber, die bündischen Bauern, Emanuel Quint tritt durch die Tür, der kleine Erdmann ist da, die Mignon, und sie alle kommen aus dem Leben, aus den unterschiedlichsten Landschaften, den unterschiedlichsten Klassen. Hier ist keine Selbstbespiegelung, Selbstdeutung, hier wird auch nichts konstruiert, in seinen Werken gibt es keine artistische Atmosphäre, kein mathematisch auskalkuliertes Pendeln über dem Netz, seine Gestalten bewegen sich von selbst, ihr Ursprung ist das Leben. Hauptmann zeigt uns, wie die Menschen der verschiedensten Schichten denken, leben, handeln.

Er ist den Menschen immer wieder nachgegangen, ohne dabei den Kern ihres Wesens anzutasten. Wie kann ein Dichter, der solche Gestalten auf die Bühne stellt, hinter seiner Zeit zurückbleiben? Es ist immer der einzelne Mensch und somit auch eine ganze Welt. Sagte er nicht selbst: „Alle Urteile sind Vorurteile."

Nachtrag

Es gehört zu den Irrtümern der Zeit, daß einige immer noch der Meinung sind, Germanisten würden von einem Autor mehr verstehen als das Publikum im Parkett. Wahr ist, sie sehen den Autor allzuoft durch ihr eigenes ästhetisches Gitter, sie führen fast alles auf festgelegte Kriterien zurück.

Nach dem Frühstück Spaziergang nach Vitte. Ich möchte meinen alten Freund besuchen, den Landarzt. Wir haben uns vor Jahren in Swantow angefreundet. – Ich gehe unter einem fast sommerlichen Himmel den Strand entlang. Der Blick wird festgehalten von der Leere einer Landschaft, die immer weiter, immer größer wird. Kein Ton ist in der Luft, kein Vogellaut, und die See ein Metallspiegel. Ich bücke mich nach einem flachen Stein, werfe ihn handbreit über das Wasser, er berührt springend die Wasserfläche, dreimal, viermal, dann verschwindet er im Meer.

Als ich in Vitte ankomme, ist die Haustür abgeschlossen, auch die Fensterläden sind zu. Im Nachbarhaus steht am Fenster eine junge Frau.

Der Doktor mußte vor ein paar Tagen hinüber nach Stralsund, sagt sie.

Hat er nichts hinterlassen?

Kommen Sie aus Thüringen?

Ja.

Er läßt Sie grüßen. Sobald er wieder auf der Insel ist, ruft er Sie in Kloster an.

Auch im Herbst gibt es Stunden von einer zarten, schwebenden Anmut, es ist, als träte die Welt noch einmal neu in Erscheinung.

Sag nur nicht, daß der Himmel keine Ufer hat, man muß sie nur finden.

Ich gehe, wie an den anderen Tagen auch, die Treppe hinab in den Speiseraum. Ob Esther aus Schaprode schon wieder zurück ist? An der Tür bleibe ich stehen. Auf ihrem Tisch liegen ein paar Bücher, an der Wand hängt ein dunkelblauer Regenmantel. Ich brauche mich nur noch hinzusetzen und zu warten ...

Nach dem Frühstück wandern wir über das Hochland. Es ist eine leicht bewegte Hügellandschaft, durchschnitten von ein paar Feldwegen, der Ausblick frei nach Norden, Süden und Osten. Der Boden ist mager, der Hangrasen von einem fahlen vertrockneten Grün, dazwischen der Schachtelhalm, keine Bäume, nur ein paar Sträucher, Grundmoränenlandschaft würden die Geologen sagen, dazu die Farben des Meeres, unzählbar die Tönungen, von einem hellen, zarten Blau bis hinüber ins kalte opale Grün.

Die Landschaft ist leer, in dieser Leere Sonne und Wind. Plötzlich ist der Bussard wieder da, läßt sich vom Aufwind tragen, kaum daß er die Flügel rührt. Zu unseren Füßen aber sehen wir eine Koppel mit Pferden. Wir gehen langsam den Hang hinab, an der Umzäunung bleiben wir stehen.

Man sieht es den Pferden an, daß sie in ihrem Leben noch nie an einer Deichsel gegangen sind, das Fell ist glatt, keine abgescheuerten Stellen, keine borkigen Narben. Sie stürmen die Koppel hinauf, hinab, stampfen, schnauben, bleiben stehen, voller Erregung schlägt der Schweif die Flanken, sie senken den Nacken, weiden, plötzlich steigen sie hoch, als hätte sie eine Hornisse in die Weichteile gestochen.

Bei den jungen Pferden ist alles Bewegung, ein dauernder Wechsel der Gangart. Manchmal kreiselt ein Tier um sich selbst, springt aus dem Kreis, feuert aus, jagt quer über die Wiese. Auffliegende Erdklumpen. Weiß Gott, woher diese Besessenheit kommt. Vielleicht sitzt auch den Tieren von Zeit zu Zeit der Schalk im Nacken.

Einige Pferde sind furchtsam, mißtrauisch. Sie stehen da, ganz still, setzen keinen Huf fort, nur die Ohren spielen. Plötzlich geht ein Zucken über die Haut, sie reißen die beiden Hinterläufe hoch, schlagen wild in die Luft, einmal, zweimal, setzen wieder auf, stehen da, als wäre nicht das geringste geschehen. Andere wieder kommen bis an den Weg, sind zutraulich, lassen sich das Fell kraulen.

Esther faßt nach dem Hals des Pferdes, das ihr den Kopf entgegenstreckt. Es sucht mit den Nüstern ihre Manteltasche ab, hofft auf ein Stück Zucker. Man fühlt den warmen Atem des Tieres, die weichen Lefzen, wenn sie über den Handrücken schnobern.

Wer weiß, was in den Köpfen dieser Pferde vor sich geht. Folgen sie immer nur dem, was ihnen der Augenblick eingibt, stellen sich Erinnerungen ein, wenn sie die Stimme ihres Reiters hören? Was ist das für ein Blick, ein wissender, ein unwissender, und die Welt, die sich in ihren Augen spiegelt, wie sieht sie aus? Es muß mehr sein als nur ein ungenaues, flächiges Bild, wie könnten sie sonst einen Reiter über den Parcour tragen?

Das Tier ist heute nur selten noch Tier, es ist fast ausnahmslos für die ökonomischen Interessen des Menschen da, für seine Genußsucht, Habgier, für seinen Zeitvertreib, dafür wird es am Leben erhalten, geboren, ernährt und getötet.

Hast du noch nie erlebt, wenn ein Tier in das Schlachthaus geführt wird, sage ich zu Esther, wie es zu schreien beginnt, wie es mit den Blicken bettelt? Die Schmerzen, die ein Tier erduldet, sind nicht geringer als die Schmerzen eines Menschen. Wenn ich einem Pferd oder einem Hund in die Augen sehe, dann möchte ich behaupten, sie ahnen das Unrecht, in das sie das Leben, und nicht zuletzt der Mensch, gestoßen hat. Wir alle haben verlernt, vor dem Tier einen kleinen Umweg zu machen, damit auch die Kreatur genügend Raum zum Leben hat. Und doch war sie im Menschen einmal da, die Hochschätzung des Tiers.

Du gehst mit den Tieren oft zärtlicher um als mit den Menschen, sagte mir vor Jahren, nicht ganz ohne Vorwurf, ein Freund in Plogshagen.

Meine Antwort: Auch die Kreatur bedarf der Liebe.

Es gibt Sätze, Redewendungen, die Esther auf eine ganz eigenartige Weise ausspricht, ihre Stimme ist dann immer etwas eintönig, fallend. Vielleicht ist es die Sprache ihrer Kindheit. Sie benutzt aber auch Worte, die im mitteldeutschen Raum unbekannt sind. So sagt sie zum Beispiel Trafik, nicht Tabakladen, sie sagt immer noch Jänner, Feber und nicht Januar, Februar. Sie sagt aber auch:

Jan, erinnerst du dich noch an Weimar, an den Solotän-
zer? Ich war das erste Jahr ganz meschugge nach ihm.
Dieses Wort kommt aus dem Jiddischen.
Nein, es ist kein Dialekt, es ist ganz einfach ein anderes
Idiom.

29. September

Mein alter Freund, der Landarzt, hat uns zum Abendessen in den Gasthof „Wieseneck" eingeladen, auch der
Pfarrer ist anwesend.
Auf einem großen, versilberten Tablett liegen vier gebackene Schollen, garniert mit Petersilie und Wacholder-
beeren. Wir setzen uns an den Tisch. An der Decke
hängt ein alter Segler, ein Schiffsmodell, eine Erinnerung an die abgewrackten, längst vergessenen Windjam-
mer. Liebhaber würden für ein solches Modell eine beachtliche Summe auf den Tisch legen.
Der Weißwein wird hereingetragen. Er ist stark im Geschmack, fast etwas erdig, die Gläser sind beschlagen.
Wir essen und trinken mit Behagen.
Der Doktor kam nach dem Krieg als junger Arzt auf die
Insel Rügen, er wohnte damals in einer anspruchslosen
Hütte bei Poseritz. Er hat als Landarzt nie ein bequemes
Leben geführt, war immer unterwegs, von einem Dorf
ins andere, jahrzehntelang hat er zehn bis zwölf Stunden
am Tag gearbeitet. Den Menschheitsträumen steht er
skeptisch gegenüber, wenn die Tagespresse von einem
wissenschaftlichen Zeitalter spricht, kommt der Zweifel
in ihm hoch.
Der Pastor, ein alter Freund des Doktors, lebt in Stralsund. Er stammt aus einer alten Lehrerfamilie, doch der
Beruf seines Vaters ist ihm fremd geblieben, das Kathe-
der war ihm von Anfang an ein Greuel. Mit jungen Jahren ging er nach Leipzig und studierte Kirchenmusik.
Im Herbst 1937 wurde er zur Wehrmacht eingezogen.
Bei einem Manöver explodierte in seiner Hand eine
Leuchtpatrone. Er konnte seinen Beruf als Organist
nicht mehr ausüben, studierte Theologie und ließ sich
später in Stralsund nieder. Er hat bei seiner vorgesetzten

Dienststelle einen längeren Studienurlaub beantragt und wohnt seit vierzehn Tagen in dem neuerbauten Ferienheim der evangelischen Kirche.

Das Mahl wird abgetragen. Der Pastor holt sein Zigarrenetui aus der Tasche, der Doktor stopft sich die Pfeife. Langsam löst uns der Wein die Zunge, der Mensch erträgt das Schweigen nur schwer in Gegenwart anderer.

In der ersten halben Stunde geht das Gespräch her und hin, Namen werden genannt, die Verfasser von Aufsätzen, man breitet sich aus, beschreibt Gelesenes, Zukünftiges wird vorweggenommen, Vergangenes verurteilt.

Die Unterhaltung wird lebhafter, sie nimmt an Offenheit zu, an Schärfe.

Der Fortschritt hat den Menschen überheblich gemacht, sagt der Doktor, nur noch wenige fragen, in welcher Richtung wir eigentlich fortschreiten, bewegen wir uns auf das Leben zu, oder gehen wir vom Leben fort?

Was erwartest du? fragt der Pastor.

Ich erwarte, daß die Menschen verantwortungsvoller leben, wir müssen erkennen, daß es das Gleichgewicht der Kräfte ist, das uns das Leben auf der Erde überhaupt erst ermöglicht.

Wir haben die Kräfte der Versuchung viel zu groß werden lassen, sagt Esther, die Frevler sind uns über den Kopf gewachsen.

Der Mensch ist hochmütig geworden, sagt der Pastor, er beginnt sich selbst anzubeten.

Eine neue Flasche Dürnsteiner wird auf den Tisch gestellt, wir trinken einander zu.

Der Doktor setzt das Weinglas aus der Hand, klopft dem Pastor auf die Schulter und sagt: Ich habe gehört, du hättest im vergangenen Jahr in einem mecklenburgischen Antiquariat einen beachtlichen Fund gemacht.

Es war ein handgeschriebenes Notenblatt von Samuel Scheidt, eine Orgelkomposition.

Das kann doch nicht wahr sein, ruft der Doktor, dann wendet er sich an mich und sagt: Johannes, habe ich dir schon erzählt, daß unser Pastor eine beachtliche Notensammlung besitzt, ein paar wertvolle Blätter, jahrhundertealte Orgelkompositionen aus dem norddeutschen

Raum? Es macht ihm Freude, die alten Zeichen zu lesen, auch wenn er sie nicht mehr spielen kann.

Plötzlich sagt der Pastor: Waren Sie seit Ihrer Ankunft schon im Haus „Seedorn"? Einige Herren aus Greifswald haben den Kreuzgang schon wieder einmal umgestaltet, umfunktioniert. Wenn Hauptmann das wüßte, er würde sich in seinem Grab umdrehen.

Zum erstenmal an diesem Abend ist Hauptmanns Name gefallen. Wir alle sind guter Stimmung, ein jeder hat etwas getrunken, keiner zuviel, doch der Wein hat es in sich. Er steigt auch mir in den Kopf, verleitet mich, von meiner Begegnung auf dem Dornbusch zu erzählen.

Norbert, sage ich zu meinem alten Freund, dem Landarzt, habe ich dir schon erzählt, daß ich vor ein paar Tagen auf dem Dornbusch dem alten Hauptmann begegnet bin?

Der Doktor sieht mich an, als wollte er sagen, bist du noch ganz bei Sinnen?

Erzählen Sie, sagt der Pastor.

Es war an einem hellichten Tag, als er an mir vorüberging, einen Steinwurf weit von mir entfernt.

Sag das noch einmal, ruft der Doktor.

Ich konnte ihn gut erkennen. Er trat aus dem Wald, blieb stehen, schrieb ein paar Worte auf einen Notizblock, blickte herauf zu mir, dann ging er zu den Stufen, die hinunter zum Strand führten.

Ich sah die Ungläubigkeit in den Augen der anderen.

Ich würde vor Gericht einen Eid auf mich nehmen, so deutlich habe ich den alten Mann vor mir gesehen.

Schlagartig wird das Gespräch noch einmal lebendig, die unterschiedlichsten Meinungen prallen aufeinander.

Der Pastor fragt nach dem Wetter.

Kein Nebel, sage ich, es war ein blauer, milder Herbsttag, eine verschleierte Sonne stand am Himmel.

Johannes, du solltest mit deinen Träumen etwas sparsamer umgehen, sagt der Doktor, wohl ein kleiner Grenzverkehr mit den Toten?

Plötzlich sagt Esther: Solche Visionen, Herr Medizinalrat, lassen aber auch noch andere Erklärungen zu.

Der Doktor blickt Esther mit seinen kühlen grauen Au-

204

gen an. Aber Frau Esther, ich erinnere mich noch gut an die Fliegenden Untertassen, psychische Projektionen, die selbst noch in der Lage waren, ein Radarecho zurückzuwerfen, Kollektivvisionen. Solche Vorstellungen haben immer etwas Irreales.

Kein Verstorbener kann auf dem Friedhof liegen und gleichzeitig auf dem Dornbusch spazieren gehen, das weiß ich selbst, dennoch habe ich ihn gesehen. Glaub mir, es war eine mit Händen zugreifende Wirklichkeit.

Johannes, nichts ist so tot wie ein Toter, das kannst du mir glauben. Es ist nicht gut, das Unergründliche wie eine Monstranz vor sich her zu tragen.

Da meldet sich der Pastor zu Wort. Hast du vergessen, daß unser Ostseeraum voller Sagen, Märchen und Legenden ist? Tote sind den Menschen immer dann erschienen, wenn einer Insel oder einem Landstrich Gefahr droht.

Kannst du mir sagen, woher die Gefahr kommen soll, fragt der Doktor, vielleicht aus dem Meer?

Erinnere dich, auch bei uns gab es Sturmfluten, die verheerend waren. Nach einer Weile: vielleicht erschreckt ihn unser Tun, vielleicht will er uns warnen, schreien kann er ja nicht, er hat ja Erde im Mund. Vergiß nicht, wir alle bewegen uns ein Leben lang auf einer dünnen Eisdecke.

Der Doktor lehnt den Kopf zurück in den Sessel, plötzlich steht er auf, klopft mit der Hand auf den Tisch und sagt: Ein neuer Schimmelreiter, wie?

Norbert, ich bleibe dabei, es war ein Mensch, und er sah aus wie der alte Hauptmann selbst, er trug einen Anzug, wie ich ihn von den Fotografien her kenne, hellgraues Jackett mit Knickerbockern. Er trat aus dem Wald wie aus einer Bergwand, dann ging er den tiefer liegenden Weg an mir vorbei.

Warum soll es nicht Menschen geben, die die Gestalt eines Verstorbenen haben, sagt der Pfarrer. Die Natur, die unermüdlich schaffende, ist unerschöpflich in ihren Einfällen. Warum nach vierzig Jahren nicht einen Doppelgänger?

Johannes, ich werde dir eine Kneippkur verordnen, sagt der Doktor, geistige Anomalie.

Die Fenster der Gaststube sind mit Tabaksqualm verhängt, keiner weiß, ob es draußen regnet oder der Vollmond über der Insel steht. Es ist der Augenblick, den jeder Kellner für geeignet hält, seine Gäste zu fragen, ob sie noch einen Kaffee wünschen. Wir wissen, was eine solche Frage zu dieser Uhrzeit bedeutet, es ist kurz vor Mitternacht. Das Zeichen zum Aufbruch ist gegeben.

30. September

Herbststürme stoßen vom Meer her ins Land, jagen über die Insel hinweg, eine Unruhe hat den Himmel erfaßt, daß selbst die schweren nassen Regenwolken keine Zeit mehr haben, sich abzuregnen, ein kurzer Schauer und dahinter neue Wolkenbänke, nur manchmal, ganz unerwartet, ein kleines blaues Himmelsloch.

Ich glaube nicht, daß wir heute noch erzählen können, wirklich erzählen. Die künstlerische Einheit, die überschaubare Ordnung, ist sie nicht längst zu einer Wunschvorstellung geworden? Seit Ezra Pound aus einer anderen Bewußtseinslage heraus seine „Pisaner Gesänge" schrieb, sind Zeit, Raum und Identität relativ, der feste Standort des Schreibenden, dieser scheinbar unerschütterliche Punkt, ist in Frage gestellt. Wir schreiben schon lange nicht mehr aus einer geistigen Überlegenheit heraus, aber auch die Grundeinstellung gegenüber dem Dasein hat sich in vieler Hinsicht geändert, die Denkformen sind andere geworden, ein Umdenken auf vielen Gebieten zeichnet sich ab, und wo der Schriftsteller noch nicht in der Lage ist, das Zukünftige beim Namen zu nennen, setzt er bildhafte Zeichen, Rufzeichen. Er weiß, daß es längst über uns gekommen ist, dennoch kann er den Stoff noch immer nicht in eine endgültige Form gießen, weil auch die Glockenspeise einer bestimmten Temperatur bedarf.

In die Geschichte hineinschreiben, dem Zeugen näherstehen als dem Richter.

Poesie, die ausschließlich aus der Empfindung heraus geschrieben wird, gleicht einer Schneeflocke auf der Hand, das Gefühl hat sich im Wort erschöpft, es beginnt zu tauen, wird Wasser.

Wirklichkeit ist nicht nur das Erzeugte, sie ist immer auch das Erzeugende. Wer bei dem Erzeugten stehenbleibt, begnügt sich mit dem Augenblick.

Das Billigste, was ein Schriftsteller seinem Leser heute anbieten kann, ist eine fertige Meinung.

Die großen Werke der Weltliteratur gleichen einer Landkarte, keinem Wegweiser.

In jedem Leben ist ein Stück Gefangenschaft.

1. Oktober

Seit gestern steht eine Nebelmauer zwischen Kloster und Schaprode, in der es keine Bresche gibt. Der Nebel verbannt uns aus der Welt des Sehens.
Am Abend Orgelkonzert in der Dorfkirche. Auf dem Programm stehen Werke von Johann Sebastian Bach, Händel und Brahms, aber auch ein moderner Franzose wird genannt: Messiaen.
Zum erstenmal in meinem Leben höre ich eine zeitgenössische Orgelkomposition. Ganze Kaskaden von Tönen stürzen vom Chor auf mich herab, es sind kalte, erzene Tonreihen, überwältigend, aber nicht heimatlich. Da ist kein Trost mehr für die Seele, diese Komposition gleicht einer Abrechnung mit dem Leben, der Schöpfung. Die Prinzipale, die Mixturen, eine Besessenheit, die man der Orgel gar nicht zutraut, weil sie seit Jahrhunderten dem Gottesdienst untergeordnet war. Da ist ein Gepolter auf dem Chor, als würde ein wildgewordener Büffel mit seinen Hufen auf die Bretter stampfen. Es gibt aber auch Stellen, die hören sich an wie die verhaltene Predigt des heiligen Franz von Assisi an die Vögel.

In dieser Komposition kniet der Mensch nicht mehr vor dem Altar, die Erde um ihn herum ist aufgerissen, die Dämme sind gesprengt, da ist der Schrei der Trompeten, das Glissando der Streicher, Stakkatoläufe, hart, unnachgiebig. Es gibt aber auch Stellen, da hat sich der Ton im Ton bereits aufgelöst, entleert, nicht einmal eine Schlangenhaut bleibt zurück, nur noch die verbale Transzendenz, die Entsinnlichung aller Sinnlichkeit. Die Leere kriecht an den Wänden hoch, schleicht sich von Bank zu Bank, die Menschen in der Kirche beginnen zu frösteln. Etwas Großes, Unheimliches kommt in dieser Komposition auf uns zu, eine erschreckende Nachricht, etwas Warnendes, an dem kein Mensch mehr vorübergehen kann.

Die Gebete der Gläubigen, sind sie nicht längst auf dem Weg zu Gott erfroren? So weit hat sich der Vater von der Erde zurückgezogen ins All.

2. Oktober

Am späten Nachmittag Besuch bei Esther. Wir sitzen im Wohnzimmer, genießen den schwarzen Tee mit Bergamot, den Cognac, den frischgebackenen Mohnkuchen mit Streusel. Vor den Fenstern der Bodden, schieferfarben, stumpfblau.
Esther ist voller Unruhe, es treibt sie von einem Fenster zum anderen. Sie setzt sich in den Sessel, steht nach einer Weile wieder auf, sucht nach den Zigaretten, nimmt auf dem Sofa Platz, läßt die Schuhe auf den Fußboden fallen und zieht die Füße unter sich. Die wenigen Sätze, die sie bisher gesprochen hat, waren belanglos, plötzlich aber sagt sie: Ich bin heute vormittag noch einmal über den Dornbusch gegangen, den Sandweg hinauf, durch den Sanddornwald zurück, noch einmal kamen die letzten sieben Jahre auf mich zu.
Die letzten sieben Jahre, wie soll ich das verstehen.
Vor ein paar Jahren hatte ich ein Erlebnis, das ich bis heute nicht vergessen kann, vielleicht weil der Verstand an diesen Dingen keinen Anteil hat.

Ich sehe Esther von der Seite her an. Nach einer Weile sagt sie: Jan, bist du aus deiner Ehe schon einmal ausgebrochen? Nein, ich will es nicht wissen. Seit Jahren trag ich es mit mir herum, es läßt mich nicht mehr los. Ich muß es dir erzählen, sie schenkt sich einen Cognac ein und beginnt, ganz langsam, Wort für Wort.

Wir lebten damals schon in Erkner. Eines Abends brachte Christian einen polnischen Gast mit ins Haus, er war Germanist und lehrte in Krakau. Ich weiß noch genau, was Christian an diesem Abend zu mir gesagt hat: Esther, wir haben für unseren Gast kein Hotelzimmer mehr bekommen, könnte er nicht für ein paar Tage im Gartenhaus übernachten? Eugeniusz arbeitete damals an seiner Habilitation und benötigte aus der Staatsbibliothek ein paar Handschriften, die man nur im Lesesaal einsehen kann.

Du weißt, ich bin in einem anderen Land groß geworden, irgendwie aber lebt die Sprache, die Landschaft immer noch in einem fort. Wie oft habe ich mir aus meiner alten Heimat ein Zeichen herbeigewünscht, nun war es plötzlich da, und ich fürchtete mich.

Bei uns, Jan, hat es nicht so verhalten angefangen wie bei dir in Kremenez, bei uns war es plötzlich da, vom ersten Tag an. Es ist in uns hineingefahren, wir wußten, daß unsere Ruhe für immer vorbei war. Ich hätte nie gedacht, daß der Mensch so hilflos seinen Gefühlen ausgeliefert sein kann. Von diesem Tage an sind wir nicht mehr voneinander losgekommen. Es war keine Liebe auf den ersten Blick, es war mehr, es war eine Liebe, die im Wiedererkennen lag.

Du weißt, ich bin für die Liebe nie sehr anfällig gewesen, ich war immer etwas kühl, zurückhaltend, plötzlich kannte ich mich nicht mehr wieder. Ich fing an, alles ins Spiel zu bringen, meine Vergangenheit, die Sprache, das Land, in dem ich geboren wurde, ich wußte, daß es ein verbotenes Spiel war, und doch konnte ich nichts dagegen tun. Einen ganzen Vormittag saßen wir im Gartenhaus über der Landkarte und suchten nach einem Ort für unsere heimlose Liebe. Durch Zufall stießen wir auf Grieben.

Ich weiß bis heute noch nicht, wie es Eugeniusz geschafft hat, auf der Insel ein Zimmer zu bekommen. Ich wußte, daß in Krakau ein Weib auf ihn wartet, und doch haben wir beide das Unmögliche möglich gemacht. Jahr für Jahr sind wir uns in Grieben begegnet. Was fanden wir nicht alles für Ausflüchte, Begründungen. Ich kam mir vor wie ein Maulwurf, der unter der Erde seine Gänge gräbt, um das gewünschte Ziel zu erreichen. Ich erinnere mich an unsere erste Überfahrt, an meine Unsicherheit bei der Ankunft im Gasthof. Jan, ein Liebespaar in unserem Alter, ich war damals zwischen dreißig und vierzig, Eugeniusz weit über die Fünfzig.

Wir brauchten nicht viel. Ein Fenster mit ein paar klaren Scheiben, zwei Betten, einen Schrank, einen Tisch, einen Stuhl. Am Morgen fand die Sonne durch die Fensterscheiben den Weg, in der Nacht war es der Mond. Es konnte regnen, stürmen, wir waren immer unterwegs. Außerhalb unserer Liebe gab es nur das Land, das Meer, nachts kein Menschenwort, nur das helle Sausen im Sanddorn.

Von unserem Fenster aus konnten wir den ganzen Sanddornwald sehen, ein Stück von der See, den Schilfgürtel. Und plötzlich hatte ich das Gefühl, irgendwie zu Haus zu sein. Nachts aber wurden wir von den Wellen der Lust fortgerissen: Küsse, Erinnerungen, Landschaften, alles stürzte auf mich ein. Wenn ich die Augen schloß, da war Glück, Verzweiflung, Leidenschaft, aber auch ein Schuldgefühl. Ich getraute mich nicht, in sein Gesicht zu sehen, weil ich wußte, daß es in solchen Stunden das Gesicht eines anderen war. Es gab aber auch Nächte, da flüchteten wir uns in den Schlaf, aus Angst von uns selbst.

Eugeniusz hat mir Dinge zum Bewußtsein gebracht, die ich seit Jahren vergessen hatte. Damals stand ich auf der Erfolgsleiter ziemlich weit oben, ich glaubte, alles zu können, ich hatte gar nicht gemerkt, wie mich der Erfolg langsam, aber sicher korrumpierte. Die Leistungen auf der Bühne waren immer noch gut, doch irgendwie war Routine mit im Spiel. Er aber rüttelte mich wach, holte mich herunter vom Podest, und langsam begann ich, über mich selbst wieder nachzudenken. Vieles, was man heute lehrt, ist Anmaßung, sagte er zu mir. Du kommst doch aus einem anderen Land, deine Wurzeln gehen tiefer, wie kann man da vergessen.

Für einen Augenblick lang dachte ich, Halina säße mir gegenüber, ich glaubte ihre dunkle Stimme zu hören, doch im nächsten Augenblick wurde mir bewußt, daß es Esther ist, die zu mir spricht ...

Du weißt, man kann von einer Liebe nicht alles erzählen, es sind immer nur Bruchstücke. Wie oft sind wir über die Insel gegangen, ohne daß seine Hand die meine berührte. Ich liebte wie nie in meinem Leben zuvor, dennoch waren wir gefangen in uns selbst. Wer weiß schon, daß das Spiel mit der Liebe immer auch ein Spiel mit dem Tod ist.

Wie oft hat Eugeniusz zu mir gesagt: Esther, komm mit, wir wollen in Krakau ein neues Leben beginnen. Bleib nicht hier, du wirst es später noch einmal bereuen. Ich aber schwankte wie ein Rohr im Wind. Vielleicht hatte ich Angst vor den Unannehmlichkeiten einer Scheidung, doch hinter allem stand immer noch das Gewissen. So lebte ich Jahr für Jahr in einer immer stärker werdenden Entschlußlosigkeit dahin, ließ mich treiben, ich glaubte, das Schicksal selbst würde mir eines Tages die Entscheidung abnehmen.

Krakau war für uns so etwas wie ein Traumbild, ein Ort, wo sich alles von selbst lösen würde. In Gedanken lebten wir längst schon in dieser Stadt, doch ihr gespenstischer Hintergrund, du kennst ihn ja, er begegnet dir in Prag genauso wie in Krakau, schreckte mich ab. Diese beiden Städte haben irgend etwas Gemeinsames, man wird sie in seinem Leben nie wieder los. Vielleicht habe ich viel zu lange schon in Berlin gelebt und gearbeitet, um wieder zurückzukehren.

Ich schenke mir einen Cognac ein und sage: Vielleicht hat dir Eugeniusz wirklich ein Stück Galizien mit ins Haus gebracht.

Esther sieht mich an, nach einer Weile nimmt sie den Faden wieder auf. Wie oft habe ich zu mir gesagt, daß ich im kommenden Jahr nicht mehr nach Hiddensee fahren werde, daß ich wieder fortgehen muß aus dieser schrecklichen Liebe. Wir haben es beide gewußt, eine solche Liebe kann nicht von Dauer sein, irgendwann brennen die Fäden einmal durch. Eines Tages war es dann soweit, ich bekam schwere vegetative Störungen, ich konnte das Doppelleben nicht mehr ertragen, ich bekam Angstzustände, Depressionen. Im vergangenen Jahr sind wir uns zum letzten Mal auf der Insel begegnet.

Esther, die mit angezogenen Beinen noch immer auf dem Sofa sitzt, steht auf und zieht sich die Schuhe wieder an.

Vielleicht fragst du mich jetzt, was an dieser Geschichte neu ist. Alles längst schon gesagt, irgendwo, irgendwann, vielleicht auch schon aufgeschrieben, immer wieder dasselbe Thema, nur in anderen Variationen.

Esther, irgendwo habe ich einmal gelesen, daß die Liebe die ganze Wirklichkeit ist und nicht nur ein Ausschnitt aus unserem Leben.

Wenn das so ist, Jan, dann müßte die Erde die Liebe selber sein.

Vor dem Fenster hat sich der Nebel zusammengezogen, der Hafen ist unsichtbar.

Wenn das Wetter nicht umschlägt, wirst du morgen vergebens auf das Postboot warten, sage ich.

Morgen wird das Wetter wieder schön, sagt Esther, ein Hoch ist unterwegs, ich habe zu Mittag den Wetterbericht gehört. Nach einer Weile: Jan, wie lange gedenkst du noch auf der Insel zu bleiben?

Sie wartet meine Antwort erst gar nicht ab und sagt: Komm, wir leeren die Flasche, in zwölf Stunden bin ich bereits auf dem Weg nach Stralsund ...

3. Oktober

Ich sitze am Frühstückstisch, auf mich selbst zurückgeworfen, kein Gegenüber, die Zeit rückt von mir ab. Schärfer als an den Tagen zuvor streicht der Wind über die Insel, der Nebel hat sich aufgelöst, der Himmel ist glashell.

Sturm und Regenschauer gehen über das Land. Ich halte es in meinem Zimmer nicht mehr aus und gehe hinüber ins Haus „Seedorn". Kein Mensch begegnet mir auf der Straße. Von der See her kommt ein kalter Wind, in einem düsteren Grau liegen Bodden und Meer.

Ich betrete das Haus. Vor den Fotografien bleibe ich stehen, schaue in das verträumte Gesicht eines Knaben, sehe die hageren, fast schon asketischen Züge des Mannes, blicke in das mir wohlvertraute und doch so fremde Gesicht eines Greises, vielschweigend sein schmaler Mund.

Ich gehe durch den Kreuzgang, durch das Abendzimmer und finde mich in der Bibliothek wieder. Der Hauch der Vergangenheit liegt immer noch auf den Gegenständen, dem Lesepult, dem Tisch. Ich nehme ein Buch aus dem Regal, schlage es auf, lese ein paar Sätze, lege es aus der Hand. Plötzlich, ich weiß nicht warum, beginne ich auf etwas zu lauschen, zu horchen, nein, es ist nicht der Schlag des Herzens, dieses Urgeräusch des Lebens, da ist noch etwas anderes, das gegenwärtig ist. Mir scheint, als wäre der Raum von dem zusammengedrängten Schicksal jener Menschen erfüllt, die jahrzehntelang in diesem Haus gelebt und gearbeitet haben.

Betroffen gehe ich ans Fenster, setze mich auf das Fensterbrett und sehe hinaus in den Garten. Regennasse Bäume, Sträucher, ein Stück weiter die Dorfstraße. Irgendwo in der Ferne bellt ein Hund, ein Bellen, das bruchstückhaft die Straße heraufkommt, vom Wind herangetrieben. Gegen die Fensterscheiben prasselt der Regen, zerstäubt. Ich höre durch die geschlossene Glastür das Platschen der Regentropfen auf der Terrasse. Der Wind pfeift um die Ecke, verkriecht sich unter den Dachziegeln, setzt aus. Ein braungraues Licht fällt durch das Fenster, unbeweglich steht die Luft im Raum.

Da sitze ich nun, warte und weiß nicht worauf. Kein Laut. Im ganzen Haus ist eine Stille, so dicht, daß man sie mit Händen greifen kann. Plötzlich beginnt sich die Angst in mir zu melden. Es ist nicht die Ereignislosigkeit der Stunde, nein, es ist das Zurückspulen der Zeit: die Luft beginnt zu vibrieren, als wäre sie elektrisch aufgeladen, als wartete sie nur noch auf den Blitz.

Ich fahre aus den Gedanken hoch. Irgendwo höre ich im Haus das Öffnen und Schließen einer Tür. Ich horche. Eine ganze Weile bleibt es still, nichts rührt sich. Sollte der Kustos zu dieser Stunde noch einmal durch das Haus gehen? Was soll ich tun, aufstehen, nachsehen? Ich habe die Tür zur Gedenkstätte doch selbst abgeschlossen, trage den Schlüssel in der Hosentasche. Plötzlich höre ich Schritte, sie kommen durch den Kreuzgang. Ich weiß, daß es nur er sein kann, der jetzt durch das Abendzimmer geht, wer sollte sonst zu dieser Zeit noch durch die Räume gehen? Ich habe ihn den ganzen Tag erwartet, gewiß, ich habe nicht nach ihm gerufen, so etwas steht mir nicht zu, und doch ist er gekommen.

Er tritt ins Zimmer, als wäre er nie gestorben, als hätte es für ihn nie eine sterbliche Hülle gegeben. Er trägt eine hellgraue Hose und über der hochgeschlossenen Weste einen schoßförmigen Rock.

Er geht ganz langsam durch die Bibliothek bis an das Lesepult. Sein Gang, seine Bewegungen, seine Haltung sind noch genau so wie damals, als er mit seiner Frau das Schauspielhaus in Breslau verließ, nur ist in diesem Augenblick alles etwas deutlicher, greifbarer, ich erlebe seine Anwesenheit bewußter.

Nein, das ist kein Traumbild, die Gestalt läßt sich nicht mehr wegwischen. Ich sehe sein Gesicht, seine Hände, ich kann alles ganz genau beobachten, wie er sich gibt, bewegt. Es ist ja sein Haus, sage ich mir, und er kann gehen und kommen, wie es ihm beliebt.

Er tritt an das Lesepult, sucht nach einem Taschentuch, wischt den Staub von dem polierten Holz. Zögernd, beinahe ängstlich öffnet er die Mappe mit den Blättern, streicht mit der Hand über das beschriebene Papier, über die längst schon eingetrockneten Schriftzüge. Und dann, ich traue kaum meinem Ohr, beginnt er zu lesen ...

„Mein Vater, den ich nur flüchtig gekannt habe, gab mir den Namen Christophorus: es muß mir genügen, wenn ich das Heilandsknäblein über den reißenden Strom der gegenwärtigen Zeit in die Zukunft hineinrette. Die Taten des Prometheus sind Schatten geworden. Das Geheimnis des Hephaistos, das Feuer, das er den Menschen verriet, ist ins Gigantische ausgeschlagen. Die Menschen haben des Feuers Macht ins Ungeheuerste ausgebaut; alles unter der Mißgunst, ja sogar unter dem Zorn der Götter. Aus dem Segen wurde ein Fluch. Sie haben damit einem der besiegten Titanen die Freiheit wiedergegeben, und nun wütet er gegen sie selbst. Der Regen Sodoms und Gomorrhas ist nur noch eine Lächerlichkeit. Allesvernichtende Brände – Menschen und Göttern ein Greuel – schleudert er auf die arme Erde herab, zertrümmert die Städte und tötet die schuldlosen Menschen. Was die christliche Hölle an Schrecken und Martern erdacht, ist ein Kindermärchen geworden. Aus dem freundlichen Feuer des menschlichen Herdes hat sich ein Weltbrand entwickelt, der nach Menschengedenken nicht mehr zu löschen ist. Und doch muß dieser Brand gelöscht werden, wenn der Mensch nicht verschwinden oder zum Raubtier werden will, zum Drachen, der brüllend und feuerspeiend seinesgleichen verflucht und zerreißt ..."

Nach diesen Worten breitet sich im Zimmer das Schweigen aus. Er hebt den Kopf, sieht zum Fenster hinaus, wartend, als käme von dort eine Antwort, als könnte ihm die Gegenwart etwas Tröstlicheres sagen. Ich sehe sein ernstes, nachdenkliches Gesicht, sehe die gradlinige Falte zwischen den Augen. Ahnt er etwas von den tiefen Gegensätzen, die unser Jahrzehnt fast zerreißen, weiß er, wie zerbrechlich unser Leben geworden ist, ist er sich bewußt, unter welchem Druck wir heute arbeiten und leben? Eine Geste mit der Hand, dann liest er weiter, Wort für Wort. Keine Wendung überläßt er dem Zufall, dem Ungefähr, manchmal hält er an, legt den Finger auf den Text, als wollte er dem Gelesenen noch einmal nachgehen, das Wort auf seinen Wahrheitsgehalt überprüfen, als wollte er auf die unhörbaren Fragen eine Antwort geben, die nach seinem Tode in der Stille des Hauses aufgestanden sind.

„Erdmann, du wächsest in eine Welt hinein, die noch nicht ist – das tun wir gewissermaßen alle – aber in so plattem Sinne ist mein Wort nicht gemeint. Die kommende Welt wird wahrscheinlich in ganzer Breite und Tiefe der Menschheit vorbereitet. Davon wissen nur Menschen, die den Löwenruf gehört haben: und du lagest, als er erklang, noch als Säugling auf meinem Arm. Es bereiten sich Dinge vor, die einer allgemeinen Umwälzung des Menschengeschlechts gleichkommen. Augenblicklich gleicht es noch einem Kinde, dem die gefährlichsten Spielzeuge in die Hand gegeben sind, die unheimlichen, nie gekannten Wundern gleichkommen. Es hat lange gejauchzt und über dieses Himmelsgeschenk gejubelt, das Kind. Es glaubte des Himmels auf Erden ganz sicher zu sein und wußte nicht, daß eine falsche Benützung nicht nur ihm, sondern dem gesamten Menschengeschlechte den Tod oder nun erst die wahre Verdammnis, will heißen die Hölle bringen kann.

Die Wahrheit in dieser Beziehung zu sehen, nennen wir Heutigen: Intuition. Ich aber sehe sie, lieber Junge, und habe deshalb über dein kommendes Schicksal geweint. Doch mir hat mein inneres Gesicht auch gesagt, daß du den kommenden Ansturm der Titanen überleben und den guten, ordnenden Göttern ihre Macht wiedergeben, tätig helfen wirst. Ich spreche also zu dir als Prophet: Wenn du in Kämpfen und Nöten bist – um höchster Güter der Menschheit willen –, braver Erdmann, dann denke an mich ...“

Plötzlich wird mir bewußt, daß die Sprache dazu da ist, die Welt immer wieder neu zu schaffen. Durch die abstrakte Sprache der Naturwissenschaft geht uns der Bezug zu den Dingen verloren, die Dichtung gibt ihn uns wieder. Wie tief muß der Mensch mit sich selbst zerfallen sein, wenn Dichter solche Worte schreiben.

Hauptmanns Stimme ist leiser geworden, wie eine Welle, die am Strand verebbt. Er richtet sich auf, legt die Blätter sorgfältig in die Mappe zurück, sieht sich in seinem Arbeitszimmer noch einmal um, nimmt das Manuskript unter den Arm und geht aus dem Zimmer, als sei nicht das geringste geschehen. Ja, er kann aufstehn und fortgehn, wann auch immer es ihm beliebt. Als er durch die Tür des Arbeitszimmers geht, streicht er mit seiner Hand über den „Lesenden Mönch". Nach einer Weile höre ich aus dem Abendzimmer das Rücken eines Stuhles, ein paar Schritte im Kreuzgang, das Öffnen und Schließen einer Tür. Vom Fenster her weht es mich an, kühl.

Keiner weiß, in welchem Jahrhundert die Geschichte von Christophorus nach Europa gekommen ist. Die Legende taucht immer wieder auf, sie ist aus dem Griechischen, dem Lateinischen herübergekommen ins Deutsche, im Mittelalter hat man sie ins Bild geholt, sie wurde zu einem Lieblingsthema der Maler und Grafiker, aber auch in den Literaturen anderer Völker fand sie ein Zuhause.

Ich schlage nach: „Nach der älteren Legende war Christophorus ein aus Kanaan stammender Heide von riesiger Gestalt, der Christ und unter Decius Märtyrer wurde. Die zahlreichen späteren Christophoruslegenden sind zum Teil aus seinem Namen herausgesponnen: er trägt Wanderer über den Fluß, eines Tages auch das Christuskind, das ihn in den Strom untertaucht, tauft und ihm den Namen Christophorus gibt."

Die aufrechte Haltung als Symbol der menschlichen Würde, der menschlichen Macht wird bei Christophorus nicht durch die ausgebreiteten Arme durchkreuzt, sie wird durch das Tragen des Kindes sogar noch erhöht.

Wenn ich an Christophorus denke, taucht vor meinen Augen die Gestalt des Andrej Sokolow auf: ein Mann, der ein fremdes Kind an der Hand nimmt, um es aus den Wirren des Krieges hinauszuführen, ein Kind, das eines Tages Vater zu ihm sagen wird.

Es ist gar nicht so wichtig, zu wissen, wer die Legende vom Christophorus zum erstenmal erzählt hat. Das Entscheidende: wenn wir überleben wollen, muß die Zahl der Menschen zunehmen, die auf ihren Schultern das Kind durch den reißenden Strom unserer Gegenwart hinübertragen ans andere Ufer.

Lektüre: Zwiesprache mit Hauptmann.

Agnetendorf, am 1. Juni 1943. „Es ist schwer, den Roman fortzuführen. So viel gläubigen Optimismus aufzubringen, fällt mir immer schwerer. Mit diesem Werk geht es mir wie jemandem, der in den Tropen ein Gebäude aus Eis aufrichtet. Die Zeit – wie die Wärme – schmelzt während des Bauens immer wieder Wahrheiten und Erkenntnisse ab."

5. Oktober

Ein Tag, als wäre er vom Himmel gefallen, oben und unten blau, ganz zart. Ich gehe den Strand entlang, nichts als weißgrauer Sand, Dünen, kurze Grasnarben.

In einer Dünenlandschaft – schon von der Physiognomie des Bodens her findet man eine Annäherung an das Meer – gibt es keine harten gebrochenen Linien, keine Spitzen und Kanten, wohin das Auge auch blickt, weiche, fließende Formen. Dem oberflächlichen Betrachter erscheinen die Dünen monoton, sie werden durch nichts unterbrochen, immer nur Sand, feiner rieselnder Sand.

Die Winde kommen vom Meer her ins Land, streichen über die Dünen hinweg, rauhen auf, kämmen glatt, glasharte Quarzkörner wirbeln durch die Luft, treiben den Dünenrücken entlang, wehen über den Rand hinaus, beginnen zu strudeln, stürzen ab, bleiben im Windschatten liegen. Tag und Nacht modelliert der Wind mit seinen unsichtbaren Händen, zeichnet Linien, schafft Höhen, Vertiefungen, ein feines Netzwerk erstarrter Sandwellen überzieht die Dünenflächen, an manchen Stellen sind sie schuppig wie eine Fischhaut.

Unter der Mittagssonne leuchtet der Sand gelb, hellgelb, fast goldig, bedeckt sich der Himmel, wandeln sich die Farbtöne, der Sand wird grau, kommt Regen auf, sind die Dünen von einer schmutziggrauen Farbe.

Zu den wenigen Büchern, die ich mir aus Gotha mitgenommen habe, gehört der „Neue Christophorus".

Es ist ein Buch, das man langsam lesen muß, eine Handreichung über Generationen hinweg, über Programme, Tendenzen, Stile. Hier tritt das Kunstwerk noch nicht als etwas Fremdes in uns ein, das den Menschen erschreckt, verwirrt, dennoch wird es Leser geben, die auch dieses Werk bestürzt aus der Hand legen.

Der Leser, der ausschließlich in einer Welt des empirisch begründeten Wissens aufgewachsen ist, wird vieles in diesem Buch als unverständlich abtun. Er steht Erfahrungen gegenüber, Einsichten, die keine empirischen Schlüsse zulassen. Das scheinbar so sichere und geordnete Leben wird aufgebrochen, er erschrickt über die Brüchigkeit einer Welt, die sich die Menschen selbst zurechtgezimmert haben. Wer heute noch glaubt, daß das Leben bis in den letzten Winkel ausrechenbar sei, um es durch alle Stromschnellen und Wirbel sicher zu steuern, irrt sich.

In diesem Werk geht Hauptmann den Strömungen nach, die den Menschen tragen oder für immer vom Ufer des Lebens wegreißen, hinaus in das Meer spülen. Er zeigt aber auch die verlorenen Guthaben, die Verschuldungen, alles, was sich herausstellt unter dem Strich. Der Glaube an den Menschen kann nicht durch Wissen ersetzt werden.

Hauptmann ist in diesem Werk zu den einfachen Worten des Lebens zurückgekehrt, es sind Worte, die kraft ihrer Schlichtheit mehr aussagen als eine Prosa, die voller Metaphern ist. Das einfache Wort war immer schon schöpferischer, zeugender.

Nachtrag

Der Herausgeber hat in dieser Ausgabe dem Leser auch die früheren Aufzeichnungen zugänglich gemacht. Alte und neue Texte werden vergleichbar, der Leser wird unmittelbar in den Prozeß des Werdens mit einbezogen, er wird sich des Werkes doppelt bewußt.

Abendliche Lektüre. Zwiesprache mit Hauptmann.
Dresden, Hotel Bellevue, am 23. Januar 1942. „Worte dürfen nicht in einem pedantisch beengtem Sinne ver-

standen werden, sondern man muß sie mit dem ganzen Umkreis ihrer Bedeutungsmöglichkeiten erfassen. Es gibt keine einseitige Festlegung ihres Sinnes. Sie sind mehr: lebendige Organismen, die weiterwachsen und sich im Gebrauch weiter- und auch umbilden."

6. Oktober

Das Meer wuchtet seine Wellen an den Strand, schwerfällig kommen sie angerollt, unbeholfen. Ich buchstabiere mich durch die Wellenberge hindurch:
Querwellen,
Längswellen,
Windwellen,
seismische Wellen,
stehende Wellen,
interne Wellen,
Brandungswellen.
Es gibt aber auch Wellen, die in keinem Nachschlagewerk auffindbar sind:

die Polter- und Kollerwelle. Flutet eine große rollende Woge zurück, kollert sie am Strand die Steine durcheinander, ein Kollergeräusch;

die Plapperwelle, sie gleicht einem Kleinkind, das seine ersten Sprachversuche macht;

die Raketenwelle – sie rollt heran, bricht sich am Uferdamm und zischt wie eine Rakete in den Himmel;

die Detonationswelle – als hätte man eine geballte Ladung unter ihr gezündet.

Am späten Nachmittag sehe ich dem Flug der Krähen zu. Zwei Riesengeschwader haben sich am Himmel eingefunden, fliegen den Dornbusch ab. Plötzlich stoßen sie aufeinander zu, brechen ein in die gegnerische Formation, durchfliegen sie. Minutenlang dauert das Schauspiel, dieses Steigen, Fallen, Kreisen, Durcheinanderfliegen. Ich frage mich: was ist das für ein Spiel, dieser einheitliche Wille in diesem so scheinbar chaotischen Flug? Keine der beiden Formationen gerät in Unordnung, in Panik, jede Krähe weiß genau, in welcher Richtung sie zu fliegen hat, zu welchem Pulk sie gehört. Sobald der gegnerische Schwarm durchflogen ist, sammelt man sich, und das Spiel kann von neuem beginnen. Plötzlich drehen die beiden Geschwader ab, als hätte sich zwischen ihnen eine unsichtbare Mauer aufgerichtet. Jeder Pulk setzt sich in einen anderen Baum, einen Krähenbaum. In den nackten Kronen ein Lärmen, Flattern und Schreien ...

Am Abend spüre ich, wie die Toten ganz in meine Nähe kommen, wie sie durch das Zimmer gehen, ich kann sie nicht sehen, nicht hören, aber die Katze hebt den Kopf, blickt fragend nach der Tür, ihre Augen werden immer größer, sie sieht mich an, sie läßt mich wissen, das wir nicht mehr allein sind.
Ich kann aufstehen, kann durch sie hindurchgehen, sie nehmen Platz an meinem Tisch, ich gebe ihnen von meiner unsichtbaren Speise – dem Wort.

7. Oktober

Nebel. Keine Sonne durchdringt den dichten grauen Pelz, der über der Erde liegt. Die Tiefenwirkung ist verlorengegangen, keine Farben, keine Form, es ist, als würde man nur noch Scherben auflesen: hier ein Stück Dach, dort drüben eine Mauer, hinter dem Zaun die erloschene Kerze einer Sonnenblume, unbestimmbar der geographische Punkt, kein Echo kommt mehr auf dich zu, aber auch der Wind, der Tag und Nacht über die Insel streicht, liegt irgendwo in einer Kuhle und schläft. Im Mund ein fader, rauchiger Geschmack.
Der Nebel beschlägt nicht nur die Fenster, er trübt die Heiterkeit der Seele.
Beim Lesen des „Christophorus" wird mir von neuem bewußt, wie mächtig in diesem unvollendeten Werk die Ansätze sind, aber auch wie dunkel, wie verzehrend die

Liebe. Dieses Buch gehört zu jenen Büchern, die man nicht zu Ende schreiben kann.

„Wolle nichts Abschließendes", schreibt Hauptmann in seinen Notizen vom 30. 4. 1940 in Agnetendorf.

Sandkörner II

Im Rückspiegel gesehen sind es nur wenige Dinge, die man für sein Leben wirklich benötigt.

Wie kann etwas reifen, wenn es zwischen den Menschen immer kälter wird?

Leg dein Ohr an die Mauern der Stadt, das Getöse nimmt zu.

Bis in die Stunde des Ablebens das fortwährende Lauschen auf die Stimme des Lebens.

Nachtrag

Die Biographie eines Menschen, gleicht sie nicht auch einem Fluß? Da liegt immer noch etwas auf dem Grund, die Oberfläche verrät es nicht, die Jahre kommen und gehen, ziehen darüber hin, aber manchmal, wenn das Wasser klar ist, am frühen Morgen, spielt es von unten herauf, dann wird man es plötzlich gewahr ...

8. Oktober

Zwischen den Aufzeichnungen finde ich ein altes beschriebenes Blatt. Ich weiß nicht, wann und wo ich diese Sätze niedergeschrieben habe, sie stürzen aus einer fernen Vergangenheit auf mich zu, voller Eifersucht, als wollten sie sagen: jahrelang hast du uns liegengelassen, vergessen, nun sind wir an der Reihe, sieh zu, wie du mit uns fertig wirst ...

Die Breitengrade haben sich verschoben, tiefverschneit liegen die Häuser der Stadt, über den Dächern steht ein kalter Mond, unter den Sohlen knirscht der Schnee.

Eine halbe Stunde vor Beginn der Aufführung erhielt ich an der Theaterkasse noch eine Karte, ich ahnte nicht, daß an diesem Abend der Dichter selbst anwesend sein wird. Das Parkett war nur bis zur Hälfte besetzt, auch der Rang war halb leer. Wer geht an einem solchen Winterabend schon ins Theater, in eine Tragödie, in „Rose Bernd", wo sich in den Ländern Europas ganz andere Tragödien abspielen.

Nach der Aufführung wartete im Foyer eine Handvoll Menschen auf den greisen Dichter. Sie traten links und rechts in eine Reihe und bildeten so ein kleines Spalier. Auch ich stand unter den Wartenden, in der Uniform eines Flaksoldaten.

Ich sehe ihn noch heute die Treppe herabkommen, ganz langsam. Er trug einen schwarzen Wintermantel, um den Hals einen weißen seidenen Schal, an seiner Seite ging seine Frau. Ich versuchte die Gestalt des Dichters zu erfassen, auch wenn es nur im Vorübergehen war. Ich sah in sein Gesicht: es war ein Gesicht, für das es keine Grenzen mehr gibt. Solche Gesichter gehen von gestern ins Heute, von heute ins Morgen, ob man will oder nicht, man kann sie nicht vergessen.

An diesem Abend standen vor dem Schauspielhaus keine schwarzen Limousinen, wie einst nach der Premiere in Berlin, keine Kavalkaden setzten sich in Bewegung nach dem Hotel „Vier Jahreszeiten", in kleinen Gruppen gingen die Menschen auseinander. Ein eisiger Januarwind fegte die Straße blank. In einer solchen Nacht hätte die Rose ihr Kind aussetzen müssen, irgendwo auf der Straße, an einer Haustür. Kein Würgegriff, der Frost hätte alles Weitere für sie getan.

Eine halbe Stunde später saß ich in einer Kneipe bei einem doppelten Grog. Vor dem Fenster fegte ein trockener Ostwind die „Straße der SA". Plötzlich kam es auf mich zu, drängte sich an der Theke vorbei, wo ein paar Arbeiter ihren Weinbrand tranken, vorbei an den nackten hölzernen Tischen, dem schalen verschütteten Bier, immer näher kam es auf mich zu, packte mich an der Gurgel – das Heimweh.

Ich sah zum Fenster hinaus. Mein Gott, das Kommende

war ja schon mitten in der Stadt, hat es denn keiner wahrgenommen? Deutlich konnte ich es erkennen: Wagen hinter Wagen, lauter Planwagen, voll bepackt mit Bettzeug, Hausrat. Hinter einem Schneeschleier zogen sie an meinen Augen vorbei, Kinder, Frauen, Greise, ein Fuhrwerk hinter dem anderen, und keiner hat sie angekündigt. Als der Schneesturm für einen Augenblick aussetzte, konnte ich die Wagen ganz deutlich ausmachen, sie alle hatten schwarze Planen, sahen aus wie wandernde Grabsteine. Und plötzlich war alles vorbei, die „Straße der SA" leer, vereist, blankgefegt vom Wind.

Als ich kurz vor Mitternacht die Kneipe verließ, verschlug es mir den Atem. Der Sturm hatte sich gedreht, er stürzte jetzt vom Riesengebirge die Hänge herab bis in die Straßen von Breslau.

Wir zeigten mit dem Arm in die Zukunft, doch keiner sah auf der Hand den Schnee, der nicht mehr taute.

9. Oktober

In den letzten Tagen ist der Mond zu einer vollen Scheibe angewachsen, der ganze Himmel gibt einen Schein.

Ich gehe die Dorfstraße entlang. Schlafsatt stehen die Häuser, alles ist hinabgesunken in die nächtliche Stille, selbst das Meer hat sich zurückgezogen in den Schlaf, kein Wellenschlag, nur die mondflüchtige Zeit. Manchmal bleibe ich stehen vor einem Haus, einem Garten. Ich sehe die Bäume in ihrer steifen Nacktheit, die Äste schwarzfächerig, abweisend, ohne Blätter, aber auch die Sträucher, lauter nackte Ruten, nur da und dort ein paar Astern, sie scheinen im Mondlicht zu schwimmen. Irgendwo schlägt im Hafen ein Hund an, dann wieder diese Stille, hoch, weit, ein leichter Wind kommt auf, geht, rührt an den Zweigen. In den Dachluken glänzt es auf. Die Träume der Menschen hängen wie weiße Flore vor den Fenstern.

Ich gehe am Totenacker vorbei, der feuchte Sand schluckt das Mondlicht. Ich sehe die Grabsteine, die

Kreuze, alles ist umflossen von einem toten Licht, nichts bewegt sich, kein Laut, niemand kommt, keiner geht, das Leben schläft sich hinüber in den kommenden Tag.

Weiter draußen, wo die offene Landschaft beginnt, wo keine Häuser mehr stehen, wird es hell. Vom Hafen her ein leichter Hauch, ein fauliger Geruch, dann steht die Luft wieder still.

Ich setze mich auf einen Stein und sehe hinaus in das Land. Hier schießen keine Bilder mehr an, hier ist Leere, nichts als Leere und dazu noch das fahle Licht des Mondes, der Sand knochenbleich hell, das Wasser im Bodden nicht ganz farblos, flüssiges Blei. Die Häuser von Grieben blassen kreidig herüber. Eine Landschaft wie mit Tusche gemalt und dazu noch das Licht, kalt, gefühllos, eine Helligkeit zum Fürchten.

Plötzlich stürzt aus dem Weltenraum ein Meteor und zieht seine leuchtende Spur schräg durch den Himmel. Kein einziger Laut ist zu hören, doch die Stille der Nacht ist für einen Herzschlag lang unterbrochen; unter dem rieselnden Mondlicht höre ich das leichte Beben der Zweige.

„Das Weltall hat von unserem Kommen gewußt." Ich weiß nicht, wann und wo ich diesen Satz zum erstenmal gelesen habe, wenn ich mich recht erinnere, war es ein junger amerikanischer Wissenschaftler, der ihn geschrieben hat.

In jedem Menschen kommt uns ein Stück Unendlichkeit entgegen.

10. Oktober

Es war eine Strophe von vier Zeilen, die in meinen Morgentraum eintrat, die plötzlich da war, ganz deutlich sah ich sie vor meinen Augen, einen Text, den man nicht mehr irdisch nennen kann. Man hebt ihn auf, liest, will sich seiner bewußt werden, will ihn nach Hause tragen, hinüberretten in den kommenden Tag, da ist das Blatt wieder leer, da hat man die Zeilen schon wieder

vergessen, aber man weiß, daß es eine himmlische
Strophe war, so etwas wird dir im Leben niemals gelin-
gen.

Schreiben hat für mich etwas Imaginäres, das Letzte
muß man spüren, da gibt es keine Anweisungen, keine
Regeln. Schreiben ist mehr als die Bewältigung des Stof-
fes, es gleicht dem Aufwind, der von unten her den Dra-
chenflieger trägt, und in letzter Konsequenz, es ist wie
beim Wein: Stoff hebt sich auf.

11. Oktober

Die ersten Herbststürme fauchen über das Land, an der
Steilküste wird der Lehm wieder sichtbar, in den Mulden steht das Wasser, dunkel und kalt.
An den Bäumen nur noch wenige Blätter, kahles Astwerk, verknäulte Kronen, vom Sturm ins Land gedreht.
Die prallen satten Farben sind gelöscht, wohin das Auge
auch blickt, die erdige Farbe dominiert, ja selbst die See
ist bleich, grau, ausdruckslos. Kein Vogel zeigt sich am
Himmel, nur der Geruch des Meeres ist seit einigen Tagen unbegreiflich intensiv.

Lektüre: Christophorus.
Bei Hauptmann gibt es immer noch den Erzähler, der
von einem festen Standort aus eine überschaubare
Handlung aufbaut. Die einzelnen Lebensläufe mit ihrem
gesellschaftlichen Hintergrund, die Schicksalsverbindun-
gen, sie werden immer noch erzählt. Das ganze Werk:
ein breites episches Legato, ein Erzählerkontinuum,
kaum ein Staccato. An keiner Stelle wird die Sprache
durch Lyrismen zum Irrationalen hin geöffnet, selbst
dort, wo der Dichter von der Reinkarnation des Menschen spricht, ist der Stil von einer nüchternen Gedank-
lichkeit. Der Wertverfall der Zeit wird noch nicht in einem Formzerfall gespiegelt.
Hauptmann hat in seinem Christophorus den Ansturm
der faschistischen Barbarei auf seine Art und Weise ab-
gewehrt. „Es muß mir genügen", schreibt der Autor,

226

„wenn ich das Heilandsknäblein über den reißenden Strom der gegenwärtigen Zeit in die Zukunft hinüberrette ..."

Der reißenden Ströme aber gibt es viele, unzählbar die Brände, die unser Auge nicht sieht, mit jedem Tag ein neuer Riß im Himmelsgewölbe. Es ist, als hätte der Mensch mit allem gerechnet, nur nicht mit sich selbst. Er hat sich selbst in die Enge getrieben, nun möchte er ausbrechen, sich gegen seine eigenen Taten erheben. Hat die Natur gewußt, daß ihr letztes und stolzestes Geschöpf sie eines Tages vernichten wird? Sie hat ihn mit so vielen guten Gaben ausgestattet, er aber dankt es ihr mit Brutalität, mit Zerstörung und Verfall.

Hauptmann wußte, wie sich die Entwürdigung des Menschen nach 1933 vollziehen wird:

In der ersten Phase geschieht das Unsichtbare, das kaum Wahrnehmbare. Es beginnt, daß man den Menschen unnötige Überlegungen scheinbar ersparen will, man gibt ihm etwas Vorgeformtes, Vorgedachtes in die Hand, und das alles von einer unglaublichen Subtilität.

Die zweite Phase der Entwürdigung: das Wort wird in seiner Weite und Vielfalt, in seinem Drang nach Freiheit und Vollendung begrenzt.

Die dritte und letzte Phase der Diktatur: die sichtbare Phase der Demagogie, die Zerstörung des Menschen ...

In den Tagebüchern von Oskar Loerke, er war jahrelang Lektor im S. Fischer-Verlag, finde ich folgende Notiz: „Hauptmanns Autobiographie von Schludrigkeiten des Diktierens, von Altersphrasen befreit. Erschreckend, wie stereotyp dieser große Dichter sein kann. Etwa 5000 Änderungen."

12. Oktober

Lektüre. In einem Brief vom 23. Juli 1921 schreibt Carl J. Burkhardt an Hofmannsthal: „Auch in Dresden hat mich etwas bedrückt. Das Schöne war da und doch, wie durchscheinend, als sollte es einmal ohne Auferstehung verschwinden ..."

Der Gedanke, Dresden noch einmal wiederzusehen, war für Hauptmann zur Sucht geworden, eine Krankheit, die ihn gepackt hat, ein gespenstischer Plan. Noch einmal wollte er der Stadt begegnen, der Johanniskirche, in der er vor sechzig Jahren getraut worden war, der Brühlschen Terrasse, der Frauenkirche. Wie oft lebte er sein Leben unter einem undefinierbaren Muß, eingeordnet in das Gesetz einer höheren Freiheit, die für den Menschen nicht immer verständlich ist.

In der Nacht vom 13. zum 14. Februar 1945 ist es über Dresden hereingebrochen. Es gab keine Luftkämpfe, keine Nachtjäger, die die Bomber übersteigen und zum Angriff übergehen, es gab auch keine Sperrballons, kein gezieltes Abwehrfeuer der Flakartillerie, keine Piloten hingen in dieser Nacht an den Fallschirmen, der Himmel war voller brennender Christbäume, die ihr kaltes, grelles Licht auf die Erde herabstrahlten. In einer sinnlos-großartigen Ruhe zogen die viermotorigen Bomber ihre Bahn.

Was Hauptmann in dieser Nacht erlebte, war der Urgrund des Grauens, der Ausbruch des Ätna hätte nicht gewaltiger sein können, furchtbarer, erschreckender. Ganze Feuerbäume wurden von den Bombern in die Straßen gesetzt, unterweltsfeurig loderte es an beiden Seiten der Elbe auf. Ganz deutlich konnte Hauptmann von Oberloschwitz aus die alten Straßen und Plätze unter dem grellen Magnesiumlicht ausmachen. Für einen Augenblick lang sah er, von Funken umtanzt, die Kuppel der Frauenkirche.

In dieser Nacht gab es für die Menschen dieser Stadt keine Rettung mehr, keinen Ausweg, keine Flucht. Wohin sollten sie auch fliehen, hinaus auf die Straße, in den Garten, zurück in den Keller? In diesen Stunden gab es nichts mehr zu entscheiden, überall lauerte der Tod, ja selbst auf dem Friedhof stiegen aus den Gräbern die Flammen empor. Keine Schreie, der Atem vor dem Mund verglühte, so groß war die Hitze, man hörte nur noch die Stimme des Feuers.

Es sirrte und schwirrte in der Luft. Leise rieselte die Asche im Park von Oberloschwitz durch die

228

kahlen Baumkronen, unter denen Hauptmann stand. Und immer neue Bomberwellen spie die Nacht ans Licht, zu Hunderten kamen sie angeflogen, Welle auf Welle.

Brennend stürzten sich die Menschen in das Wasser der Elbe, lebende Phosphorfackeln. Keine Heilrufe mehr, nur noch das wütende Geprassel der Flammen, Feuerstürme, keine Teilhaberschaft mehr an der Macht. Die Antwort der Geschichte: Dresden, ein riesiger Verbrennungsofen. Was Hauptmann in dieser Nacht nicht sah, das waren die Toten, die verkohlten Leichen, diese schwarzen unförmigen Klumpen Fleisch. Hast du in deinem Leben jemals ein verkohltes Menschenherz gesehen?

Was Hauptmann in den kommenden Tagen nicht sehen konnte, waren die Männer, die in Schutzanzügen die Toten einsammelten, auf offene Lastkraftwagen warfen und vor den Toren der Stadt, in einer riesigen Grube, mit Chlor bestreuten.

Er tastete sich über die mondhelle Fläche des Gartens zurück, begleitet von seinem eigenen Schatten, zitternd kam er an der Haustür an, unwissend, wo er war. Er wußte nicht, wie er in sein Zimmer kam, plötzlich stand er vor seinem Bett, die Wangen eingefallen, zugeschnürt die Kehle, sein Gesicht sah aus wie ein aschiger Stein, was zurückblieb, war die Lere, die kreatürliche Leere.

Was war in dieser Nacht geschehen, hat ihn das Schicksal endgültig fallengelassen? Bis zu dieser Stunde hat es ihn immer noch gehalten, vor dem Letzten bewahrt. Nun aber wußte er, das Grauen stand plötzlich auch hinter seiner Tür, der Tod hatte einen Augenblick lang die Hand auch auf seine Schulter gelegt. Nun wollte er zurück, nichts als zurück nach Agnetendorf. Er hat es geahnt, daß es noch einmal auf ihn zukommen würde, sein Vorwissen hat ihn nicht betrogen. Er wußte aber auch, daß Agnetendorf nur noch eine Gnadenfrist sein kann, die ihm das Schicksal im Schatten seiner Berge noch einmal gewährt.

Ehe er einschlief, sah er vor seinen Augen das uralte Bild: einen Mann, der sich aus der brennenden Stadt schlägt. Es war aber nicht Äneas mit seinem greisen Vater auf dem Rücken, es war Christophorus, der ein Kind durch das Flammenmeer trug.

Lektüre. Zwiesprache mit Hauptmann.
Agnetendorf, am 10. Dezember 1943: „Ich habe eine mehr als vierzigjährige Friedenszeit erlebt. Den Sinn des Friedens haben wir alle gekannt – den Sinn des Krieges hat wohl niemand begriffen."

Hauptmanns Selbsttäuschung: „Hitler würde den guten Kern des deutschen Volkes nicht korrumpieren können ..."

13. Oktober

Es regnet durch den Tag, durch die Nacht, das Licht über der Insel ergraut, längst hat der Sturm das Laub von den Bäumen gefetzt, die letzten grünen Blumenstengel sterben ab, nachts tropft es in die Dachrinne, es hört sich an, als wäre eine hundertfüßige Schafsherde auf dem Weg in den Stall. Das Laub strömt einen feuchten, bitteren Herbstgeruch aus.
Um diese Jahreszeit sind die Ufer leer, da wird an den Stränden nichts mehr verkauft, kein blauer Himmel, kein Sonnenschein, keine Strandkörbe. Das Meer gleicht einer alten abgezogenen Elefantenhaut.

Lektüre. Aus der Pension Glarisegg schreibt im Jahre 1922 Carl J. Burckhardt an Hofmannsthal: „Die Mittel, unsere Welt zu zerstören, werden in den Händen von ganz wenigen liegen, und es gibt für mich keinen zwingenden Grund, der mich verhindern könnte, anzunehmen, daß diese wenigen satanisch-kluge politische Erfolgsmenschen sein könnten, natürlich in Schafspelze gehüllt, triefend von zwingender Modeethik, begabt mit der Schaffung von Hypnoseformen, durch welche dann alle Erscheinungen für die ‚Peter Squenze' der mittleren Welt mundgerecht verzaubert werden. Noch ein Krieg, und wir werden unter dem Druck der Angst, des Hasses, des Zorns Zerstörungsmittel ersinnen, die uns dann endlich die furchtbare Antwort der von uns so umworbenen Materie geben werden. Einmal über Nacht wird alles nur noch nackte Gewalt sein, nur noch entfesselte Kraft. Aber auch hier hineinbrechen wird man mit dem Optimismus irdischer Paradiese, man wird sie mit moralischen Argumenten beschönigen, so lange, bis es dann auch den selbstgerechten Schwindlern das Mundwerk verschlägt. Oder glauben Sie, daß mit dem Bewußtwerden der Gefahr der Urtrieb des Menschen, zu siegen und im Siege moralisch triumphieren zu dürfen, endlich einmal hinter den Selbsterhaltungstrieb zurücktreten wird?"

Was willst du mit Europa tun, fragte die Sibylle von Cumae den Menschen. Einschmelzen wie ein Stück Blei?

14. Oktober

Christophorus: „Ich stehe nicht an, es hier auszusprechen: Ein neues Gesetzbuch zu schaffen, ist notwendig."
Ein neues Gesetzbuch? Wir sind nicht mehr die Kinder Moses, denen man eine Handvoll Gesetze mit auf den Weg gibt. Solange der Mensch nicht erkennt, daß er sich selbst ein Gesetz ist, wird jedes neue Gesetzbuch nur bedingt wirksam sein.
Wir wissen längst, wie das Leben der Menschen enden wird, wenn wir ihm keine neue Richtung geben. Immer deutlicher zeichnet sich der Ernst der Lage ab. Wir leben in einer Welt voller Sickerstellen, wo man das Gift nicht mehr sieht, nicht mehr riecht, nicht mehr schmeckt, es sickert einfach weg, doch unter den Sohlen wirkt es weiter. Wir haben keine Zeit mehr zu verlieren, die Kriege in unserem Jahrhundert werden umfassender geführt. Ausbeutung und Unterdrückung haben unvorstellbare Dimensionen angenommen. Der Fluch der Geschichte: der Mensch hat sich immer wieder über den Menschen gesetzt, sich selbst erhoben, um den anderen zu treten, das ist seine Dunkelspur, sie führt bis in den heutigen Tag.

Den ganzen Abend sitzt auf meinem Ohrensessel die Katze und blickt mir beim Lesen über die Schulter.
Es ist eine ganz gewöhnliche Hauskatze, auf Hiddensee geboren, in Kloster, in einem Gasthof.
Wie sie heißt?
Swantie.
Was man von einer Katze lernen kann?
Geduld, vor allem aber Stille, kaum vorstellbar, wie tief eine solche Katzenstille am Abend sein kann.

Es gibt Verkümmerungen, seelische Verkümmerungen. Da wird einer Katze vor der Kinderbibliothek in Gotha der Strick um den Hals gelegt, die Kinder wollten sehen, wie es ist, wenn man ein Lebewesen stranguliert; da wird mitten auf dem Schulhof, in der großen Pause, ein Igel mit Benzin übergossen und angezündet; da wird einem Schäferhund, der vor der Bibliothek auf seinen Herrn wartet, Spray in die Augen gesprüht, der Hund erblindet. Sicher sind es Grenzfälle, dennoch muß man sich fragen: Was geht in diesen Kindern vor, wie wird hier gefühlt, gedacht, gehandelt?
Vielleicht lernen die Kinder heute schwerer als wir, daß man im Gesetz bleiben muß, das uns das Leben gibt. Unter dem Gesetz stehen, heißt aber auch: in eine höhere Ordnung übergehen.

16. Oktober

In den Notizen zum „Neuen Christophorus" finde ich unter dem 25. 2. 1938 folgende Anmerkung: Mephitis – Göttin der verdorbenen Luft.

Ich will nicht behaupten, daß es diese Erscheinung an unseren Küsten schon einmal gegeben hat, doch die ersten Anzeichen deuten darauf hin, daß es auch auf uns zukommen wird ...
Ein seltsames Wetter hat sich in den letzten Tagen

über der Insel ausgebreitet. Einen solchen Wetterum-
schlag haben wir überhaupt noch nicht erlebt, sagen
die Fischer. Ein feuchter, aufgeheizter Wind kommt
vom Meer her auf die Insel zu, ein eigenartiges Klagen liegt in der Luft, die Vögel brechen ab mitten im
Ruf. Geräuschlos kommt es auf uns zu, kein Sturm,
keine Gischtmassen, alles ist still, totenstill, auch in
den Bäumen. Die See hat plötzlich eine gelbe Farbe
angenommen, wie bei einem Sonnenuntergang, dann
aber wird das Wasser rot. Ein riesiger blutroter Teppich breitet sich vor der Küste aus, als kämen sämtliche Staatsmänner der Welt zu Besuch. Das ist kein
Ostseewasser mehr, ein fauliger Geruch steigt an den
Steilküsten hoch, Milliarden von einzelligen Lebewesen treiben auf die Insel zu. Das Meer, eine giftige
viskose Brühe. Ein breiter Saum toter stinkender
Fische zieht sich von Lübeck bis hinüber nach
Gdańsk.
Kein Leser muß es annehmen, was hier geschrieben
steht, ich verlange nicht, daß er es glaubt. Woher aber
kommt die Rote Flut? Erinnere dich: Kobalt, ganz richtig, der Kobaltspiegel in den Meeren beginnt zu steigen,
die ungezügelte Vermehrung der Dinoflagellaten hat begonnen.
Bei der letzten Roten Flut an den Küsten Floridas wurden fünfzig Millionen Fische getötet. Alles starb ab, der
Schellfisch, der Hummer, die Garnele, der Krebs, ja
selbst das Leben in den Muscheln war vergiftet. Die Dinoflagellaten waren nicht mehr in der Lage, ihre Vermehrung zu steuern; sie könnten eines Tages sämtliche
Fische in den Weltmeeren töten.
Wissenschaft und Technik haben in den letzten hundert
Jahren unvorstellbare Lasten von den Schultern der
Menschen genommen, und doch, so will mir scheinen,
hat man diese Lasten nur auf andere Schultern verteilt.
Aber der Rücken der Fische ist nicht breit genug, auch
die Schwingen der Vögel sind zu schmal, nun müssen
die Flüsse, die Meere die Lasten selber tragen, auch die
Wälder stehen schon ganz gebückt, die Bäume haben
ihre Nadeln verloren, und auch die Luft hat nicht mehr

diese rosenfingerige Morgenröte, sie ist alt und grau geworden, aschig im Gesicht.
Mephitits – Göttin der verdorbenen Luft.

Ich erinnere mich an meinen ersten Aufenthalt in den Abruzzen, an L'Aquila.
Den ganzen Tag hatte ich den Staub im Gesicht, die Hitze, die Trockenheit, und am Abend gab es kein Wasser im Hotel, Kanne und Waschbecken blieben leer. An jenem Abend ging ich hinaus an den Brunnen mit den neunundneunzig Röhren, zu diesem herrlichen Wasser, das aus den Abruzzen kommt und durch die Röhren fließt. Das war noch ein Wasser ohne Chlor, ohne Fluor, ein Wasser, das man mit Verwunderung und Andacht trinkt, sprudelndes Quellwasser aus neunundneunzig Röhren. Ich könnte irre werden, wenn ich zurückdenke an dieses Wasser, an diese Luft ...

17. Oktober

Die halbe Nacht lag ich wach und hörte auf den Sturm, der über die Insel hinwegging. Dieses Brausen, Toben, Anhalten und Flüstern war Musik für das Ohr, dieses Zischen und Gurgeln der Brandung ...

Morgenlektüre. Zwiesprache mit Hauptmann.
Agnetendorf, am 3. Februar 1944. Der neue Christophorus: „Ja, um dessen Sarggeburt ist soviel hergemacht worden, daß ich wahrscheinlich die Leser enttäuschen werde; denn ich kann natürlich nicht einen Menschen hinstellen, der nun gleich nach dem halben Verfall des Christentums eine neue fertige Weltordnung schafft. Es muß genügen, daß er einige Stufen dazu legt. Mehr kann ein Mensch nicht. Leben ist gleichbedeutend mit Erleiden. Aber im Erleiden liegt doch auch zugleich ein Genießen, und es gäbe keine Aktivität ohne das. Der Zustand in einem Vorhimmel etwa, wo es weder Hunger noch Durst gibt, ist als etwas Verlockendes nicht vorzustellen."

Ich sehe eine Fotografie aus dem Jahr 1932: unter einem alten zerknitterten Hut, der Filz ist tief in die Stirn gedrückt, ein plebejisches Gesicht mit einer kräftigen fleischigen Nase. Der Mann trägt einen Rollkragenpullover, der Mantelkragen ist hochgeschlagen.

Es ist eine Aufnahme, die über das vordergründige Physiognomische hinausgeht, eine Fotografie, die auf das Dahinterliegende im Menschen deutet, keine Idealisierung, der Fotograf scheint auf eine Korrektur des Wahren verzichtet zu haben. Diese Aufnahme gehört nicht zu den typischen Bildern, die dem Betrachter etwas vorlügen oder verheimlichen. Wie oft wird mit dem steigenden Ruhm aus dem Gesicht eines Menschen das Gesicht eines Olympiers.

Diese Fotografie ist eines der ehrlichsten Bilder, die ich von Hauptmann je gesehen habe. Kein Versuch, Goethe vom Äußeren her zu imitieren, auch kein Hinweis auf Unsterblichkeit, kein Nobelpreisträger, auch weit entfernt von einem Doctor litterarum honoris causa. Diese Fotografie will auf jegliche Deutung verzichten, es ist ein Bild ohne transzendierendes Fluidum, denn auch er war nur ein Mensch, ein Heimgesuchter, ein Irrender, ein Mensch, der des Trostes bedürftig war.

Für mich steht Hauptmann auch heute noch da wie ein gesunder Baum inmitten einer skeptischen Welt.

Sandkörner III

Der Engel aus meiner Kindheit hat keine Stimme mehr, er hat die Sprache verloren, nur des Nachts, wenn ich erwache, ist das Kopfkissen naß von seinen Tränen.

Was wir heute auch schreiben, es ist unzureichend gegenüber den Bedrohungen, die von allen Seiten auf den Menschen zukommen.

Das Wort ist unsere Erinnerung, aber auch unsere Zukunft.

Seit Tagen treibt mich Unruhe über den Dornbusch. Es ist nicht die Unrast, die früher oder später in die Tätigkeit des Schreibens übergeht, ich beginne gewisse Dinge des Lebens mit anderen Augen zu sehen.

Man kann sich nur schwer vorstellen, daß es die Wissenschaften sind, die uns die Mittel in die Hand gegeben haben, Abgründe aufzureißen, in denen eines Tages die ganze Menschheit untergehen kann. Max Born hat bereits 1965 gewarnt: „Es kommt darauf an, daß die neue Generation es fertigbringt, umzudenken. Wenn sie es nicht kann, so sind die Tage der zivilisierten Menschheit gezählt."

Umdenken. Es gibt Völker, die sich ins Unüberschaubare vermehren. Wie aber würde das Leben aussehen, wenn eines Tages zehn oder fünfzehn Milliarden den Erdball bevölkerten? Wieviel Quadratmeter Raum werden uns dann zur Verfügung stehen für unser Denken, Fühlen und Handeln, wieviel Quadratmeter Einsamkeit? An welchen Psychosen werden wir leiden? Werden wir an Gehirnblutung sterben, an Platzangst, weil der Zwischenraum zwischen den Lebenden von Jahr zu Jahr kleiner wird? Schon heute beginnt unsere Erde unter den Milliarden zu schrumpfen, wird ausgesaugt wie das Insekt im Netz einer Spinne.

Was würde die Bevölkerungsexplosion für die Geschichte des Menschen bedeuten, für sein weiteres Schicksal, für das Individuum? Es ist weniger die Zahl, meine Sorge gilt dem Rang, den die Geschichte dem Menschen zugemessen hat. Läßt ein solcher Zuwachs darauf schließen, daß der Wert des Menschen nicht mehr im Individuum liegt, daß die einzelne Erscheinung zugunsten unübersehbarer Massen aufgegeben wird? Besteht zwischen der Bevölkerungsexplosion und dem unvorstellbaren Vernichtungspotential der A-, B- und C-Waffen ein unmittelbarer, für den Menschen noch nicht feststellbarer Zusammenhang? Wird in Zukunft dem Menschen nur noch der einzelne Ton mitgeteilt und nicht mehr die ganze Melodie?

Umdenken. Ich denke an Madame Curie, an die radioaktiven Elemente Polonium und Radium. Durch diese Entdeckung ist der Mensch in eine neue Epoche eingetreten, in das Zeitalter der Alpha-, Beta- und Gammastrahlen.

Wohin wird dieses Zeitalter den Menschen führen, in eine Welt der unvorstellbaren Möglichkeiten, oder führt es ihn für immer aus der Geschichte heraus? Zum erstenmal hat der Mensch kosmische Energien in der Hand, zum erstenmal rüttelt er an den Toren seines Sonnensystems. Wenn der Mensch dieses Zeitalter bestehen will, muß er geistig neu geboren werden oder – er wird zerstrahlt. Das Licht der Atombombenexplosion blendet, es erleuchtet nicht. In einer solchen Epoche muß die prophetische Stimme des Menschen stärker sein als die historische. Müssen erst Katastrophen über uns hereinbrechen, ehe der Mensch zum Umdenken bereit ist?

Erleben wir heute nicht auf fast allen Gebieten des Lebens eine Krise? Der Mensch verwendet seine Energie ausschließlich nach außen. Dynamik und Expansion können zum Verhängnis werden, wenn sich der Mensch nicht selbst Zügel anlegt. So groß ist der Vorrat nicht, den uns die Erde zum Leben zur Verfügung stellt, wir werden sparsamer mit den Dingen der Natur umgehen müssen, mit den Rohstoffen, dem Wasser, der Luft. Wir öffnen die Türen immer noch mit einem falschen Schlüssel, auf falschen Frequenzen suchen wir nach dem Erfolg. Der Mensch wird sich in seinem Denken und Handeln einen neuen Anfang setzen müssen, wenn er überleben will. Einen neuen Anfang setzen heißt aber auch, den ungewohnten Gedanken mehr Raum geben als bisher.

Umdenken heißt für mich: frei werden von den Suggestionen, die Tag für Tag über uns hereinbrechen, vom eigenen Denkvermögen wieder Gebrauch machen.

Umdenken heißt für mich: dem Leben eine andere Richtung geben, zu neuen Lebensformen aufbrechen, den Vogel aus dem goldenen Käfig nehmen. Umdenken heißt aber auch: die Einbildungskräfte des Menschen

stärken, seine Vorstellungskraft, Phantasie ist der erste
Schritt zur Veränderung. Die Visionen des Menschen,
seine höhere Phantasie, sind von größerer Einwirkung
auf die Wirklichkeit als ein Verstand, der sich nur am
Bestehenden orientiert.
Der Mensch muß für das Leben auf der Erde wieder verantwortlich zeichnen und nicht nur für seinen eigenen
Erfolg. Wenn wir nicht umdenken, gehen wir einer
neuen Steinzeit entgegen.

Klio balanciert auf einem unsichtbaren Gammastrahl.

19. Oktober

Wir sitzen an einem großen runden Tisch, der Pastor
macht den Mundschenk. Glühwein wird gereicht, Zimt
und Nelken duften stark aus dem Getränk heraus. Es
sind dickwandige rauchgraue Gläser, aus denen wir trinken. Neben dem Pastor sitzt ein junger Mann in einem
hellgrauen Pullover, er ist groß, sein Gesicht breitflä-
chig, bärtig, es ist sein Schwiegersohn, er arbeitet als Dozent an der Hochschule für Musik. Neben mir sitzt der
Doktor. Er rückt seinen Sessel näher an den Tisch heran,
zündet sich die Pfeife an.
Wir sprechen über dieses und jenes, erinnern uns an die
Ereignisse der letzten Tage, an das Kommen und Gehen
der Politiker, und plötzlich, ich weiß nicht, wie es kam,
fällt das Wort Geschichte. Der Dozent aus Leipzig erzählt, daß die Mehrzahl seiner Studenten ziemlich teil-
nahmslos der Geschichte gegenüberstehen.
Das darf Sie nicht wundern, sagt der Doktor, Geschichte
ist heute eine ziemlich trockene Wissenschaft.
Ich erinnere dich an Goethe, dem das Beste an der Geschichte der Enthusiasmus war, den sie erregt, sagte der
Pastor.
Enthusiasmus? Du mußt dir das eine oder andere Lehrbuch einmal in Ruhe ansehen, antwortet der Doktor,
was man die Schüler heute lehrt ist allzuoft nur ein Kno-
chengerippe, ein Skelett, das atmende Fleisch fehlt. Wie
kann sich ein junger Mensch für Geschichte begeistern,

wenn die Texte selbst ohne Begeisterung geschrieben sind.

Ich muß Ihnen zustimmen, sagt der Dozent, Geschichte lebt nicht nur von handgeschriebenen Dokumenten, den gesicherten historischen Fakten, Geschichte ist immer auch menschliches Schicksal. Unsere Lehrer aber jagen selbst noch in den Abiturklassen mit unverantwortlicher Schnelligkeit durch die Jahrhunderte. Wer kann sich bei einem solchen Tempo noch ein Bild von der Antike machen, vom Mittelalter? Und noch etwas: ich habe in den vergangenen Monaten „Krieg und Frieden" gelesen. Vielleicht ist es die Dichtung, die Poesie, die uns Geschichte am lebendigsten vermittelt; Geschichte ist nun einmal Leben, und Leben muß erzählt werden.

Ich glaube, daß das naturwissenschaftliche Denken den jungen Menschen heute leichter fällt als die Beschäftigung mit der Geschichte, sagt der Doktor. In den Naturwissenschaften haben wir es ausnahmslos mit meßbaren Werten zu tun, man beherrscht die Mathematik, kennt Gesetz und Kausalität. Geschichte ist keine mathematische Dimension, da ist vieles, was sich scheinbar widerspricht, sich selbst in Frage stellt. Ich erinnere mich an meine eigene Studentenzeit. Für mich war Geschichte ein ungeheures Labyrinth, da waren Haß, Liebe, Verrat, Ausbeutung, Unterdrückung, überall stieß ich auf Wahrheiten, die sich gegenseitig widersprachen, ich hätte irre werden können an dem zur Geschichte erhobenen Irrsinn der Menschen.

Nach diesen Worten blickt der Doktor zu mir: Und was sagst du, Johannes?

Du wirst auch in Thüringen so manchem Menschen begegnen, der sich aus der Geschichte selbst entlassen hat, der sich jeder Verantwortung durch Teilnahmslosigkeit entzieht. Klio verliert an Überzeugungskraft, man kehrt ihr den Rücken.

Geschichtsverdrossenheit, fragt der Doktor.

So hart würde ich die Dinge nicht ansprechen, obwohl ich in den letzten Jahren bei vielen jungen Menschen eine Übersättigung durch Tagespolitik festgestellt habe. Die Wurzeln liegen tiefer. Ich erinnere mich an die eigene Schulzeit, an meinen Geschichtslehrer Bruno Wittek. Vielleicht sprach er über die Köpfe hinweg, wenn er uns von den böhmischen Königen erzählte, von den Přemysliden, vom Bruderzwist im Hause Habsburg. Jede Geschichtsstunde war für uns ein Fest. Er hatte ein paar Romane geschrieben, einen Roman über Nikolaus Lenau, über Ditters von Dittersdorf, keine bedeutenden, aber immerhin, er konnte erzählen.

Wenn ich dich recht verstehe, hat er Funken aus eurer Seele geschlagen, sagt der Doktor.

Er hat uns aber auch erzählt, was im Mittelalter über den einfachen Menschen nicht alles hereingebrochen ist, er hat uns teilnehmen lassen an seinem Schicksal, bei seinen Worten fühlten wir, was die Griechen Ananke nannten. Heute würde ich es die Nichtumkehrbarkeit des Lebens nennen.

Der Dozent langt nach dem Krug, schenkt sich ein, trinkt das Glas halb leer und sagt: Begriffe allein reichen nicht aus, es kommt immer wieder auf das Bild an, das in der Seele eines Menschen zurückbleibt. Und gerade deshalb hat Geschichtsschreibung für mich immer auch etwas mit Kunst zu tun. Dort, wo das künstlerische Denken verlorengeht, besetzen technokratische Vorstellungen den freien geistigen Raum und binden den Menschen an Sachzwänge.

Es gibt im Leben noch etwas anderes als eure Lehrbücher, sagt der Pastor.

Wie soll ich das verstehen, fragt der Doktor.

Wenn ich übers Land gehe, wenn ich reise, wenn ich vor dem Quedlinburger Dom stehe, jeder Stein redet da mit mir. Geschichte, überall auffindbar, in den Städten, den Gemeinden, in den Gedanken und Handlungen der Menschen, wenn auch da und dort nur wie ein dünner Schleier.

Meine Herren, noch eine Flasche Rotwein, fragt hinter unserem Rücken der Kellner.

Warum nicht, antwortet der Doktor, aber diese Flasche geht auf meine Rechnung.

Der Kellner setzt uns einen „Blaufränkischen" auf den Tisch.

Was wissen wir überhaupt über den Sinn der Geschichte, fragt plötzlich der Dozent.

Über den Sinn der Geschichte? Lieber Freund, es gehört zu den Gebrechen unserer Zeit, daß wir für viele Dinge keinen Sinn mehr finden, sagt der Doktor.

Eine Frage, die weit über den heutigen Abend hinausgeht, sage ich. Für mich ist Geschichte ein zeitlich begrenztes Phänomen, geographisch abgrenzbar. Ich erinnere mich an meinen Aufenthalt in der Volksrepublik China. Schon damals habe ich mich gefragt, was bedeutet einem Chinesen Prinz Eugen, Friedrich II. mit seinen siegreichen Preußen, historische Randerscheinungen, nicht mehr und nicht weniger. Wir dürfen nicht vergessen, daß es neben der europäischen Geschichtsschreibung durch Jahrtausende hindurch Kulturkreise gab, die nach anderen Vorstellungen und Ideen gelebt, gedacht und gehandelt haben. Geschichte ist für mich etwas Vergängliches, und gerade deshalb gehört auch sie zu den großen Gleichnissen, die der Menschengeist geschaffen hat.

Ich möchte wissen, was die Geschichte in den kommenden hundert Jahren mit uns vorhat, sagt der Pastor.

Die Geschichte? Sollten wir nicht lieber fragen, was der Mensch mit dem Menschen vorhat. Ich habe Klio in meinem Leben noch niemals weinen gesehen, es war immer nur der Mensch.

Und warum der Kampf, die Sorgen, die Leiden, die Mühen, sagt der Dozent, das alles kann doch nicht umsonst gewesen sein, für nichts und wieder nichts, das Ziel unseres Werdens kann auch nicht der Wärmetod der Erde sein, wie es die Physiker uns heute lehren.

Nicht nur das Leben des einzelnen, auch die Geschichte ist ein Werden, Suchen und Irren, sagt der Doktor, vielleicht liegt ihr Sinn, ihre Größe gerade in dieser Unvollkommenheit.

Da bin ich anderer Auffassung, sagt der Pastor, die ganze Erde ist dem Menschen heute in die Hand gegeben. Man kann dem Leben einen metaphysischen Sinn nicht absprechen. Könnte Geschichte nicht auch eine Pflanzstätte sein für die irdischen Metamorphosen des Menschen, für eine höhere geistige Individualität?

Ich habe nichts gegen Ihre metaphysischen Vorstellungen, sage ich zum Pastor, doch für mich ist Geschichte noch etwas anderes. Ich darf Sie an den alten Herrn aus dem Haus „Seedorn" erinnern. Hat er nicht gesagt: „Der wahre Mensch bleibt ein Wegebauer ..." Wege bauen, darauf kommt es heute an, Tag und Nacht müßte man Wege bauen von Mensch zu Mensch, von Volk zu Volk oder wie Hauptmann sagt: „von Auge zu Auge, von Ohr zu Ohr, von Bewußtsein zu Bewußtsein". Und noch etwas, verehrter Pastor, kann uns die Geschichte nicht auch ein Stück Heimat sein, Rückbesinnung, Verwurzelung, eine Handreichung über die Jahrhunderte hinweg? Erst heute früh las ich im „Christophorus" folgende Notiz: „Der Knabe sah drei schöne und rätselhafte Städte auftauchen, von denen, ohne daß der Knabe es wußte, die eine Dresden, die zweite Wittenberg und die dritte Hamburg war ..." Könnten diese drei Städte nicht auch als Symbol für die Geschichte schlechthin stehen? Lebensglück, Geistesmacht, Freiheit, eine Freiheit, die allen Völkern der Welt Länder und Meere öffnet. Geschichte darf nicht in den Abgrund führen.

Der Doktor steht auf, klopft am Ofen die Pfeife aus und geht hinüber ans Fenster. Es ist spät geworden, die Uhr an der Wand schlägt elf.

20. Oktober

Ein zarter kristallklarer Morgen, viel zu zerbrechlich für die Hände des Menschen.

Um die Mittagszeit treibt es mich hinaus auf den Friedhof. Voller Unruhe gehe ich an den alten Grabstätten der Fischer und Fahrensleute vorbei. Man kann die Inschriften auf den Grabsteinen kaum noch entziffern, aber auch die gußeisernen Kreuze sind halb schon verrostet, mit den Losungen der Vögel bedeckt. Es riecht nach welkem Laub, nach Moder.

Plötzlich schlägt die Glocke der Kapelle an, aber kein

Glöckner ist zu sehen, der Weg zur Kirche ist leer. Es war ein einziger Schlag, nicht mehr, kein Mittagsgeläut. Erschrocken bleibe ich stehen. Wer war es, der gegen den Glockenrand schlug, den Klöppel bewegte?

An der Südseite der Kirche sehe ich einen Gärtner, der die Rosenstöcke mit Reisig bedeckt. Ich frage, ob er den Schlag der Glocke gehört hat. Er richtet sich auf und blickt mich voller Verwunderung an. Nein, einen Glockenschlag hätte er nicht gehört, dann zieht er aus der Weste eine alte Taschenuhr und zeigt mit dem Finger auf den großen Zeiger. Zwanzig Minuten vor zwölf, sagt er zu mir, dann dreht er sich um und arbeitet weiter. Langsam gehe ich an der Kirche vorbei, vor seinem Grab bleibe ich stehen ...

Die winterlichen Tage seines Lebens waren angebrochen. Über seinem Haus das fahle Licht des Novembers, Schneewind, Allerheiligen, Allerseelen. Keine Gespenster suchten ihn auf, es waren die Toten des Krieges, die Gefallenen, die nachts an seine Fenster pochten, es war die Schuld der Schuldlosen, sie alle trugen das gleiche erdgraue Kleid.

Will man den Überlieferungen Glauben schenken, so muß in den letzten beiden Kriegsjahren auf dem Wiesenstein eine gespenstische Heiterkeit geherrscht haben, eine Heiterkeit, die einer Flucht gleichkam. Die meterdicken Mauern gaben kaum noch Schutz, auch der Bergfried, der die Dämonen schrecken und den Feinden ein Leben lang Trotz bieten sollte, gab keine Sicherheit mehr. Von allen Seiten brach das Chaos in sein Leben ein, in sein Denken, Fühlen und Handeln. Er redete das Gebirge an, es schwieg, er suchte das Gespräch mit den Bäumen, sie blieben stumm, das Leben schien plötzlich ohne Antwort zu sein, er wußte: gemordetes Leben öffnet nicht mehr den Mund.

In diesen letzten beiden Jahren schrieb er sich noch einmal durch die meterdicken Mauern seiner Trutzburg hindurch: „Wenn ich auch nur täglich fünf Zeilen am Neuen Christophorus schreiben kann, so muß es geschehen."

Im Frühjahr 1946 sind die letzten Tage seines Lebens

angebrochen. Man muß die weißen Stellen in den Über-
lieferungen wohl selbst ausfüllen, den ausgesparten
Raum. Seine Sprache geisterte nur noch über einen unsichtbaren Abgrund hinweg: Erkältung, hohes Fieber.
Am 3. Juni fragt er seine Frau: „Bin ich noch in meinem
Haus?"
In diesem Augenblick begann der Abschied, sehr langsam trennte er sich von dem, was ihn jahrelang umgab.
Vielleicht sah er von seinem Fenster aus noch einmal
auf die Tannen, die sich im Frühlingswind bewegten.
Sein Gesicht, so erzählte man sich später, hätte sich sehr
schnell verändert, es sei unkenntlich geworden, war ab-
gemagert bis auf die Knochen ...

Das Sterben nimmt uns nichts ab, es gibt immer noch etwas hinzu.

Agnetendorf, am 3. Februar 1945
„Mein Werk ist ein Fanal der alten Zeit! Aber in Erdmann, ja in Erdmann verkörpert sich die ewige Neuge-
burt!"

21. Oktober

Ich hatte mich mit dem Gedanken schlafen gelegt,
pünktlich um sechs Uhr früh aufzustehen. Ich wache
auf, sehe auf die Uhr, es ist zehn Minuten vor sechs.
Langsam kleide ich mich an, stecke mir eine trockene
Semmel in die Kutte und stehle mich durch die Hinter-
tür aus dem Haus. Erst auf der Straße, als ich den kühlen
Nachtwind spüre, werde ich vollends wach. Ich sehe
hinauf zum Himmel, das Firmament ist klar, nur ein
paar Wolkenfelder, streifig vom Mondlicht, im Westen
eine Wolkenbank, schwarz.
Die Häuser von Kloster bleiben zurück. Der Weg führt
mich hinüber zum Bessin, zu den Sanddornbüschen,
dem offenen Meer. Noch aber huschen die Schatten der
Nacht über die Wiesen dahin, ein leiser Wind weht geisterhaft vom Meer her auf die Insel zu. Ich setze mich
auf einen alten Baumstumpf und warte den Sonnenauf-

gang ab. Es ist still, ganz still, nur manchmal zischelt es im Gras. Ich sehe vor meinen Augen das schwarze Wasser und darüber noch die ganze Nacht, kein Licht, kein Ruf, aber der Himmel ist klar, mein Wunsch scheint aufzugehen. Hinter meinem Rücken das abziehende Heer der Nachtwolken, grau, chaotisch.

Plötzlich vernehme ich an meinem Ohr eine verhaltene Stimme. Ist es der Wind? „Der Hunger setzt Leere, das Leben Blindheit voraus. Was ist aber das, was die Blindheit durchbrechen, was sehen will? Was will sich ernähren, und was von der Finsternis befreien, und warum?"

Ich höre schärfer hinaus ins Land, aber nichts rührt sich, nur vom Meer her streicht es singend durch den Sanddornwald. Wenn die Sonne eines Tages nicht mehr aufgeht, wenn es über der Erde keinen neuen Tag mehr gibt, kein Morgenrot, kein Abendrot, nichts, was die Hoffnung des Menschen auf den kommenden Tag wachhält, was dann? Wie kann man für die Sonne sein, wenn man nicht für den Menschen ist? Und wieder höre ich an meinem Ohr diese Stimme: „Jede neue Sonne ist Bewußtseinsbereicherung. Im Bewußtsein allein ist der Mensch arm oder reich, jung oder alt, gesund oder krank, in ihm ist er glücklich oder unglücklich. Der Mensch wird nicht eigentlich geboren außer im Geist, er wächst nur im Geist, und was er von Wahrheit weiß, oder nicht weiß, ist ganz und gar beschlossen im Geist …"

In den Büschen werden ein paar Vogelstimmen laut, noch aber hört es sich an wie ein verschlafenes Ziepen. Vom Meer her hebt sich ein leichter Morgenwind, kaum spürbar. Die Formen der Sanddornbüsche werden deutlich, treten aus dem Nachtschatten heraus, die Zweige beginnen sich zu regen. Immer heller wird die Luft, ein unbeschreibliches Erwarten liegt über der Insel.

Am Horizont ein zarter Schimmer, lichtweiß. Die Streifwolken beginnen zu leuchten, das steigende Licht taucht sie in ein blasses Gelb, in Reseda und Purpur. Noch aber ist die Sonne unsichtbar, doch ihr Licht füllt bereits den Raum. Noch nie habe ich die Insel unter einer solchen

Beleuchtung gesehen: im Westen das kalte Licht des Mondes, im Osten die Morgenröte.

Ich halte den Atem an, kein Vogellaut, kein springender Fisch, die Stille ist vollkommen. Aus dem Meer steigt ein Lichthof empor, eine Strahlenkrone flammt auf, eine wilde schreckliche Glut, ein kosmisches Feuer, das Meer blitzt wie ein riesiger Brillant, die Sanddornbüsche stehen voller feuriger Umrisse, die Buchten öffnen sich, die ersten Strahlenbahnen schießen über den Bessin. Jugendlich springt das Licht zwischen dem Sanddorn her und hin, die letzten Nebelfelder fliehen hinaus auf die See, wie eine graue Wand liegt vor meinen Augen das Schilf. Doch mit der Sonne kommt auch das Blau des Himmels zurück, ein Haushahn ruft in Grieben den Morgen aus, noch aber steht geisterhaft ein silberweißer Mond über dem schwarzen Wasser des Boddens. Die göttlichste Gabe des Lebens beginnt: das Schauen.

Inhalt

RECLAM-BIBLIOTHEK

Hanns Cibulka
Thüringer Tagebücher

320 Seiten. RBL 1457. 15,– DM
ISBN 3-379-01457-5

Der im thüringischen Gotha lebende Schriftsteller Hanns
Cibulka gehört nicht zu den DDR-Autoren, die jetzt viel-
fach schadenfroh als tot erklärt werden.
Cibulkas Werk erschien im früheren Mitteldeutschen Verlag Halle und Leipzig; nun hat der Reclam Verlag die Be-
treuung seiner Texte übernommen. Es erschienen seine
»Ostseetagebücher« – sie enthalten Aufzeichnungen von
der Insel Rügen (»Swantow«) und zwei von Hiddensee
(»Sanddornzeit« und »Seedorn«). In ihnen formuliert der
Autor auch seine Auffassung von der ihn so besonders an-
ziehenden Tagebuchform: »Das Tagebuch gehört zu den
Formen, die mich am stärksten faszinieren ... Das Tagebuch ist Zentrum, Bekenntnis ...« Alle Aufzeichnungen
stellen eine biographische Zäsur dar, möchten aber auch
mehr sein: eine Art »Standortbestimmung« und »Lebens-
hilfe« – eine Orientierung für den Suchenden und Hoffen-
den. Es ist faszinierend, diese Aufzeichnungen heute – als
ein Stück Literatur »gegen die damaligen Verhältnisse« –
zu lesen.

Günter Gerstmann in: Neue Zeit

RECLAM-BIBLIOTHEK

Franz Fühmann
Marsyas

Mythos und Traum

Herausgegeben von Jürgen Krätzer.
480 Seiten. RBL 1449. 24, – DM
ISBN 3-379-01449-4

Im Mythos fand Franz Fühmann eine Möglichkeit, »individuelle Erfahrung an Modellen von Menschheitserfahrung zu messen«. Stets verhandelt er im Überlieferten auch unverkennbar heute Bewegendes.

Aus dem Inhalt: Prometheus. Die Titanenschlacht. Marsyas. Der Geliebte der Morgenröte. Das Netz des Hephaistos. Baubo. Hera und Zeus. Das Ohr des Dionysios. Kirke und Odysseus. Die Schatten. Traumnotate. Das mythische Element in der Literatur.

In der RBL lieferbar von Franz Fühmann:

Barlach in Güstrow, RBL 487. 15, – DM.
Saiäns-fiktschen, RBL 1076. 3, – DM.

Franz Fühmann
Barlach in Güstrow

Mit einem Bildanhang: Grafiken, Zeichnungen, Plastiken
Ernst Barlachs aus der Güstrower Zeit, zusammengestellt
von Friedrich Schult
99 Seiten. 33 Abbildungen. RBL 487. 15,– DM
ISBN 3-379-00277-1

Über Franz Fühmann (1922–1984) äußert HAP Gries-
haber voll bewundernder Sympathie: Er kenne keinen aus
dieser Generation, der so gebrochen und so selbstkritisch
produktiv sei; »keinen, der nach solchen Frakturen: Jesui-
tenschule, Hitlerjugend, Nazisoldat, russische Kriegsgefangenschaft, Antifaschule, Stalinfunktionär, Bitterfelder
Weg, sich von Mal zu Mal neu erhebe, ins Gericht gehe mit
sich selbst, mit der Kunst, mit der Lauterkeit, narben-
bedeckt vom uralten Hader, was denn Gerechtigkeit sei«.

RECLAM-BIBLIOTHEK

Das Ghettotagebuch des Dawid Sierakowiak

Aufzeichnungen eines Siebzehnjährigen 1941/42

Aus dem Polnischen.
199 Seiten. RBL 1459. 16,– DM
ISBN 3-379-01459-1

Dawid Sierakowiaks Tagebuch ist das Protokoll eines ange-
kündigten Todes; insofern mag man es mit dem der Anne
Frank vergleichen. Doch anders als bei ihren Aufzeichnungen aus dem Amsterdamer Hinterhaus spürt man in seinen
Beobachtungen wenig literarischen Ehrgeiz. Er notiert
lakonisch, fast monoton und in dieser Monotonie um so
bedrückender die schleichende Arbeit des Todes und das
eigene Aufbegehren dagegen. Die Tag-für-Tag-Chronik, die
dabei entsteht, zeigt, selbst als Fragment noch, wie sich das
Ghetto allmählich in ein Konzentrationslager, das Konzentrationslager in ein Arbeitslager und das Arbeitslager in ein
Vernichtungslager verwandelt.

Benedikt Erenz in: DIE ZEIT

RECLAM-BIBLIOTHEK

Friedrich Nicolai
Beschreibung der königlichen Residenzstadt
Potsdam
und der umliegenden Gegend

Herausgegeben und mit einem Nachwort
von Karlheinz Gerlach
320 Seiten. 30 Abbildungen. RBL 1465. 20,– DM
ISBN 3-379-01465-6

Friedrich Nicolai veröffentlichte Ende des 18. Jahrhunderts
eine umfangreiche Beschreibung der königlichen Residenz-
städte Berlin und Potsdam, die zu den bedeutenden Topo-
graphien der Vergangenheit zählt und die auch heute noch
als Führer benutzt werden kann. Karlheinz Gerlach hat für
ein Taschenbuch des Leipziger Reclam Verlags eine Aus-
wahl aus Nicolais dreibändigem Werk getroffen. Sie stellt
Potsdam in den Mittelpunkt und breitet nicht nur den kul-
turhistorischen und architektonischen Reichtum der preu-
ßischen Hauptstadt aus, sondern erzählt auch vom Leben
der Menschen, den unterschiedlichen Ständen und von
Handel, Gewerbe und den Bildungseinrichtungen.

Walter Flemmer in: Bayerisches Fernsehen